RUA DE MÃO ÚNICA

Walter Benjamin, nascido em Berlim, a 15 de julho de 1892, foi um dos mais notáveis intelectuais alemães do século XX. Graduado em Filosofia pela Universidade de Freiburg im Breisgau, doutorou-se em 1919 com a tese *O conceito de crítica de arte no Romantismo alemão.* No início dos anos 1920, em meio à efervescência cultural e às turbulências políticas da República de Weimar, aproximou-se de Adorno e Horkeimer, então jovens pensadores empenhados na crítica da cultura e da razão capitalistas. Essa aproximação e o diálogo intenso que travou ao longo de toda a vida com esse grupo de teóricos, em especial com Adorno, não impediram que elaborasse uma reflexão original e particularíssima — nem sempre bem aceita pelo meio universitário germânico. Prova disso foi o fato de ter sido desaconselhado a apresentar sua tese de livre-docência sobre as origens do barroco alemão, com o que viu frustrado seu intento de ingressar na carreira acadêmica.

Em virtude da ascensão do nazismo em seu país, Benjamin vai para Paris, Ibiza e enfim Dinamarca, onde escreve uma das versões de "A obra de arte na época de sua reprodutividade técnica". Na capital francesa, às vésperas da invasão pelo exército alemão, termina "Sobre o conceito da História". Quando a invasão se consuma, Benjamin tenta fugir para a Espanha. Dificuldades para ingressar no país e o avanço das tropas nazistas levam-no a suicidar-se a 26 de setembro de 1940, na cidade fronteiriça de Port Bou.

WALTER BENJAMIN

OBRAS ESCOLHIDAS

VOLUME II

RUA DE MÃO ÚNICA

Tradução
Rubens Rodrigues Torres Filho
José Carlos Martins Barbosa

Revisão Técnica
Márcio Seligmann-Silva

brasiliense

Primeira edição, 1987
6ª edição revista, 2012

"Rua de mão única" foi traduzido por Rubens Rodrigues Torres Filho; "Infância em Berlim por volta de 1900" e "Imagens do Pensamento" por José Carlos Martins Barbosa, com assistência de Pierre Paul Michel Ardengo.

Diretora Editorial	Maria Teresa B. de Lima
Editor	Max Welcman
Produção Gráfica	Adriana F. B. Zerbinati
Preparação e Revisão de Texto	Max Welcman
Projeto Gráfico e Capa	Paula Paron e Maurício Albuquerque
Diagramação	Maurício Albuquerque
Foto de Capa	Walter Benjamin Archiv, Hamburger Stiftung zur Förderung von Wissenschaft und Kultur

Dados Internacionais de Catalogação na Publicação (CIP)
(Câmara Brasileira do Livro, SP, Brasil)

Benjamin, Walter, 1892-1940.
Rua de mão única / Walter Benjamin; tradução Rubens Rodrigues Torres Filho e José Carlos Martins Barbosa; revisão técnica Márcio Seligmann-Silva – 6ª Ed. revista – São Paulo: Brasiliense, 2012 – (Obras Escolhidas v. 2)

ISBN 978-85-11-35011-1

1. Arte – Filosofia 2. Cultura – História 3. Filosofia alemã
4. História – Filosofia 5. Literatura – História e crítica
I. Título. II. série

94-3074 CDD-193

Índice para catálogo sistemático:
1. Benjamin: Filosofia alemã 193

brasiliense

EDITORA BRASILIENSE LTDA.
Rua Antônio de Barros, 1839 – Tatuapé – CEP 03401-001
São Paulo – SP – www.editorabrasiliense.com.br

SUMÁRIO

RUA DE MÃO ÚNICA

Esta rua se chama
Rua Asja Lacis,
em homenagem àquela que,
na qualidade de engenheira,
a rasgou dentro do autor.

Posto de gasolina

A construção da vida, no momento, está muito mais no poder de fatos que de convicções. E aliás, de fatos tais, como quase nunca e em parte nenhuma se tornaram fundamento de convicções. Nessas circunstâncias, a verdadeira atividade literária não pode ter a pretensão de desenrolar-se dentro de molduras literárias – isso, pelo contrário, é a expressão usual de sua infertilidade. A eficácia literária significativa só pode instituir-se em rigorosa alternância de agir e escrever; tem de cultivar as formas modestas, que correspondem melhor a sua influência em comunidades ativas que o pretensioso gesto universal do livro, em panfletos, brochuras, artigos de jornal e cartazes. Só essa linguagem de prontidão mostra-se efetiva à altura do momento. As opiniões, para o aparelho gigante da vida social, são o que é o óleo para as máquinas; ninguém se posta diante de uma turbina e a irriga com óleo de máquina. Borrifa-se um pouco em rebites e juntas ocultos, que é preciso conhecer.

Sala de desjejum

Uma tradição popular adverte contra contar sonhos, pela manhã, em jejum. Aquele que despertou, nesse estado, permanece ainda, de fato, na esfera e ação do sonho. Ou seja: a ablução chama para dentro da luz apenas a superfície do corpo e suas funções motoras visíveis, enquanto, nas camadas mais profundas, mesmo durante a lavagem matinal, a cinzenta penumbra onírica persiste e até se firma, na solidão da primeira hora desperta. Quem receia o contato com o dia, seja por medo às pessoas, seja por amor ao recolhimento interior, não quer comer e desdenha o desjejum. Desse modo, evita a quebra entre mundo noturno e diurno. Uma precaução que só se legitima pela queima do sonho em concentrado trabalho matinal, quando não na prece, mas de outro modo conduz a uma mistura de ritmos vitais. Nessa disposição, o relato sobre sonhos é fatal, porque a pessoa, ainda conjurada pela metade ao mundo onírico, o trai em suas palavras e tem de contar com sua vingança. Dito modernamente: trai a si mesma. Está emancipada da proteção da ingenuidade sonhadora e, ao tocar suas visões oníricas sem sobranceria se entregam. Pois somente da outra margem, do dia claro, pode o sonho ser interpelado por recordação sobranceira. Esse além do sonho só é alcançável numa lavagem que é análoga à ablução, contudo inteiramente diferente dela. Passa pelo estômago. Quem está em jejum fala do sonho como se falasse de dentro do sono.

Nº 113

> As horas que contêm a forma,
> na casa do sonho transcorreram.

SOUTERRAIN

Esquecemos há muito tempo o ritual sob o qual foi edificada a casa de nossa vida. Quando, porém, ela está para ser assaltada e as bombas inimigas já a atingem, que descarnadas, extravagantes antiguidades elas não põem a nu ali nos fundamentos! Quanta coisa não foi enterrada e sacrificada sob fórmulas mágicas, que apavorante gabinete de raridades lá embaixo, onde, para o mais cotidiano, estão reservadas as valas mais profundas. Em uma noite de desespero eu me vi em sonho renovar tempestuosamente amizade e fraternidade com o primeiro companheiro de meu tempo de escola, que já há decênios não conheço mais e de quem mesmo nesse instante mal me recordava. Ao despertar, porém, ficou claro para mim: o que o desespero, como uma explosão, tinha posto à luz do dia, era o cadáver dessa pessoa, que estava emparedado lá, parecendo dizer: quem mora aqui agora não deve assemelhar-se a ele em nada.

VESTÍBULO

Visita à casa de Goethe. Não consigo lembrar-me de ter visto aposentos no sonho. Era uma enfiada de corredores caiados como em uma escola. Duas visitantes inglesas mais velhas e um curador são os figurantes do sonho. O curador nos concita a registrar-nos no livro de visitantes, que estava aberto, na extremidade de um corredor, sobre um painel à janela. Quando me aproximo, encontro, ao folhear, meu nome já consignado, com grande, indócil caligrafia infantil.

SALA DE REFEIÇÕES

Em um sonho vi-me no gabinete de trabalho de Goethe. Não tinha semelhança nenhuma com o de Weimar. Antes de tudo, era muito pequeno e tinha só uma janela. À parede defronte a ela encostava-se a escrivaninha pelo seu lado estreito. Diante dela estava sentado, escrevendo, o poeta em avançadíssima idade. Mantive-me ao lado, quando ele se interrompeu e me deu de presente um pequeno vaso, um pote da antiguidade. Girei-o nas mãos. Um monstruoso calor reinava no aposento. Goethe levantou-se e entrou comigo no cômodo ao lado, onde uma longa mesa estava posta para minha parentela. Parecia, porém, calculada para muito mais pessoas do que esta contava. Sem dúvida, estava posta também para os antepassados. À extremidade direita, tomei lugar ao lado de Goethe. Quando a refeição tinha terminado, ele se levantou penosamente e com um gesto pedi permissão para ampará-lo. Quando toquei seu cotovelo, comecei a chorar de emoção.

Para homens[1]

Convencer é infrutífero.

Relógio normal

Para os grandes, as obras acabadas têm peso mais leve que aqueles fragmentos nos quais o trabalho se estira através de sua vida. Pois somente o mais fraco, o mais disperso encontra sua incomparável alegria no concluir e se sente com isso devolvido à sua vida. Para o gênio, toda e qualquer cesura, os pesados golpes do destino caem como o suave sono, no trabalho árduo de sua própria oficina. E o círculo de sortilégio dela, ele o traça no fragmento. "Gênio é trabalho duro."

Volte para casa! Tudo perdoado!

Como alguém que na barra fixa executa o giro gigante, nós próprios quando jovens giramos a roda da fortuna, da qual então mais cedo ou mais tarde sai a sorte grande. Pois unicamente aquilo que com quinze anos sabíamos ou exercíamos constitui um dia nossas *attrativa*. E por isso uma coisa nunca pode ser reparada: ter deixado de fugir da casa de seus pais. De quarenta e oito horas de desabrigo nesses anos condensa-se como numa barrela o cristal da felicidade da vida.

Casa mobiliada. Principesca. Dez cômodos

Do estilo de mobiliário da segunda metade do século XIX, a única apresentação suficiente, e análise ao mesmo tempo, é dada por uma

1 - Essa entrada faz um jogo de palavras de difícil tradução. Ao estabelecer uma relação entre a masculinidade e o convencer, Benjamin explora o fato de que "convencer" em alemão ("überzeugen") é uma palavra composta pelo prefixo "über" (sobre) e pelo termo "zeugen", que significa "testemunhar", mas também gerar, procriar, engendrar, reproduzir-se, ser pai. A frase alemã de Benjamin "Überzeugen ist unfruchtbar", vertida aqui por "Convencer é infrutífero", conota também: super gerar, criar demais, testemunhar demais, tudo isso é infrutífero. (N.d.R.)

certa espécie de romance policial em cujo centro dinâmico está o terror da casa. A disposição dos móveis é ao mesmo tempo o plano topográfico das ciladas mortais e a enfiada dos cômodos prescreve à vítima o itinerário da fuga. O fato de que exatamente essa espécie de romance policial começa com Poe – em um tempo, portanto, em que tais moradias quase não existiam ainda – não diz nada em contrário. Pois os grandes escritores, sem exceção, fazem suas combinações em um mundo que vem depois deles, como as ruas parisienses dos poemas de Baudelaire só existiram depois de 1900 e também não antes disso os seres humanos de Dostoievski. O interior burguês dos anos 1860 até 1890, com seus gigantescos aparadores transbordando de objetos entalhados, os cantos sem sol, onde se ergue a palmeira, o balcão que a balaustrada fortifica e os longos corredores com a cantante chama de gás tornam-se adequado como moradia unicamente para o cadáver. "Neste sofá a tia só pode ser assassinada." A exuberância sem alma do mobiliário só se torna conforto verdadeiro diante do cadáver. Muito mais interessante que o Oriente paisagístico, nos romances policiais, é aquele exuberante Oriente em seus interiores: o tapete persa e a otomana, o candeeiro suspenso e a nobre adaga caucasiana. Atrás das pesadas tapeçarias drapeadas o dono da casa celebra suas orgias com papéis da Bolsa, pode sentir-se como mercador oriental, como paxá corrupto no khanato do mago corrupto, até que aquela adaga no pingente de prata sobre o divã, uma bela tarde, põe fim à sua sesta e a ele próprio. Esse caráter da casa burguesa, que estremece pelo assassino sem nome como uma velha lasciva pelo galã, foi penetrado por alguns autores que, qualificados como "escritores criminais"[2] – talvez também porque em seus escritos se estampa um pouco do pandemônio burguês –, foram privados de suas devidas honras. Conan Doyle tem aquilo que deve ser atingido aqui em alguns de seus escritos; em uma grande produção a escritora A. K. Green o põe em evidência, e com o *Fantasma da ópera*, um dos grandes romances sobre o século XIX, Gaston Leroux promoveu esse gênero à apoteose.

2- "Kriminalschriftsteller", no alemão, derivado do nome do gênero romance policial "Krimiroman", e de seu autor, que em alemão é "Krimi-Autor" ou "Kriminalschriftsteller", autor de romances policiais, mas também, literalmente, escritor criminal. (N.d.R.)

Produtos da China

Nestes dias ninguém pode aferrenhar-se naquilo de que "é capaz". Na improvisação está a força. Todos os golpes decisivos são desferidos com a mão esquerda.

Um portal encontra-se no começo de um longo caminho que conduz montanha abaixo à casa de..., que eu visitava todas as noites. Quando ela se mudou, a abertura do arco do portal jazia de agora em diante à minha frente, como uma concha de orelha que perdeu a audição.

Uma criança, em roupas de dormir, não se deixa mover a cumprimentar uma visita que entra. Os presentes lhe admoestam, do ponto de vista ético superior, para vencer seu melindre, mas em vão. Poucos minutos depois ela se mostra, desta vez totalmente nua, ao visitante. Nesse meio tempo, tinha-se lavado.

A força da estrada do campo é uma se alguém anda por ela, outra se a sobrevoa de aeroplano. Assim é também a força de um texto, uma se alguém o lê, outra se o transcreve. Quem voa vê apenas como a estrada se insinua através da paisagem, e, para ele, ela se desenrola segundo as mesmas leis que o terreno em torno. Somente quem anda pela estrada experimenta algo de seu poder e de como, daquela mesma região que, para o que voa, é apenas a planície desenrolada, ele faz sair, a seu comando, a cada uma de suas voltas, distâncias, belvederes, clareiras, perspectivas, assim como o chamado do comandante faz sair soldados de um front. Assim unicamente o texto transcrito comanda a alma daquele que está ocupado com ele, enquanto o mero leitor nunca fica conhecendo as novas perspectivas de seu interior, tais como as abre o texto, essa estrada através da floresta virgem interior que sempre volta a adensar-se: porque o leitor obedece ao movimento de seu eu no livre reino aéreo do devaneio, enquanto o que transcreve o faz ser comandado. A arte chinesa de copiar livros foi, portanto, a incomparável garantia de cultura literária, e a transcrição, uma chave para os enigmas da China.

Luvas

No asco por animais a sensação dominante é o medo de, no contato, ser reconhecido por eles. O que se assusta profundamente no ser humano é a consciência obscura de que, nele, permanece em vida algo de tão pouco alheio ao animal provocador de asco, que possa ser reconhecido por este. – Todo asco é originalmente asco pelo contato. Desse sentimento até mesmo a subjugação só se põe a salvo com gestos abruptos, excessivos: o asqueroso será violentamente enlaçado, devorado, enquanto a zona do contato epidérmico mais fino permanece tabu. Só assim é possível dar satisfação ao paradoxo do imperativo moral que exige do ser humano, ao mesmo tempo, a superação e o mais sutil cultivo do sentimento de asco. Não lhe é permitido renegar o bestial parentesco com a criatura, a cujo apelo seu asco responde: é preciso tornar-se senhor dela.

Embaixada mexicana

> Je ne passe jamais devant un
> fétiche de bois, un Bouddha doré,
> une idole mexicaine sans me dire:
> C' est peut-être le vrai dieu.[3]
> *Charles Baudelaire*

Sonhei que estava no México como membro de uma expedição de pesquisa. Após termos percorrido uma espessa floresta virgem, demos com um sistema de cavernas superficiais na montanha, onde desde o tempo dos primeiros missionários até agora se havia mantido uma ordem religiosa, cujos irmãos prosseguiam entre os nativos a obra de conversão. Em uma caverna central imensa e goticamente fechada em ponta, tinha lugar o serviço divino segundo o mais antigo rito. Entramos e pudemos

3- "Nunca passo diante de um fetiche de madeira, um Buda dourado, um ídolo mexicano sem dizer-me: É talvez o verdadeiro Deus." (N.T.)

ver sua parte principal: em direção a um busto de madeira de Deus-Pai, que se mostrava, acomodado a grande altura, em um lugar qualquer numa das paredes da caverna, era levantado por um sacerdote um fetiche mexicano. Então, a cabeça de Deus movia-se três vezes, negativamente, da direita para a esquerda.

Estas plantações são recomendadas à proteção do público

O que é "solucionado"? Todas as questões da vida vivida não ficam para trás, como uma ramagem que nos impedisse a visão? Em desbastá-la, em iluminá-la sequer, dificilmente pensamos. Seguimos adiante, a deixamos atrás de nós, e da distância ela é sem dúvida abarcável, mas indistinta, sombria e, nessa medida, mais enigmaticamente enredada.

Comentário e tradução estão para o texto assim como estilo e mimese estão para a natureza: o mesmo fenômeno sob diferentes modos de considerar. Na árvore do texto sagrado são ambos apenas as folhas eternamente sussurrantes, na árvore do texto profano são os frutos que caem no tempo certo.

Quem ama não se apega somente aos "defeitos" da amada, não somente aos tiques e fraquezas de uma mulher; a ele, rugas no rosto e manchas hepáticas, roupas gastas e um andar torto prendem muito mais duradoura e inexoravelmente que toda beleza. Há muito tempo se notou isso. E por quê? Se é verdadeira uma teoria que diz que a sensação não se aninha na cabeça, que não sentimos uma janela, uma nuvem, uma árvore no cérebro, mas sim naquele lugar onde as vemos, assim também, no olhar para a amada, estamos fora de nós. Aqui, porém, atormentadamente tensos e arrebatados. Ofuscada, a sensação esvoaça como um bando de pássaros no esplendor da mulher. E, assim como os pássaros buscam proteção nos folhosos esconderijos da árvore, refugiam-se as sensações nas sombrias rugas, nos gestos desgraciosos e nas singelas máculas do corpo amado, onde se acocoram em segurança, no esconderijo. E nenhum passante adivinha que exatamente aqui, no imperfeito, censurável, aninha-se a emoção amorosa, rápida como uma seta, do venerador.

Canteiro de obra

Elucubrar pedantemente sobre a fabricação de objetos – meios de apresentação, brinquedos ou livros – que fossem apropriados para crianças é tolice. Desde o Iluminismo essa é uma das mais bolorentas especulações dos pedagogos. Seu enrabichamento pela psicologia impede-os de reconhecer que a Terra está repleta dos mais incomparáveis objetos de atenção e exercício infantis. E dos mais apropriados. Ou seja, as crianças são inclinadas de modo especial a procurar todo e qualquer lugar de trabalho onde visivelmente transcorre a atividade sobre as coisas. Sentem-se irresistivelmente atraídas pelo resíduo que surge na construção, no trabalho de jardinagem ou doméstico, na costura ou na marcenaria. Em produtos residuais reconhecem o rosto que o mundo das coisas volta exatamente para elas, e para elas unicamente. Neles, elas menos imitam as obras dos adultos do que põem materiais de espécie muito diferente, através daquilo que com eles aprontam no brinquedo, em uma nova, brusca relação entre si. Com isso as crianças formam para si seu mundo de coisas, um pequeno no grande, elas mesmas. Seria preciso ter em mira as normas desse pequeno mundo de coisas, se se quer criar deliberadamente para as crianças e não se prefere deixar a atividade própria, com tudo àquilo que é nela requisito e instrumento, encontrar por si só o caminho que conduz a elas.

Ministério do interior

Quanto mais hostilmente uma pessoa se coloca em relação ao tradicional, mais inexoravelmente submeterá sua vida privada às normas que quer elevar à condição de legisladoras de um estado social por vir. É como se elas lhe impusessem o dever de prefigurá-las, a elas que ainda não estão efetivadas em parte nenhuma, pelo menos em seu próprio círculo de vida. O homem, contudo, que se sabe em consonância com as mais antigas tradições de sua classe ou de seu povo, põe ocasionalmente sua vida privada em ostensiva oposição às máximas que na vida pública advoga sem indulgência e, sem o menor aperto de consciência, valoriza secretamente seu próprio comportamento como a prova mais legítima da autoridade inabalável dos princípios ostentados por ele. Assim se distinguem os tipos do político anarco-socialista e do conservador.

Bandeira...

Como aquele que se despede é mais facilmente amado! Porque a chama por aquele que se distancia queima mais pura, alimentada pela fugitiva tira de pano que acena do navio ou da janela do trem. O distanciamento penetra como matéria corante naquele que desaparece e o embebe de suave ardor.

...A meio pau

Se morre um ser humano muito próximo de nós, há nos desenvolvimentos dos meses seguintes algo do qual acreditamos notar que – por mais que gostássemos de tê-lo partilhado com ele – só podia desdobrar-se pelo seu estar longe. Acabamos por saudá-lo em uma língua que ele não entende mais.

Panorama imperial

VIAGEM ATRAVÉS DA INFLAÇÃO ALEMÃ

I. No tesouro daquelas expressões com as quais se trai cotidianamente o modo de vida do burguês alemão, composto de um amálgama de estupidez e covardia, a da catástrofe iminente – já que "assim não pode mais continuar" é particularmente digna de reflexão. A desamparada fixação a representações de segurança e de posse dos decênios passados impede o homem médio de aperceber-se das estabilidades extremamente notáveis, de espécie inteiramente nova, que estão no fundamento da situação presente. Como a relativa estabilização dos anos de pré-guerra o favorecia, ele acredita que tem de encarar como instável todo estado que o desapossa.

Mas relações estáveis não precisam nunca e em tempo algum ser relações agradáveis e já antes da guerra havia camadas para as quais as relações estabilizadas eram a miséria estabilizada. Queda não é em nada menos estável, em nada menos miraculoso que ascensão. Somente um cálculo que reconhece encontrar no declínio a única *ratio* do estado presente sairia do assombro desfibrante perante o que se repete cotidianamente e passaria a contar com os fenômenos de declínio como o puramente estável e a considerar unicamente o que salva como algo de extraordinário, quase no limite do miraculoso e inconcebível. As comunidades da Europa central vivem como habitantes de uma cidade cercada, cujos víveres e pólvora estão acabando e para a qual, segundo humana comensurabilidade, quase não é de se esperar salvação. Um caso em que a rendição, pelo bem ou pelo mal, teria de ser cogitada com a máxima seriedade. Mas a potência muda, invisível, com a qual a Europa central se sente confrontada, não negocia. Assim nada resta, senão, na permanente expectativa do último assalto, não dirigir o olhar para nada a não ser o extraordinário, que é o único que ainda pode salvar. Esse estado, que se impõe, da mais tensa atenção, sem queixas, poderia, porém, já que estamos em um misterioso contato com os poderes que nos assediam, provocar efetivamente o milagre. Em contrapartida, a expectativa de que não pode continuar assim se encontrará um dia diante do ensinamento de que, para o sofrimento do indivíduo como das comunidades, só há um limite além do qual ele não continua: o aniquilamento.

II. Um estranho paradoxo: as pessoas só têm em mente o mais estreito interesse privado quando agem, mas ao mesmo tempo são determinadas mais que nunca em seu comportamento pelos instintos da massa. E mais que nunca os instintos de massa se tornaram desatinados e alheios à vida. Onde o obscuro impulso[4] do animal – como o narram inúmeras anedotas – encontra a saída do perigo que se aproxima e que ainda parece invisível, ali essa sociedade, da qual cada um tem em mira unicamente seu próprio inferior bem-estar, sucumbe, como massa cega, com letargia animal, mas sem o letárgico saber dos animais, a cada perigo, mesmo o mais próximo, e a diversidade de alvos individuais se torna

4- "Trieb", termo também traduzido no linguajar psicanalítico por "pulsão". (N.d.R.)

irrelevante perante a identidade das forças determinantes. Repetidamente se mostrou que seu apego à vida habitual, agora já perdida há muito tempo, é tão rígido que frustra a aplicação propriamente humana do intelecto, a previdência, mesmo no perigo drástico. De modo que nela a imagem da estupidez se completa: insegurança, perversão mesmo, dos instintos vitalmente importantes, e impotência, declínio mesmo, do intelecto. Essa é a disposição da totalidade dos burgueses alemães.

III. Todas as relações humanas mais próximas são atingidas por uma claridade penetrante, quase insuportável, na qual mal conseguem resistir. Pois, uma vez que, por um lado, o dinheiro está, de modo devastador, no centro de todos os interesses vitais e, por outro, é exatamente este o limite diante do qual quase toda relação humana fracassa, então desaparece, cada vez mais, assim no plano natural como no ético, a confiança irrefletida, o repouso e a saúde.

IV. Não é em vão que se costuma falar de miséria "nua". Em sua exibição, que começou a tornar-se costume sob a lei da calamidade e, no entanto, torna visível um milésimo apenas do escondido, o que é mais funesto é que não é a compaixão ou a consciência igualmente terrível da própria incolumidade que é despertada no observador, mas sua vergonha. Impossível viver em uma grande cidade alemã, na qual a fome força os mais miseráveis a viver das notas com as quais os passantes procuram cobrir uma nudez que os fere.

V. "Pobreza não é desonra". Muito bem. No entanto, desonram os pobres. Fazem isso e o consolam com o provérbio. Este é daqueles que antigamente se podiam admitir como válidos, mas cuja data de vencimento já chegou há muito tempo. Do mesmo modo como aquele brutal "Quem não trabalha não come". Quando havia trabalho que alimentava seu homem havia também pobreza que não desonrava, quando o atingia por má colheita ou outra fatalidade. Mas é desonra, sim, essa penúria, da qual milhões já nascem dentro, e em que são enredados centenas de milhares, que empobrecem. Sujeira e miséria crescem como muros, obra de mãos invisíveis, em torno deles. E assim como o indivíduo pode suportar muito por si, mas sente justa vergonha quando sua mulher o vê suportá-lo e ela própria o atura, assim é lícito ao indivíduo aturar muito enquanto está sozinho e tudo enquanto o esconde. Mas nunca é lícito a alguém firmar sua paz coma pobreza quando ela cai como uma sombra gigante sobre seu povo e sua casa. Ele deve, então, manter seus sentidos vigilantes para cada humilhação que lhes é infligida e mantê-los disciplinados até que seu sofrimento tenha trilhado, não mais a ladeirenta rua da amargura, mas o caminho ascensional da revolta. Mas aqui não há nada a esperar enquanto cada destino, o mais terrível, o mais obscuro, discutido todos os dias, e mesmo todas as horas pela imprensa, exposto em todas as suas causas aparentes e consequências aparentes, não promove ninguém ao conhecimento das obscuras potências das quais sua vida se tornou serva.

VI. Para o estrangeiro que segue por alto a configuração da vida alemã, que até mesmo viajou pelo país por tempo curto, seus habitantes não se mostram menos estranhos que uma população exótica. Um francês espirituoso disse: "Nos casos mais raros, um alemão terá clareza sobre si. Se alguma vez tiver clareza, não o dirá. Se o disser, não se fará compreensível". Essa distância sem consolo, a guerra a ampliou, não apenas pelos efetivos e legendários atos infames que se relatavam dos alemães. O que completa mesmo o grotesco isolamento da Alemanha aos olhos dos outros europeus, o que no fundo produz neles a impressão de que estariam tratando com hotentotes nos alemães (como isto foi muito corretamente chamado) é a potência, totalmente inconcebível para os que estão de fora e totalmente inconscientes para os prisioneiros, com que as circunstâncias de vida, a miséria e a estupidez fazem das pessoas, nesse palco, súditas das forças da comunidade, como somente a vida de algum primitivo é determinada pelas legalidades de clã. O mais europeu de todos os bens, aquela ironia mais ou menos clara com que a vida do indivíduo pretende transcorrer em disparidade com a existência de toda e qualquer comunidade em que ele esteja encravado, está inteiramente perdido para os alemães.

VII. A liberdade da conversa está-se perdendo. Se antes, entre seres humanos em conversa, a consideração pelo parceiro era natural, ela é agora substituída pela pergunta sobre o preço de seus sapatos ou de seu guarda-chuva. Fatalmente impõe-se, em toda discussão em sociedades, o tema das condições de vida, do dinheiro. No caso, trata-se não tanto das preocupações e dos sofrimentos dos indivíduos, nos quais talvez pudessem ajudar um ao outro, quanto da consideração do todo. É como se se estivesse aprisionado em um teatro e se fosse obrigado a seguir a peça que está no palco, queira-se ou não, obrigado a fazer dela sempre de novo, queira-se ou não, objeto do pensamento e da fala.

VIII. Quem não se subtrai à percepção do declínio passará sem demora a reivindicar uma justificação particular para sua permanência, sua atividade e sua participação nesse caos. Quantas forem as evidências do malogro geral, tantas serão as exceções para a própria esfera de ação, local de morada e momento. A cega vontade de salvar o prestígio da existência pessoal, de preferência a destacá-la, pelo menos, através da soberana avaliação de sua impotência e de seu embaraço, do pano de fundo do enceguecimento geral, impõe-se quase por toda parte. Por isso o ar está tão cheio de teorias de vida e visões do mundo, e por isso elas fazem aqui nesta terra um efeito tão pretensioso, porque no fim quase sempre valem como sanção de alguma situação privada totalmente insignificante. Por isso mesmo o ar está também tão cheio de alucinações, miragens de um futuro cultural que apesar de tudo irrompe florescente da noite para o dia, porque cada qual se compromete com as ilusões óticas de seu ponto de vista isolado.

IX. As pessoas que estão encurraladas no recinto deste país perderam o olhar para o contorno da pessoa humana. Todo aquele que é livre aparece-lhes como um extravagante. Imaginem-se as cadeias de montanhas dos Altos Alpes, contudo não destacadas contra o céu, mas contra as dobras de uma pano escuro. Só indistintamente se desenhariam as poderosas formas. Exatamente assim uma pesada cortina cobre o céu da Alemanha e não vemos mais o perfil nem mesmo das maiores pessoas.

X. Das coisas desaparece o calor. Os objetos de uso diário repelem de si a pessoa, suave, mas persistentemente. Em suma, ela tem de desempenhar, dia após dia, para a superação das resistências secretas – e não apenas das abertas – se opõem a ela, um trabalho descomunal. Precisa compensar a frieza delas com o próprio calor, para não congelar com elas, e empunhar com infinita habilidade os seus espinhos, para não sangrar neles. Das pessoas a seu lado, não espere ele nenhuma ajuda. Administrador, funcionário, trabalhador manual e vendedor – todos eles se sentem como representantes de uma matéria rebelde, cuja periculosidade se esforçam para trazer à luz através da própria brutalidade. E com a degeneração das coisas, com a qual elas, seguindo o declínio humano, o castigam, o próprio país está conjurado. Ele consome a pessoa, como as coisas, e a eternamente ausente primavera alemã é apenas um entre inúmeros fenômenos aparentados da natureza alemã em decomposição. Nela se vive como se nessas regiões a pressão da coluna de ar, cujo peso cada qual carrega, se tivesse tornado, contra toda lei, subitamente sensível.

XI. O desdobramento de todo movimento humano, quer se origine de impulsos[5] espirituais ou mesmo naturais, está votado a desmesura da resistência do mundo circundante. A crise habitacional e a taxação de circulação estão em obra para aniquilar completamente o símbolo elementar da liberdade europeia, que em certas formas era dado mesmo à Idade Média: a liberdade de estabelecimento. E se a coação medieval encadeava as pessoas a associações naturais, ele está agora acorrentado a uma comunidade desnaturada. Pouca coisa fortalecerá tanto a fatal potência do instinto migratório em propagação quanto à jugulação da liberdade de estabelecimento, e jamais a liberdade de movimento esteve em maior desproporção com a riqueza dos meios de locomoção.

XII. Assim como todas as coisas que estão em um irresistível processo de mistura e impureza perdem sua expressão de essência, e o ambíguo se põe no lugar do autêntico, assim também a cidade. Grandes cidades, cuja potência incomparavelmente tranquilizadora e corroborante encerra o criador em uma paz de castelo fortificado e é capaz de tirar dele, juntamente com a visão do horizonte, também a consciência das forças elementares sempre vigilantes mostra-se por toda parte rompidas pelo campo que penetra. Não pela paisagem, mas por aquilo que a livre natureza tem de mais amargo, pela terra arável, por estradas, pelo céu noturno que nenhuma camada vibrante de vermelho esconde mais. A insegurança mesma das regiões animadas acaba reduzindo o citadino àquela situação opaca e cruel no mais alto grau, em que ele tem de acolher em si, sob as inclemências da planície desolada, os produtos da arquitetônica urbana.

XIII. Uma nobre indiferença perante as esferas da riqueza e da pobreza está totalmente perdida nas coisas que se fabricam. Cada uma delas carimba seu possuidor, que só tem a escolha de aparecer como pobre coitado ou contrabandista. Pois, enquanto mesmo o verdadeiro luxo é de tal ordem que espírito e sociabilidade são capazes de penetrá-los e levar a seu esquecimento, aquilo que aqui se ostenta de mercadorias de luxo põe em evidência uma massividade tão desavergonhada que nelas toda radiação espiritual se quebra.

XIV. Dos mais antigos usos dos povos parecem vir a nós como uma advertência: na aceitação daquilo que recebemos tão ricamente da natureza, guardar-nos do gesto da avidez. Pois não somos capazes de presentear à mãe Natureza nada que nos é próprio. Por isso convém mostrar reverência no tomar, restituindo, de tudo que desde sempre recebemos, uma parte a ela, antes ainda de nos apoderar do nosso. Essa reverência se manifesta no antigo uso da *libatio*. Aliás, é talvez essa mesma antiquíssima experiência ética que se conserva, transformada, na proibição de juntar as espigas esquecidas e de recolher cachos de uva caídos, uma vez que estes fazem proveito a terra ou aos antepassados dispensadores de bênçãos. Segundo o uso ateniense, o recolher de migalhas durante a refeição era interdito, porque pertenciam aos heróis. – Uma vez degenerada a sociedade, sob desgraça e avidez, a tal ponto que ela só pode ainda receber os dons da natureza pela rapina, que ela arranca os frutos imaturos para poder trazê-los vantajosamente ao mercado e que ela tem de esvaziar toda bandeja somente para ficar saciada, sua terra empobrecerá e o campo trará más colheitas.

Trabalho de subsolo

Em sonho vi-me em um território despovoado. Era a praça do mercado de Weimar. Ali eram feitas escavações. Eu mesmo raspei um pouquinho na areia. Então apareceu a ponta de uma torre de igreja. Extremamente alegre pensei comigo: um santuário mexicano do tempo do pré-animismo, o Anaquivitzli. Acordei rindo. (Ana = ανά; vi = *vie*; witz = igreja mexicana [!]).[5]

Cabeleireiros para damas difíceis

Três mil damas e cavalheiros da Kurfürstendamm devem ser uma manhã tirados de suas camas, sem uma palavra, presos e mantidos detidos vinte e quatro horas. Por volta de meia-noite distribui-se nas celas um questionário sobre a pena de morte, solicita-se também a seus signatários indicarem qual espécie de execução eles, pessoalmente, no caso dado, pensariam escolher. Esse documento teria de preencher em clausura, "segundo melhor ciência", aqueles que até agora costumam exprimir-se, sem serem perguntados, "segundo melhor consciência". Antes ainda da primeira manhã, que desde a antiguidade é sagrada, mas aqui nesta terra é consagrada ao carrasco, a questão da pena de morte estaria esclarecida.

Atenção: degraus!

O trabalho em uma boa prosa tem três graus: um musical, em que ela é composta, um arquitetônico, em que ela é construída, e, enfim, um têxtil, em que ela é tecida.

Guarda-livros juramentado

Nosso tempo, assim como está em *contrapposto* com o Renascimento pura e simplesmente, está particularmente em oposição à situação em

5- "*Ana*", preposição grega que significa "no alto, em cima"; *Witz* em alemão significa chiste ou ainda, na definição de Friedrich Schlegel: "Alguns encontros chistosos [*witzige Einfälle*] são como o reencontro inesperado de dois pensamentos amigos depois de uma longa separação." (N.d.R.)

que foi inventada a arte do livro. Com efeito, quer seja um acaso ou não, seu aparecimento na Alemanha cai no tempo em que o livro, no sentido eminente da palavra, o Livro dos Livros, tornou-se, através da tradução da Bíblia por Lutero, um bem popular. Agora tudo indica que o livro, nessa forma tradicional, vai ao encontro de seu fim. Mallarmé, como viu em meio à cristalina construção de sua escritura, certamente tradicionalista, a imagem verdadeira do que vinha, empregou pela primeira vez no *coup de dés* as tensões gráficas do reclame na configuração da escrita. O que depois disso foi empreendido por dadaístas em termos de experimentos de escrita não provinha do plano construtivo, mas dos nervos dos literatos reagindo com exatidão e por isso era muito menos consistente que o experimento de Mallarmé, que crescia do interior de seu estilo. Mas justamente através disso é possível reconhecer a atualidade daquilo que, monadicamente, em seu gabinete mais recluso, Mallarmé descobriu, em harmonia preestabelecida com todo o acontecer decisivo desses dias, na economia, na técnica, na vida pública. A escrita, que no livro impresso havia encontrado um asilo onde levava sua existência autônoma, é inexoravelmente arrastada para as ruas pelos reclames e submetida às brutais heteronomias do caos econômico. Essa é a rigorosa escola de sua nova forma. Se há séculos ela havia gradualmente começado a deitar-se, da inscrição ereta tornou--se manuscrito repousando oblíquo sobre escrivaninhas, para afinal acamar-se na impressão, ela começa agora, com a mesma lentidão, a erguer-se novamente do chão. Já o jornal é lido mais a prumo que na horizontal, filme e reclames forçam a escrita a submeter-se de todo à ditatorial verticalidade. E, antes que um contemporâneo chegue a abrir um livro, caiu sobre seus olhos um tão denso turbilhão de letras cambiantes, coloridas, conflitantes, que as chances de sua penetração na arcaica quietude do livro se tornaram mínimas. Nuvens de gafanhotos de escritura, que hoje já obscurecem o céu do pretenso espírito dos habitantes das grandes cidades, se tornarão mais densas a cada ano que passa. Outras exigências da vida dos negócios levam mais além. O fichário traz consigo a conquista da escrita tridimensional, portanto um surpreendente contraponto à tridimensionalidade da escrita em suas origens como runas ou escritura de nós. (E hoje o livro já é, como ensina o atual modo de produção científico, uma antiquada mediação entre dois diferentes sistemas de fichário. Pois todo o essencial encontra-se na caixa de fichas do pesquisador que o escreveu e o cientista que nele estuda assimila-o ao seu próprio fichário). Mas está inteiramente fora de dúvida que o desenvolvimento da escrita não permanece atado, a perder de vista, aos decretos de um caótico labor em ciência e economia, antes está chegando o momento em que quantidade vira em qualidade e a escritura, que avança sempre mais profundamente dentro do domínio gráfico de sua nova, excêntrica imagética, tomará posse, de uma só vez, de seu teor coisal[6] adequado. Nessa escrita-imagem os poetas, que então, como nos tempos primitivos, serão primeiramente e antes de tudo calígrafos, só poderão colaborar se explorarem os domínios nos quais (sem fazer muito alarde de si) sua construção se efetua: os do diagrama estatístico e técnico. Com a fundação de uma escrita conversível internacional eles renovarão sua autoridade na vida dos povos e encontrarão um papel em comparação ao qual todas as aspirações de renovação da retórica se demonstrarão como devaneios jarreta.

Material escolar

PRINCÍPIOS DOS CATATAUS OU A ARTE DE FAZER LIVROS GROSSOS

I. O desenvolvimento inteiro tem de ser entretecido pela permanente exposição palavrosa do projeto.

II. Devem ser introduzidos termos para conceitos que fora dessa definição mesma não aparecem mais no livro inteiro.

III. As distinções conceituais laboriosamente conquistadas no texto devem, nas notas às passagens correspondentes, ser novamente apagadas.

IV. Para conceitos sobre os quais só se trata em sua significação geral

6- "Sachgehalt", no original. (N.d.R.)

devem ser dados exemplos: onde, por exemplo, se falar de máquinas, devem ser enumeradas todas as espécies delas.

V. Tudo aquilo que está firmado *a priori* sobre um objeto deve ser confirmado com uma abundância de exemplos.

VI. Correlações que podem ser expostas graficamente têm de ser desenvolvidas em palavras. Em lugar, por exemplo, de desenhar uma árvore genealógica, todas as relações de parentesco devem ser pormenorizadas e descritas.

VII. De vários oponentes aos quais é comum a mesma argumentação, cada um deve ser refutado individualmente.

A obra média do erudito de hoje quer ser lida como um catálogo. Mas quando se chegará ao ponto de escrever livros como catálogos? Se o interior ruim penetrou no exterior dessa forma, surge então um excelente texto, em que o valor das opiniões é cifrado, sem que com isso elas fossem postas à venda.

A máquina de escrever só tornará alheia à caneta a mão do literato quando a exatidão das formações tipográficas entrar imediatamente na concepção de seus livros. Provavelmente serão necessários então novos sistemas, com configuração de escrita mais variável. Eles colocarão a inervação dos dedos que comandam no lugar da mão cursiva.

Um período que, metricamente concebido, é posteriormente perturbado em seu ritmo, em uma única passagem, faz a mais bela frase em prosa que se pode pensar. Assim, por uma pequena brecha no muro, cai um raio de luz no gabinete do alquimista e faz relampejar cristais, esferas e triângulos.

Alemão bebe cerveja alemã!

A plebe está possuída por aquele ódio frenético contra a vida espiritual, que reconheceu na contagem tios corpos a garantia para o aniquilamento dela. Onde quer que se lhes permita, eles se colocam em fila, sob o fogo da artilharia ou a caminho do armazém eles se acotovelam em ordem de marcha. Nenhum vê mais adiante do que as costas do homem da frente, e cada qual se orgulham de ser, dessa forma, modelo para o seguinte. Isso os homens aprenderam há séculos no campo de batalha, mas as marchas de parada da miséria, o fazer fila, foram às fêmeas que inventaram.

Proibido colar cartazes!

A TÉCNICA DO ESCRITOR EM TREZE TESES

I. Quem tem a intenção de passar à redação de uma obra mais extensa procure seu bem-estar e permita-se, depois da tarefa concluída, tudo o que não prejudica a continuação.

II. Fale do realizado, se quiser; contudo, durante o. Decorrer do trabalho, não leia nada dele para outros. Toda satisfação que você se proporciona através disso bloqueia seu ritmo. Com a observância desse regime, o crescente desejo de comunicação acaba tomando-se motor do acabamento.

III. Nas circunstâncias de trabalho, procure escapar à mediania do cotidiano. Meia tranquilidade, acompanhada de ruídos insípidos, degrada. Em contrapartida, o acompanhamento de um estudo musical ou de uma confusão de vozes pode tornar-se tão significativo para o trabalho quanto a perceptível quietude da noite. Se esta aguça o ouvido interior, aquele se torna a pedra de toque de uma dicção cuja própria plenitude sepulta em si os ruidos excêntricos.

IV. Evite instrumentos arbitrários. A pedante fixação a certos papéis, penas, tintas, é de utilidade. Não luxo, mas abundância desses utensílios é indispensável.

V. Não deixe nenhum pensamento passar incógnito e mantenha seu caderno de notas tão rigorosamente quanto a autoridade constituída mantém o registro de estrangeiros.

VI. Torne sua pena esquiva à inspiração, e ela a atrairá com a força do ímã. Quanto mais refletidamente você retarda a redação de uma ideia que ocorre, mais maduramente desdobrada ela se oferecerá a você. A fala conquista o pensamento, mas a escrita o domina.

VII. Jamais deixe de escrever porque nada mais lhe ocorre. É um mandamento da honra literária só interromper quando um compromisso (uma refeição, um encontro marcado) deve ser observado ou a obra está terminada.

VIII. Preencha a suspensão da inspiração passando a limpo o realizado. Com isso a intuição despertará.

IX. *Nulla dies sine linea* – mas talvez semanas.

X. Nunca considere como perfeita uma obra sobre a qual não se sentou uma vez desde a noite até o dia claro.

XI. Não escreva a conclusão da obra no local de trabalho habitual. Nele você não encontraria a coragem para isso.

XII. Degraus da composição: pensamento – estilo – escrita. O sentido de passar a limpo é que, em sua fixação, a atenção diz respeito somente à caligrafia. O pensamento mata a inspiração, o estilo acorrenta o pensamento, a escrita remunera o estilo.

XIII. A obra é a máscara mortuária da concepção.

(Esnobe no escritório privado da crítica de arte. À esquerda, um desenho de criança, à direita, um fetiche. Esnobe: "Com isso pode-se pôr no bolso todo o Picasso").

I. O artista faz uma obra.	O primitivo exprime-se em documentos.
II. A obra de arte só acessoriamente é um documento.	Nenhum documento como tal é obra de arte.
III. A obra de arte é uma obra de mestre.	O documento serve como obra didática.
IV. Na obra de arte os artistas aprendem o métier.	Diante de documentos um público é educado.
V. Obras de arte mantêm-se longe umas das outras pela perfeição.	Na materialidade todos os documentos se comunicam.
VI. Conteúdo e forma são na obra de arte um só: teor.	Nos documentos reina inteiramente a matéria.
VII. Teor é o provado.	Matéria é o sonhado.
VIII. Na obra de arte a matéria é um lastro que a contemplação joga fora	Quanto mais profundamente nos perdemos num documento, mais densamente: matéria.
IX. Na obra de arte a lei formal é central.	Nos documentos há formas somente em debandada.
X. A obra de arte é sintética: central de forças.	A fecundidade do documento quer: análise
XI. À visão repetida uma obra de arte intensifica-se.	Um documento só subjuga pela surpresa.
XII. A virilidade das obras está no ataque.	Para o documento sua inocência é uma cobertura.
XIII. O artista sai à conquista de teores.	A pessoa primitiva entrincheira-se atrás de matérias.

A TÉCNICA DO CRÍTICO EM TREZE TESES

I. O crítico é estrategista na batalha da literatura.

II. Quem não é capaz de tomar partido tem de calar-se.

III. O crítico não tem nada que ver com o intérprete de épocas artísticas passadas.

IV. A crítica tem de falar na língua dos artistas. Pois os conceitos do cenáculo são senhas. E somente nas senhas soa o grito de batalha.

V. Sempre a "objetividade" tem de ser sacrificada ao espírito de partido, se é digna disso a causa em torno da qual se trava a batalha.

VI. A crítica é uma causa moral. Se Goethe não reconheceu Hölderlin e Kleist, Beethoven e Jean Paul, isso não concerne seu discernimento artístico, mas sua moral.

VII. Para o crítico é seus colegas a instância superior. Não o público. Menos ainda a posteridade.

VIII. A posteridade esquece ou celebra. Só o crítico julga na cara do autor.

IX. Polêmica significa aniquilar um livro em poucas de suas frases. Quanto menos se o estuda, melhor. Só quem é capaz de aniquilar é capaz de criticar.

X. A polêmica genuína põe um livro diante de si tão amorosamente quanto um canibal prepara para si um bebê.

XI. Entusiasmo artístico é alheio ao crítico. A obra de arte, em suas mãos, é a arma branca na batalha dos espíritos.

XII. A arte do crítico *in nuce*: cunhar palavras de ordem sem trair as ideias. Palavras de ordem de uma crítica insatisfatória traficam os pensamentos com a moda.

XIII. O público deve ser constantemente injustiçado e, no entanto, sentir-se sempre representado pelo crítico.

Nº 13

> Treize - j' eus un plaisir cruel de m'arreter sur ce nombre.[7]
>
> *Marcel Proust*

> Le reploiment vierge du livre, encore,
> prête à un sacrifice dont saigna la
> tranche rouge des anciens tomes;
> l' introduction d'une arme, ou coupe-papier,
> pour établir la prise de possession.[8]
>
> *Stéphane Mallarmé*

I. Livros e putas podem-se levar para a cama.

II. Livros e putas entrecruzam o tempo. Dominam a noite como o dia e o dia como a noite.

III. Ao ver livros e putas ninguém diz que os minutos lhes são preciosos. Mas quem se deixa envolver mais de perto com eles, só então nota como têm pressa. Fazem contas, enquanto nos aprofundamos neles.

IV. Livros e putas têm entre si, desde sempre, um amor infeliz.

V. Livros e putas – cada um deles tem sua espécie de homens que vivem deles e os atormentam. Os livros, os críticos.

VI. Livros e putas em casas públicas – para estudantes.

7- "Treze – tive um prazer cruel em deter-me nesse número".

8- "O redescobrimento virgem do livro, ainda, presta-se a um sacrifício de que sangra o corte vermelho dos antigos tomos; a introdução de uma arma, ou corta-papel, para estabelecer a tomada de posse." (N.T.).

VII. Livros e putas – raramente vê seu fim alguém que os possuiu. Costumam desaparecer antes de perecer.

VIII. Livros e putas contam tão de bom grado e tão mentirosamente como se tornaram o que são. Na verdade eles próprios muitas vezes nem o notam. Anos a fio alguém vai-se entregando a tudo "por amor" e um dia está lá como *corpus* bem corpóreo, na ronda das calçadas, aquilo que "para fins de estudo" sempre pairava somente acima delas.

IX. Livros e putas gostam de voltar as costas quando se expõem.

X. Livros e putas remoçam muito.

XI. Livros e putas – "Velha beata – jovem devassa". Quantos livros não foram mal reputados, nos quais hoje a juventude deve aprender.

XII. Livros e putas trazem suas rixas diante das pessoas.

XIII. Livros e putas – notas de rodapé são para uns os que são, para as outras, notas de dinheiro na meia.

Armas e munição

Eu havia chegado a Riga para visitar uma amiga. Sua casa, a cidade, a língua, me eram desconhecidos. Nenhum ser humano me esperava, ninguém me conhecia. Andei duas horas, solitário, pelas ruas. Nunca mais tornei a vê-las assim. De cada portal de casa lançava-se um jato de chamas, cada pedra de esquina espalhava centelhas e cada bonde vinha chegando como o corpo de bombeiros. Ela podia, sim, sair pelo portal, dobrar a esquina e estar sentada no bonde. De nós dois, porém, tinha de ser eu, a qualquer preço, o primeiro que vê o outro. Pois se ela tivesse posto sobre mim o pavio de seu olhar – eu teria tido de voar pelos ares como um depósito de munições.

Primeiros socorros

Um bairro extremamente confuso, uma rede de ruas, que anos a fio eu evitara, tornou-se para mim, de um só lance, abarcável numa visão de conjunto, quando um dia uma pessoa amada se mudou para lá. Era como se em sua janela um holofote estivesse instalado e decompusesse a região com feixes de luz.

Arquitetura interna

O tratado é uma forma arábica. Seu exterior é indiferenciado e não chama a atenção, correspondendo à fachada de construções árabes, cuja organização só começa no vestíbulo. Assim também a estrutura organizada do tratado não é perceptível do exterior e só se abre pelo interior. Se capítulos o formam, não são sobrescritos verbalmente, mas designados por cifras. A superfície de suas deliberações não é pictoricamente vivificada, mas antes coberta com as redes do ornamento que se vai enrodilhando sem ruptura. Na densidade ornamental dessa exposição[9] desaparece a diferença entre desenvolvimentos temáticos e excursivos.

Artigos de papelaria

MAPA PHARUS

Conheço uma que é de espírito ausente. Onde para mim são usuais os nomes de meus fornecedores, o local de guarda de documentos, endereços de meus amigos e conhecidos, a hora de um encontro marcado, ali se fixaram, para ela, conceitos políticos, palavras de ordem do partido, fórmulas de profissão de fé e ordens. Ela vive em uma cidade de senhas e mora em um bairro de vocábulos conjurados e irmanados, onde cada ruela adota cores e cada palavra tem por eco um grito de batalha.

9- "Darstellung", termo-chave na introdução que Benjamin escreveu ao seu ensaio sobre o drama barroco alemão. (N.d.R.)

CADERNO DE VOTOS

"Um caniço brota e vem – Trazer doçura a mundos – Que de minha caneta também – Possam fluir doçuras!" – isso se segue a "Bem-aventurada nostalgia", como uma pérola que rolou da concha aberta.

CALENDÁRIO DE BOLSO

Pouca coisa é tão característica da pessoa nórdica quanto isto: que, quando ama, ela precisa antes de tudo, uma vez e a qualquer preço, ficar a sós consigo mesma, precisa, em primeiro lugar, contemplar, fruir ela mesmo seu sentimento, antes de ir até a mulher e declará-lo.

PESO DE PAPÉIS

Place de la Concorde: obelisco. Aquilo que há quatro mil anos foi sepultado ali está hoje no centro da maior de todas as praças. Se isso lhe fosse profetizado que triunfo para o faraó! O primeiro império cultural do Ocidente trará um dia em seu centro o monumento comemorativo de seu reinado. Que aspecto tem, na verdade, essa glória? Nenhum dentre dez mil que passam por aqui se detém; nenhum dentre dez mil que se detêm pode ler a inscrição. Assim toda glória cumpre o prometido, e nenhum oráculo a iguala em astúcia. Pois o imortal está aí como esse obelisco: ordena um trânsito espiritual que lhe ruge ao redor, e para ninguém a inscrição que está sepultada ali é de utilidade.

Produtos de fineza

Incomparável linguagem da caveira: total ausência de expressão – o negro de suas órbitas oculares – unida à expressão mais selvagem – as arcadas dentárias arreganhadas.

Alguém que se crê abandonado lê e dói-lhe que a página que quer virar já está cortada, que nem sequer ela precisa mais dele.

Os presentes precisam corresponder tão profundamente ao presenteado que ele se assuste.

Quando um amigo apreciado, culto e elegante me enviou seu novo livro, surpreendi-me, na iminência de abri-lo, endireitando minha gravata.

Quem observa as formas de trato, mas rejeita a mentira, é como alguém que se veste na moda, mas não usa camiseta sobre o corpo.

Se a fumaça na boquilha dos cigarros e a tinta na caneta tivessem fluxo igualmente fácil, eu estaria na Arcádia de milha arte de escritor.

Ser feliz significa poder tomar consciência de si mesmo em susto.

Ampliações

CRIANÇA LENDO

Da biblioteca da escola recebe-se um livro. Nas classes inferiores é feita uma distribuição. Só uma vez e outra ousa-se um desejo. Muitas vezes se veem livros cobiçosamente desejados chegar a outras mãos. Por fim, recebia-se o seu. Por uma semana estava-se inteiramente entregue ao empuxo do texto, que envolvia branda e secretamente, densa e incessantemente como flocos de neve. Dentro dele se entrava com confiança sem limites. Quietude do livro, que se dúzia mais e mais! Cujo conteúdo nem era tão importante. Pois a leitura caía ainda no tempo em que se inventavam historias para si próprio na cama. Seus caminhos semiencobertos de neve a criança rastreia. Ao ler, ela mantém as orelhas tapadas; seu livro fica sobre a mesa alta demais e uma das mãos fica sempre pousada sobre a folha. Para ela as aventuras do herói são legíveis ainda no redemoinho das letras como figura e mensagem no empuxo dos flocos. Sua respiração está o ar dos acontecimentos e todas as figuras lhe sopram. Ela está misturada entre as personagens muito mais de perto que adulto. É indizivelmente concernida pelo acontecer e pelas palavras trocadas e, quando se levanta, está totalmente coberta pela neve do lido.

CRIANÇA QUE CHEGOU ATRASADA

O relógio do vestíbulo da escola parece lesado por culpa sua. Marca "Atraso". No corredor das portas das classes pelas quais ela passa de mansinho, filtra-se um murmurar de secreta deliberação. Professores e estudantes, atrás delas, são amigos. Ou tudo silencia como se esperassem por alguém. Inaudivelmente ela coloca a mão sobre a maçaneta.

O sol embebe o local onde a está. Então ela injuria o dia verde e abre. Ouve a voz professoral matraquear como uma roda de moinho; está diante da engrenagem do moinho. A voz matraqueante mantém sua cadência, mas agora os serventes deitam tudo abaixo e sobre a recém-chegada; dez, vinte pesadas sacas voam sobre ela, e ela tem de carregá-las até o banco. Em sua mantilha, cada fio está empoeirado de branco. Como uma pobre alma à meia noite, ela faz ruído a cada passo, e ninguém a vê. Se então se senta em seu lugar, ocupa-se mansamente até o toque do sino. Mas não há nenhuma bênção nisso.

CRIANÇA MASTIGANDO[10]

Na fresta da despensa entreaberta penetra sua mão, como um amante através da noite. Quando então, na escuridão, ela se sente em casa, tateia em busca de açúcar ou amêndoas, de uvas passas ou frutas em conserva. E assim como o amante, antes de beijá-la, abraça sua amada, assim o tato tem com eles um encontro marcado, antes que a boca prove sua doçura. Como se entrega o mel, como se entregam os cachos de passas de Corinto, como até mesmo o arroz se entrega lisonjeiramente à mão. Que apaixonado esse encontro dos dois, que agora enfim escaparam da colher. Grata e selvagem, como uma moça que foi raptada da casa dos pais, a compota de morango se dá a saborear aqui sem pãezinhos e, por assim dizer, sob o livre céu de Deus, e até mesmo a manteiga responde com ternura à ousadia de seu conquistador, que penetrou de assalto em seu quarto de donzela. A mão, *Don Juan* juvenil, logo penetrou em todas as celas e aposentos, deixando para trás camadas que escorrem e massas que fluem: donzelice que se renova sem queixa.

CRIANÇA ANDANDO DE CARROSSEL

A prancha com os animais prestadios gira rente ao chão. Tem a altura em que melhor se sonha voar. Começa a música e num solavanco gira a criança, afastando-se da mãe. Primeiro, ela tem medo de deixar a mãe. Mas, em seguida, nota como ela própria é fiel. Ocupa o

10- Esse fragmento é repetido mais adiante em *Infância em Berlim por volta de 1900.* (N.d.R.)

trono, como fiel senhor, sobre um mundo que lhe pertence. Na tangente, árvores e nativos formam alas. Então, em um oriente, emerge novamente a mãe. Em seguida, sai da floresta virgem um cimo, tal como a criança já o viu há milênios, tal como o viu pela primeira vez, justamente, no carrossel. Seu animal lhe é dedicado: como um Arion mudo ela viaja sobre seu peixe mudo, um Zeus – touro de madeira rapta-a como Europa imaculada. Há muito o eterno retorno de todas as coisas tornou-se sabedoria de criança e a vida, uma antiquíssima embriaguez de dominação, com a retumbante orquestra, no centro, como tesouro da coroa. Se ela toca mais lentamente, o espaço principia a gaguejar e as árvores começam a voltar a si. O carrossel se torna base insegura. E emerge a mãe, a estaca multiplamente cravada, em torno da qual a criança que chega em terra enrosca a amarra de seu olhar.

CRIANÇA DESORDEIRA

Cada pedra que ela encontra, cada flor colhida e cada borboleta capturada já é para ela princípio de uma coleção, e tudo que ela possui, em geral, constitui para ela uma única coleção. Nela essa paixão mostra sua verdadeira face, o rigoroso olhar índio, que, nos antiquários, pesquisadores, bibliômanos, só continua ainda a arder turvado e maníaco. Mal entra na vida, ela é caçador. Caça os espíritos cujo rastro fareja nas coisas; entre espíritos e coisas ela gasta anos, nos quais seu campo de visão permanece livre de seres humanos. Para ela tudo se passa como em sonhos: ela não conhece nada de permanente; tudo lhe acontece, pensa ela, vai-lhe de encontro, atropela-a. Seus anos de nômade são horas na floresta do sonho. De lá ela arrasta a presa para casa, para limpá-la, fixá-la, desencantá-la. Suas gavetas têm de tornar-se arsenal e zoológico, museu criminal e cripta. "Arrumar" significaria aniquilar uma construção cheia de castanhas espinhosas que são manguais, papéis de estanho que são um tesouro de prata, cubos de madeira que são ataúdes, cactos que são totens e tostões de cobre que são escudos. No armário de roupas de casa da mãe, na biblioteca do pai, ali a criança já ajuda há muito tempo, quando no próprio território ainda é sempre o hóspede errático, combativo.

CRIANÇA ESCONDIDA

Ela já conhece na casa todos os esconderijos e retoma para dentro deles como quem volta para uma casa onde se está seguro de encontrar tudo como antigamente. Bate-lhe o coração, ela segura a respiração. Aqui ela está encerrada no mundo da matéria. Ele se torna descomunal mente claro para ela, chega-lhe perto sem fala. Assim somente alguém que é enforcado toma consciência do que são corda e madeira. A criança que está atrás da cortina torna-se ela mesma algo ondulante e branco, um fantasma. A mesa de refeições sob a qual ela se acocorou a faz tornar-se ídolo de madeira do templo onde as pernas entalhadas são as quatro colunas. E atrás de uma porta ela própria é porta, está revestida dela como de pesada máscara e, como mago dote, enfeitiçará todos os que entram sem pressentir nada. A nenhum preço ela pode ser achada. Quando ela faz caretas dizem-lhe que basta o relógio bater e ela terá de permanecer assim. O que há de verdadeiro nisso ela sabe no esconderijo. Quem a descobre pode fazê-la enrijecer como ídolo debaixo da mesa, entretecê-la para sempre como fantasma no pano da cortina, encantá-la pela vida inteira dentro da pesada porta. Por isso, com um grito alto ela faz partir o demônio que a transformaria assim, para que ninguém a visse, quando quem a encontra a pega – aliás, nem espera esse momento, antecipa-o com um grito de autolibertação. Por isso ela não se cansa do combate com o demônio. A casa, para isso, é o arsenal das máscaras. Contudo, uma vez por ano, em lugares secretos, em suas órbitas oculares vazias, em sua boca rígida, há presentes. A experiência mágica se torna ciência. A criança, como seu engenheiro, desenfeitiça a sombria casa paterna e procura ovos de Páscoa.

Antiguidades

MEDALHÃO

Em tudo aquilo que, com fundamento, é denominado belo, faz efeito de paradoxo o fato de que apareça.

MOINHO DE ORAÇÕES

Só alimenta vitalmente a vontade a imagem representada. Com a mera palavra, em contrapartida, ela pode no máximo inflamar-se, para em seguida continuar a arder chamuscada. Não há vontade sã sem a exata representação imagética. Não há representação sem inervação. Ora, a respiração é sua mais refinada regulagem. A pronúncia das fórmulas é um cânon dessa respiração. Daí a prática de ioga que medita respirando sobre as sílabas sagradas. Daí sua onipotência.

COLHER ANTIGA

Uma coisa está reservada aos épicos maiores: poder cevar seus heróis.

MAPA ANTIGO

Em um amor a maioria procura eterno lar. Outros, muito poucos, porém, o eterno viajar. Estes últimos são melancólicos, que têm a temer o contato com a terra-mãe. Quem mantiver longe deles a melancolia do lar é quem eles procuram. A este mantêm fidelidade. Os livros medievais de astrologia sabem da aspiração dessa espécie de pessoas por longas viagens.

LEQUE

Ter-se-á feito a seguinte experiência: quando se ama alguém, ou mesmo quando se está apenas intensamente ocupado com ele, encontra-se quase em todo livro seu retrato. E, aliás, ele aparece como protagonista e como antagonista. Nas narrativas, romances e novelas, ele comparece em metamorfoses sempre novas. E disto se segue: a faculdade da fantasia é o dom de interpolar no infinitamente pequeno, descobrir para cada intensidade, como extensiva, sua nova plenitude comprimida, em suma tomar cada imagem como se fosse a do leque fechado, que só no desdobramento toma fôlego e, com a nova amplitude, apresenta os traços da pessoa amada em seu interior.

RELEVO

Está-se junto com a mulher que se ama, fala-se com ela. Então, semanas ou meses mais tarde, quando se está separado dela, volta à mente aquilo de que se conversou. E agora o tema está ali, banal, cru, sem profundidade, e se reconhece: somente ela, que por amor se debruçou profundamente sobre ele, sombreou-o e protegeu-o diante de nós, de tal modo que, como um relevo, em todas as dobras e todos os ângulos, o pensamento vivia. Se estamos a sós, como agora, ele jaz chato, sem consolo e sem sombra, à luz de nosso conhecimento.

TORSO

Somente quem soubesse considerar o próprio passado como fruto da coação e da necessidade seria capaz de fazê-lo, em cada presente, valioso ao máximo para si. Pois aquilo que alguém viveu é, no melhor dos casos, comparável à bela figura à qual, em transportes, foram quebrados todos os membros, e que agora nada mais oferece a não ser o bloco precioso a partir do qual ele tem de esculpir a imagem de seu futuro.

Relógios e ourivesaria

Quem vê diante de si o nascer do Sol, acordado, vestido, em um passeio, por exemplo, conserva o dia inteiro, diante de todos os outros, a soberania de alguém invisivelmente coroado e, para quem ele irrompeu durante o trabalho, para este é, por volta do meio-dia, como se ele mesmo se tivesse cingido a coroa.

Como relógio da vida, no qual os segundos só se apressam, está suspenso sobre as personagens de romance o número das páginas. Qual leitor já não teria uma vez lançado a ele um olhar fugidio, angustiado?

Sonhei que eu – livre-docente recém-desenfornado – estou caminhando em companhia de Roethe, em conversa amistosa, como entre colegas, através dos amplos espaços de um museu, cujo diretor é ele. Enquanto ele, num cômodo ao lado, conversa com um funcionário, chego diante de uma vitrine. Nela, ao lado de outros objetos, bem menores, que estão espalhados, está o busto, quase em tamanho natural, metálico ou esmaltado, espelhando foscamente a luz, de uma mulher, não sem semelhança com a assim chamada Flora de Leonardo do Museu de Berlim. A boca dessa cabeça áurea está aberta e sobre os dentes da mandíbula inferior estão distribuídos, a intervalos bem medidos, adornos, que em parte pendem para fora da boca. Para mim não havia dúvida de que era um relógio. (Temas do sonho: o vermelho de vergonha (*Sham-Roethe*)[11]; a hora matinal tem ouro na boca;[12] "A cabeça, com a massa da cabeleira escura / E de suas joias preciosas, / Sobre o criado-mudo, como um ranúnculo, / Repousa". Baudelaire).[13]

Lâmpada de arco

Unicamente conhece um ser humano aquele que o ama sem esperança.

Loggia

GERÂNIO

Dois seres que se amam apegam-se acima de tudo a seus nomes.

CRAVINA

Para quem ama, o ser amado aparece sempre como solitário.

ASFÓDELO

Quem é amado, fecha-se atrás dele o abismo do sexo, assim como o da família.

FLOR DE CACTO

Quem ama verdadeiramente alegra-se quando o ser amado, numa disputa, não tem razão.

NÃO-ME-ESQUEÇAS

A recordação vê o ser amado sempre em miniatura.

11- Benjamin escreveu um pequeno texto, não publicado em vida, sobre a vergonha ("Über die Scham"), que se encontra no volume sexto das suas obras completas (*Gesammelte Schriften*, vol. VI: *Fragmente vermischten Inhalts. Autobiographische Schriften*, Frankfurt a.M.: Suhrkamp, 1985, p. 69-71). (N.d.R.)

12- Aqui se trata de um dito popular em alemão, correspondente ao nosso "Deus ajuda quem cedo madruga". (N.d.R.)

13- Do poema de Baudelaire "Une martyre", do seu volume *Les fleurs du mal.* (N.d.R.)

FOLHAGEM

Se surge diante da união um obstáculo, logo se instala a fantasia de uma convivência sem defeito na velhice.

Guichê de achados e perdidos

OBJETOS PERDIDOS

O que torna tão incomparável e tão irrecuperável a primeiríssima visão de uma aldeia, de uma cidade na paisagem, é que nela a distância vibra na mais rigorosa ligação com a proximidade. O hábito ainda não fez sua obra. Uma vez que começamos a nos orientar, a paisagem de um só golpe desapareceu como a fachada de uma casa quando entramos. Ainda não adquiriu uma preponderância através da investigação constante, transformada em hábito. Uma vez que começamos a nos orientar no local, aquela imagem primeira não pode nunca restabelecer-se.

OBJETOS ENCONTRADOS

A distância azul, que não cede lugar a nenhuma proximidade e, inversamente, não se desfaz com a aproximação, que não está ali espalhafatosa e prolixa quando se chega perto, mas apenas se erige mais fechada e mais ameaçadora à nossa frente, é a distância pintada do pano de fundo do palco. Isso dá aos cenários teatrais seu caráter incomparável.

Parada para não mais de três carruagens

Eu estava num ponto há dez minutos e esperava um ônibus. *"L'Intran... Paris-Soir... La Liberté"* – gritava atrás de mim ininterruptamente, em inalterada cadência, uma jornaleira. *"L'Intran... Paris-Soir... La liberté"* – uma cela de cadeia de desenho triangular. Vi diante de mim o quanto ela parecia vazia nos ângulos.

Vi em sonho "uma casa mal-afamada". "Um hotel, no qual um animal é paparicado. Quase todos só bebem água animal paparicada". Sonhei com essas palavras e prontamente voltei a despertar, sobressaltado.

Por excessivo cansaço eu me havia atirado ao leito vestido, no quarto iluminado, e havia imediatamente, por alguns segundos, caído no sono.

Há nos prédios populares de aluguel uma música de tão mortalmente triste exuberância que não se quer acreditar que ela seja para quem está tocando: é música para os cômodos mobiliados, onde alguém se senta aos domingos mergulhados em pensamentos, que logo se guarnecerão com essas notas, como uma bandeja de frutas excessivamente maduras se guarnece com folhas murchas.

Monumento ao guerreiro

KARL KRAUS

Nada mais desconsolado que seus adeptos, nada mais abandonado de Deus que seus oponentes. Nenhum nome que fosse mais decorosamente honrado pelo silêncio. Em uma armadura antiquíssima, sorrindo ferozmente, um ídolo chinês, brandindo nas duas mãos a espada desembainhada, ele dança a dança de guerra diante do mausoléu da língua alemã. Ele, que é "apenas um dos epígonos que habitam a velha casa da língua", tornou-se o guarda-chaves de sua cova. Em guarda diurna e noturna ele persevera. Nenhum posto foi jamais mantido mais fielmente e nenhum foi mais perdido. Aqui está aquele que do mar de lágrimas de seus contemporâneos cria como uma danaide, e de quem o penhasco que deve sepultar seus inimigos rola das mãos como de Sísifo. O que há de mais desvalido que sua conversão?[14] O que há de mais impotente que sua humanidade? O que há de mais sem esperanças que seu combate com a imprensa? O que sabe ele dos poderes verdadeiramente aliados a ele? No entanto, que vidência dos novos mágicos se pode comparar com a espreita desse mago-sacerdote, ao qual uma língua defunta inspira até mesmo as palavras? Quem jamais conjurou um espírito como Kraus, nos "Abandonados", conjura a "Bem-aventurada Nostalgia", como se ela nunca tivesse sido composta antes? Tão desvalidamente como só se

14- Karls Kraus (1874-1936), jornalista austríaco, abandonou seu judaísmo em 1899 e em 1911 se converteu ao catolicismo. Em 1923 abdicou do catolicismo também. (N.d.R.)

fazem ouvir vozes de espíritos, o murmúrio saído de uma profundeza tectônica da língua lhe faz profecias. Cada som é incomparavelmente genuíno, mas todos eles deixam perplexo, como conversa de espíritos. Cega como os manes, a língua o conclama à vingança, bitolada como espíritos que só conhecem a voz do sangue, para os quais é indiferente o que ocasionam no reino dos vivos. Mas ele não pode errar. Infalíveis são seus mandatos. Quem lhe cai nos braços já está julgado; seu próprio nome se torna, nessa boca, julgamento. Quando ele o dilacera, a chama incolor do humor paira-lhe sobre os lábios. E que ninguém, que percorra os caminhos da vida, tropece com ele. Em um arcaico campo de honra, gigantesco campo de batalha de um trabalho sangrento, ele vocifera diante de um monumento funerário abandonado. As honras de sua morte serão imensuráveis, as últimas a serem dispensadas.

Alarme de incêndio

A representação da luta de classes pode induzir em erro. Não se trata nela de uma prova de força, em que seria decidida a questão: quem vence, quem é vencido? Não se trata de um combate após cujo desfecho as coisas irão bem para o vencedor, mal para o vencido. Pensar assim é encobrir romanticamente os fatos. Pois, possa a burguesia vencer ou ser vencida na luta, ela permanece condenada a sucumbir pelas contradições internas que no curso do desenvolvimento se tornam mortais para ela. A questão é apenas se ela sucumbirá por si própria ou através do proletariado. A permanência ou o fim de um desenvolvimento cultural de três milênios são decididos pela resposta a isso. A história nada sabe da má infinitude na imagem dos dois combatentes eternamente lutando. O verdadeiro político só calcula em termos de prazos. E se a eliminação da burguesia não estiver efetivada até um momento quase calculável do desenvolvimento econômico e técnico (a inflação e a guerra de gases o assinalam), tudo está perdido. Antes que a centelha chegue à dinamite, é preciso que o pavio que queima seja cortado. Ataque, perigo e ritmo do político são técnicos – não cavalheirescos.

Lembranças de viagem

ATRANI

A escada barroca abaulada subindo mansamente para a igreja. A grade atrás da igreja. As litanias das velhas na hora das Ave-marias: ingresso na classe primária dos mortos. Quando nos voltamos, a igreja, então, como o próprio Deus, limita-se com o mar. Todas as manhãs a era cristã desponta no penhasco, mas entre os muros ali embaixo a noite se dissolve sempre de novo nos quatro antigos quarteirões romanos. Vielas como poços de ventilação. Na praça do mercado uma fonte. No fim da tarde mulheres em volta. Depois solitária: murmúrio arcaico.

MARINHA

A beleza dos grandes navios veleiros é de espécie única. Pois não só em seu contorno permaneceram inalterados através de séculos, mas aparecem na mais imutável das paisagens: no mar, destacados contra o horizonte.

FACHADA DE VERSALHES

É como se se tivesse esquecido esse castelo ali onde há tantos e tantos séculos o erigiram *"par ordre du roi"* para servir por duas horas somente como cenário de uma *féerie*. De seu esplendor ele não guarda nada para si, dá-o inteiro àquele local régio que confina com ele. Diante desse pano de fundo ele se torna o palco sobre o qual a monarquia absoluta foi tragicamente encenada como balé alegórico. Hoje, contudo, ele é apenas a parede cuja sombra se procura, para fruir da perspectiva ao infinito que Le Nôtre[15] criou.

CASTELO DE HEIDELBERG

Ruínas, cujos destroços ressaltam contra o céu, aparecem às vezes duplamente belas em dias claros, quando o olhar encontra em suas janelas ou à cabeceira as nuvens que passam. A destruição fortalece, pelo espetáculo perecível que abre no céu, a eternidade desses destroços.

15- André Le Nôtre (1613-1700), paisagista de Luís XIV responsável pelos jardins de Versailles. (N.d.R.)

ALCAZAR DE SEVILHA

Uma arquitetura que segue o primeiro impulso da fantasia. É intocada por preocupações práticas. Somente sonhos e festas, realização destes, estão previstos nos altos aposentos. Ali dentro dança e silêncio se tornam *leitmotiv*, porque todo movimento humano é sorvido pelo quieto burburinho da ornamentação.

CATEDRAL DE MARSELHA

Na praça mais vazia de gente, mais ensolarada, ergue-se a catedral. Aqui tudo é morto, embora ao sul, a seus pés, La Joliette, o porto, e ao norte um quarteirão proletário estejam contíguos. Como entreposto para mercadoria impalpável, impenetrável, ali se ergue o ermo edifício entre molhe e depósito. Por quarenta anos investiu-se ali. Contudo, quando então em 1893 estava tudo pronto, lugar e tempo haviam-se conjurado vitoriosamente contra arquitetos e mestres de obras, nesse monumento, e dos ricos recursos do clero nasceu uma estação gigantesca de trem, que nunca pôde ser entregue ao trânsito. Da fachada são reconhecíveis as salas de espera no interior, onde viajantes da primeira à quarta classe (contudo, diante de Deus, eles são todos iguais), entalados, como entre malas, em seus bens espirituais, estão sentados e leem livros de cânticos que, com suas concordâncias e correspondências, têm aspecto muito semelhante ao dos guias ferroviários internacionais. Extratos das ordens de serviço ferroviário estão suspensos, em forma de cartas pastorais, às paredes, tarifas para a indulgência nas viagens especiais no trem de luxo de Satã são consultadas e gabinetes onde aquele que fez longa viagem pode discretamente lavar-se são mantidos de prontidão em forma de confessionários. É a estação de trem da religião em Marselha. Trens com vagões-dormitórios com destino à eternidade são, na hora da missa, expedidos daqui.

CATEDRAL DE FREIBURG

Com o sentimento pátrio mais próprio de uma cidade associa-se, para seus habitantes – e talvez até, ainda, na recordação, para os viajantes que ali se demoraram –, o som e o intervalo com que se inicia a batida dos relógios de suas torres.

CATEDRAL SÃO BASÍLIO DE MOSCOU

O que a madona bizantina tem nos braços é apenas um boneco de madeira em tamanho natural. Sua expressão de dor ante um Cristo cuja condição de criança permanece apenas sugerida, apenas representada, é mais intensa do que ela jamais poderia ostentá-la com uma imagem verdadeira de menino.

BOSCOTRECASE[16]

Nobreza das florestas de pinheiros: seu teto é formado sem entrelaçamentos.

MUSEU NACIONAL DE NÁPOLES

Estátuas arcaicas trazem ao encontro do observador, no sorrir, a consciência de seu corpo, como uma criança ergue ao nosso encontro desatadas e dispersas as flores frescamente colhidas, enquanto a arte mais tardia vinca mais rigorosamente as expressões faciais, como o adulto que enlaça com ervas cortantes o ramalhete duradouro.

BATISTÉRIO DE FLORENÇA

Sobre o portal a "Spes"[17] de Andrea Pisano. Está sentada e, desvalida, ergue os braços em direção a um fruto que lhe permanece inalcançável. Contudo é alada. Nada é mais verdadeiro.

CÉU

Em sonho saí de uma casa e olhei o céu noturno. Um selvagem resplandecer emanava dele. Pois, estrelado como ele estava às imagens a partir das quais se formam conjunções de estrelas estavam ali, em sensível presença. Um leão, uma virgem, uma balança e muitas outras fixavam, como densas massas siderais, a Terra aqui embaixo. Nenhuma lua estava à vista.

16- Cidade italiana da província de Nápoles. (N.d.R.)

17- "Esperança". (N.d.R.)

Oculista

No verão chamam à atenção as pessoas gordas, no inverno as magras.

Na primavera percebe-se, com o claro tempo de sol, o jovem broto, na chuva fria o galho ainda sem brotos.

Como transcorreu uma noitada com convidados, quem ficou por último vê com um olhar, pela posição dos pratos e xícaras, dos cálices e comidas.

Princípio fundamental do cortejo: fazer-se sétuplo; colocar-se setuplamente em torno daquela que se deseja.

O olhar é a borra do ser humano.

Brinquedos

FOLHA DE ESTAMPAS DE MODELAGEM

Tendas, como grandes barcos oscilantes, abordaram dos dois lados o molhe de pedra sobre o qual as pessoas se comprimem. Há veleiros, que fazem empinar-se mastros, nos quais pendem as bandeirolas, vapores, de cujas chaminés sobe fumaça, cargueiros que mantêm seu carregamento longamente arrumado. Entre eles há navios em cujo ventre se desaparece; somente homens podem descer, mas vê-se através de escotilhas braços de mulher, véus e penas de pavão. Em outra parte, há estrangeiros sobre o convés e parecem, com sua música excêntrica, querer assustar o público. Mas com que indiferença isso não é recebido! Sobe-se ali hesitante, com andar largo, balouçante, como sobre escadas de navio, e se fica, enquanto se está lá em cima, à espera que o todo se desprenda da margem. Aqueles que, taciturnos e tolhidos, reemergem então, viram sobre escalas vermelhas, onde sobe e desce colorido espírito de vinho, o seu próprio casamento nascer e perecer; o homem amarelo que embaixo começou a conquistar perdeu na extremidade superior dessa escala a mulher azul. Olharam em espelhos, onde aquosamente o chão lhes fugiu em correnteza sob os pés, e sobre escadas rolantes tropeçaram para o ar livre. Intranquilidade é o que traz a frota sobre o bairro: mulheres e moças ali dentro estão insolentemente expostas e todo comestível foi embarcado no próprio país de Cocanha. Está-se tão inteiramente interceptado pelo oceano que tudo aqui é encontrado como pela primeira e pela última vez ao mesmo tempo. Leões-marinhos, anões e cães estão conservados como em uma arca. Até mesmo a estrada de ferro está instalada aqui de uma vez por todas e viaja em círculo sempre de novo através de um túnel. Por alguns dias o bairro transformou-se em cidade portuária de uma ilha dos mares do Sul e os habitantes em selvagens que, na avidez e no espanto, passam diante daquilo que a Europa lhes lança diante dos pés.

ALVOS DE TIRO

Seria preciso que as paisagens de tendas de tiro ao alvo, reunidas em um *corpus*, fossem descritas. Ali estava um deserto de gelo do qual em muitos pontos destacavam-se brancas cabeças de cachimbos de barro, os alvos, enfeixados em forma radial. Atrás, diante de um inarticulado trecho de floresta, estavam pintados a óleo dois guardas florestais e, bem à frente, como se fossem peças de cenário, duas sereias com bustos provocantes. Em outra parte, eriçam-se cachimbos nos cabelos de mulheres, que raramente são pintadas com saias, na maioria das vezes de maiô. Ou saem de um leque que elas desdobram na mão. Cachimbos móveis giram lentamente no fundo dos *tirs aux pigeons*. Outras tendas apresentam teatros, nos quais o espectador, com a espingarda, exerce a direção. Se acertar na mosca, então começa a representação. Assim, havia uma vez trinta e seis caixas e sobre a moldura do palco lia-se, junto de cada, o que era de se esperar ali atrás: *Jeanne d'Arc en prison, L'hospitalité, Les rues de Paris*. De outra tenda: *Exécution capitale*. Diante da porta fechada uma guilhotina, um juiz em veste talar negra e um sacerdote que segura a cruz. Se o tiro acerta, abre-se a porta, avança uma prancha de madeira, sobre a qual está o delinquente entre dois esbirros. Ele se coloca automaticamente sob a lâmina e a cabeça lhe é decepada. A mesma: *Les délices du mariage*. Abre-se um interior miserável. Vê-se o pai no meio do cômodo, ele segura uma criança sobre o joelho, com a mão livre embala o berço, no qual está deitada mais uma. *L'enfer* – quando seus portais se afastam, enxerga-se um diabo que atormenta uma pobre alma. Ao lado, um outro empurra um frade para o caldeirão no qual os danados devem ser refogados. *La bagne* – uma porta, diante dela um guarda de prisão. Quando se acertou, ele puxa uma sineta: Ela soa, a porta se abre. Veem-se dois forçados labutando em uma grande roda; parecem obrigados a girá-la. Outra constelação ainda: um tocador de rabeca com seu urso dançarino. Atira-se dentro e o arco da rabeca se move. O urso bate com uma pata o tímbalo e ergue uma perna. É forçoso pensar no conto do Alfaiatezinho Valente, poder-se-ia imaginar também a Bela Adormecida redespertada com um tiro, Branca de Neve libertada da maçã por um tiro, Chapeuzinho Vermelho salva em um tiro. O tiro atinge a existência dos bonecos à maneira dos contos de fadas, com aquela violência salutar que decepa aos monstros a cabeça e os desmascara como princesas. Assim como naquele grande portal sem inscrição: quando se alvejou bem, ele se abre e, diante de vermelhas cortinas de pelúcia, está um mouro, que parece inclinar-se levemente. Ele traz diante de si uma bandeja de ouro. Sobre esta estão três frutos. Abre-se o primeiro e uma personagem minúscula está ali dentro e curva-se. No segundo giram dançando duas bonecas igualmente minúsculas. (O terceiro não se abriu.) Ali embaixo, diante da mesa sobre a qual se edifica o restante do cenário, um pequeno cavaleiro de madeira com o sobrescrito: *Route minée*. Se acerta na mosca, há uma explosão e o cavaleiro, com seu cavalo, cai de cabeça para baixo, mas permanece bem entendido, sentado sobre ele.

ESTEREOSCÓPIO

Riga. O mercado cotidiano, a cidade comprimida de tendas baixas de madeira, estende-se sobre o molhe, um largo, sujo baluarte de pedra sem depósitos, ao longo das águas do Dvina. Pequenos vapores, que muitas vezes mal alcançam com a chaminé acima do muro do cais, abordaram a enegrecida cidade anã. (Os navios maiores ficam Dvina abaixo.) Pranchas sujas são o fundo argiloso sobre o qual, brilhando no ar frio, algumas poucas cores se dissipam. Em muitas esquinas ficam aqui o ano inteiro, ao lado de barracas de peixe, de carne, de botas e de roupas, mulheres pequeno-burguesas com as coloridas varetas de papel que a oeste só aparecem na época de Natal. Ser repreendido pela voz mais amada – assim são essas varetas. Por poucos cêntimos, multicores ramalhetes de castigo. Na extremidade do molhe, em tapumes de madeira, apenas trinta passos afastado da água, encontra-se, com suas montanhas vermelho-brancas, o mercado de maçãs. As maçãs postas à venda estão enfiadas na palha e as vendidas, sem palha, nas cestas das donas de casa. Ali atrás eleva-se uma igreja vermelho-escura, que no fresco ar de novembro não leva a melhor sobre as bochechas das maçãs. – Vários bazares com acessórios de navegação, em pequenas casinhas não longe do molhe. Cabos estão pintados. Por toda parte vê-se a mercadoria pintada sobre tabuletas ou pincelada sobre a parede da casa. Um negócio na cidade tem, sobre a parede de tijolos sem revestimento, cofres e correias em tamanho maior que o natural. Uma casa de esquina, baixa, com um bazar para espartilhos e chapéus de damas, está pintada com rostos de damas maquilados e rígidos coletes, sobre fundo amarelo-ocre. No ângulo em frente há uma lanterna, que apresenta, sobre o vidro, algo semelhante. O conjunto é como a fachada de um bordel de fantasia. Uma outra casa, igualmente não longe do porto, tem sacos de açúcar e carvão cinza e negro plasticamente sobre a parede cinza. Sapatos, em outro lugar qualquer, chovem de cornucópias. Ferragens estão pintadas até às particularidades, martelos, rodas dentadas, tenazes e parafusinhos mínimos, sobre uma tabuleta que parece um modelo extraído de envelhecidos livros de pintura para crianças. De tais imagens a cidade está repleta: dispostas como se saíssem de gavetas. Entre elas, porém, destacam-se muitos edifícios altos, semelhantes a fortificações, mortalmente tristes, que despertam todos os terrores do czarismo.

INVENDÁVEL

Gabinete mecânico na feira anual de Lucca. Em uma tenda estendida de comprido e simetricamente dividida está abrigada a exposição. Alguns degraus conduzem a ela. A tabuleta pendurada do lado de fora representa uma mesa com alguns bonecos imóveis. Através da abertura da direita adentra-se a tenda, pela da esquerda se torna a deixá-la. No claro espaço interno duas mesas se estendem em profundidade. Elas se encontram pelas bordas interiores, no comprimento, de modo que só resta um estreito espaço para a circulação. As duas mesas são baixas e cobertas de vidro. Sobre elas estão os bonecos (vinte a vinte e cinco centímetros de altura em média), enquanto, na sua parte interior oculta, o mecanismo de relojoaria que impulsiona os bonecos tiquetaqueia perceptivelmente. Um pequeno degrau para crianças corre ao longo das bordas das mesas. Nas paredes há espelhos deformantes. – Logo à entrada se veem eminências principescas. Cada uma delas faz um movimento qualquer: umas, com o braço direito ou esquerdo, um amplo gesto de convite, outras um volteio dos olhares vítreos; muitas rolam os olhos e mexem os braços ao mesmo tempo. Francisco José, Pio IX no trono e flanqueado por dois cardeais, a rainha Helena da Itália, a Sultanesa, Guilherme I a cavalo, Napoleão III pequeno e, menor ainda, Vitório Emanuel como príncipe herdeiro ali estão. Seguem-se figurinos bíblicos, e a eles a Paixão. Herodes comanda com movimentos muito variados da cabeça o assassinato das crianças. Abre muito a boca e acena com a cabeça, estende o braço e o deixa cair novamente. Dois carrascos estão diante dele: um desocupado, com a espada cortante, uma criança decapitada debaixo do braço, o outro, na iminência de ferir, está, até no rolar dos olhos, imóvel. E duas mães ao lado: uma, sem cessar, sacudindo mansamente a cabeça como uma melancólica, a outra erguendo lentamente, suplicante mente os braços. – A crucificação. A cruz jaz no chão. Os esbirros batem o prego. Cristo acena com a cabeça. – Cristo crucificado, abeberado com a esponja de vinagre, que um soldado raso lhe estende lentamente, aos solavancos, e instantaneamente retira de novo. Nisso, o Salvador ergue bem pouco o queixo. Por trás um anjo com o cálice para o sangue curva-se sobre a cruz, coloca-o à frente e em seguida torna a retirá-lo, como se estivesse cheio. – A outra mesa mostra imagens de gênero. Gargântua com almôndegas. Diante de um prato ele as mete na boca com as duas mãos, enquanto ergue alternadamente o braço direito e o esquerdo. As duas mãos seguram cada uma um garfo, onde está espetado um bolinho. – Uma moça dos Alpes fiando. Dois macacos tocam violino. – Um mágico tem diante de si dois recipientes tipo tonel. O primeiro abre-se e emerge o busto de uma dama. Em seguida afunda. Abre-se o da esquerda: dele ergue-se a meia altura um corpo masculino. De novo abre-se o recipiente da direita e agora aparece ali a caveira de um bode com o rosto da dama entre os chifres. Em seguida ergue-se algo à esquerda: um macaco se apresenta no lugar do homem. Então tudo recomeça desde o início. – Um outro mágico: ele tem diante de si uma mesa e segura uma taça emborcada na mão direita e outra na esquerda. Embaixo aparece, assim que ele ergue alternadamente uma ou a outra, ora um pão ou uma maçã, ora uma flor ou um dado. – A fonte encantada: sacudindo a cabeça, um garoto camponês está diante de uma fonte. Uma moça puxa, e o ininterrupto, grosso jorro de vidro escorre da abertura da fonte. – Os amantes enfeitiçados: um arbusto de ouro ou uma chama de ouro abre-se em duas alas. Dentro ficam visíveis dois bonecos. Eles viram as cabeças um para o outro e então desviram novamente, como se olhassem com aturdido assombro. – Sob todas as figuras um pequeno papel com a inscrição. – O todo datando do ano de 1862.

Policlínica

O autor coloca o pensamento sobre a mesa de mármore do café. Longa contemplação: pois ele utiliza o tempo em que o copo – a lente sob a qual examina o paciente – ainda não está diante dele. Em seguida desempacota gradualmente seu estojo: caneta-tinteiro, lápis e cachimbo. A multidão dos fregueses, ordenada anfiteatralmente, compõe seu público clínico. Café, precavidamente servido e fruído do mesmo modo, põe o pensamento sob clorofórmio. Aquilo sobre o qual este está cismando não tem a ver com a coisa mesma mais que o sonho do narcotizado com a intervenção cirúrgica. Nos cautelosos lineamentos do manuscrito são feitos cortes, o operante[18] desloca acentos no interior, queima fora as tumescências das palavras e insere como costela de prata uma palavra estrangeira. Por fim, a pontuação lhe costura com finas picadas o conjunto e ele remunera o garçom, seu assistente, em dinheiro vivo.

18- Detlev Schöttker comenta esse conceito, nas notas da edição crítica de *Rua de mão única* (*Einbahnstrasse, Werke und Nachlass*, Frankfurt a.M.: Suhrkamp, vol. 8, 2009, p. 386), recordando que Sergei Tretiakov (1892-1939), em um livro de 1930, fizera uma diferenciação entre o escritor do tipo "operante" e o "informante". Benjamin já tivera com a obra de Tretiakov em 1927, quando de sua estadia em Moscou. Essa distinção, Benjamin retomou em seu texto de 1934, "O autor como produtor", publicado no volume 1 destas *Obras Escolhidas*. (N.d.R.)

Estas áreas são para alugar

Loucos os que lamentam o declínio da crítica. Pois sua hora há muito tempo já passou. Crítica é uma questão de correto distanciamento. Ela está em casa em um mundo no qual perspectivas e prospectos vêm ao caso e ainda é possível adotar um ponto de vista. As coisas nesse meio tempo caíram de maneira demasiado abrasante sobre o corpo da sociedade humana. A "imparcialidade", o "olhar livre" são mentiras, quando não é a expressão totalmente ingênua de chã incompetência. O olhar mais essencial hoje, o olhar mercantil que penetra no coração das coisas, chama-se reclame. Ele desmantela o livre espaço de jogo da contemplação e desloca as coisas para tão perigosamente perto da nossa cara quanto, da tela de cinema, um automóvel, crescendo gigantescamente, vibra em nossa direção. E assim como o cinema não apresentam móveis e fachadas em figuras acabadas de uma consideração crítica, mas unicamente sua proximidade teimosa, brusca, é sensacional, assim o reclame genuíno acelera as coisas em nossa direção e tem um ritmo que corresponde ao bom filme. Com isso, então, a "objetividade" é finalmente despedida e, diante das imagens gigantescas nas paredes das casas, onde "Chlorodont" e "Sleipnir"[19] estão ao alcance da mão para gigantes, as sentimentalidades sanadas se torna americanamente livre, assim como pessoas a que nada mais toca e comove reaprendem no cinema o choro. Para o homem da rua, porém, é o dinheiro que aproxima dele as coisas dessa forma, que estabelece o contato conclusivo com elas. E o resenhista pago, que no salão de arte do *marchand* manipula as imagens, sabe, se não algo melhor, algo mais importante sobre elas que o apreciador das artes que as vê na vitrine. O calor do tema desata-se para ele e o põe em disposição sentimental. – O que, afinal, torna os reclames tão superiores à crítica? Não aquilo que diz a vermelha escrita cursiva elétrica – mas a poça de luz que a espelha sobre o asfalto.

19- Respectivamente, uma marca de dentifrício (a primeira pasta em tubo de metal) e, Sleipnir, na verdade Sleipner, uma marca de cigarro. (N.d.R.)

Artigos de escritório

A sala do chefe está encrustada de armas. Aquilo que, tomado como conforto, alicia quem entra, é na verdade um arsenal dissimulado. Um telefone sobre a escrivaninha toca a todo instante. Interrompe a palavra no ponto mais importante e dá tempo àquele que está defronte para ajustar sua resposta. Enquanto isso, fragmentos de conversa mostram quantos assuntos são tratados aqui, que são mais importantes que o que está em pauta. Diz-se isso a si mesmo e lentamente começa-se a resvalar de seu próprio ponto de vista. Começa se a perguntar-se de quem se está falando, percebe-se com pavor que o interlocutor viaja amanhã para o Brasil e logo está de tal forma solidário com a firma que a enxaqueca de que ele se queixa ao telefone é designada como lastimável contratempo nos negócios (em vez de casualidade). Chamada ou não, entra a secretária. É muito bonita. E, se seu patrão está, em relação a seus atrativos, seja imunizado, seja como admirador, há muito tempo em termos claros com ela, o novato olhará mais de uma vez em sua direção, e ela sabe tratar seu chefe de modo a torná-lo grato. Seu pessoal está em movimento para servir à mesa cartotecas nas quais o hóspede se sabe rubricado nos mais diversos contextos. Ele começa a se cansar. O outro, porém, que tem a luz às costas, lê isso com satisfação no rosto cegantemente iluminado. Também a poltrona faz seu efeito; senta-se nela tão profundamente inclinado para trás como no dentista e ainda se acaba, então, aceitando o penoso procedimento como o curso ordinário das coisas. Uma reclamação se segue também, mais cedo ou mais tarde, a esse tratamento.

Fardos: expedição e empacotamento

Eu ia de manhã cedo, de automóvel, através de Marselha em direção à estação e, assim que no caminho me deparavam lugares conhecidos, depois novos, desconhecidos, ou outros de que eu só conseguia lembrar-me inexatamente, a cidade tornou-se em minhas mãos um livro, no qual eu lançava ainda rapidamente alguns olhares, antes que ele me desaparecesse dos olhos no baú do depósito por quem sabe quanto tempo.

Fechado para reforma

Em sonho eu me tirava a vida com uma arma de fogo. Quando o tiro saiu, eu não acordei, mas me vi por algum tempo deitado como cadáver. Só então acordei.

Restaurante automático "Augias"

Isto é a mais forte objeção contra o modo de vida do solteirão: ele toma suas refeições solitárias. Comer solitariamente torna facilmente duro e cru. Quem tem esse hábito tem de viver espartanamente para não degradar-se. Os ermitões, ainda que fosse somente por isso, alimentavam-se frugalmente. Pois somente em comunidade se faz justiça ao comer; ele quer ser partido e repartido, se deve fazer efeito. Não importa a quem: antigamente um mendigo à mesa enriquecia cada refeição. Tudo depende da repartição e da doação, não da conversação social em roda. É assombroso, inversamente, que a sociabilidade se torna crítica sem a refeição. Hospitalidade nivela e vincula. O conde de St. Germain permanecia em jejum diante de mesas repletas e já desse modo mantinha-se dominante na conversação. Onde, porém, cada indivíduo parte vazio, vêm as rivalidades com seu conflito.

Comércio de selos[20]

Quem examina pilhas de cartas antigas, a ele, um selo, que há muito tempo está fora de curso, sobre um envelope frágil, diz mais que dúzias de páginas relidas. Muitas vezes se os encontramos em cartões-postais e então não se sabe: deve-se destacá-los ou guardar o cartão tal como está, como a folha de um velho mestre que tem do lado da frente e dos de trás

20- Como Detlev Schöttker recorda, provavelmente essas reflexões foram influenciadas por uma passagem do romance *Le paysan de Paris*, de Louis Aragon, que o próprio Benjamin traduzira e publicara em 1928. (N.d.R.)

dois diferentes desenhos igualmente valiosos? Há também, nas caixas de vidro dos cafés, cartas que têm contas a ajustar e estão expostas no pelourinho diante de todos os olhos. Ou foram deportadas e são obrigadas a definhar nessa caixa ano após ano, sobre um Salas y Gomez[21] de vidro? Cartas que permaneceram muito tempo sem serem abertas adquirem algo de brutal; são deserdados que perfidamente forjam uma quieta vingança por longos dias de sofrimento. Muitas delas, mais tarde, expõem nas vitrines dos comerciantes de selos os inteiros postais marcados por toda parte a fogo por carimbos.

Sabe-se que há colecionadores que só se ocupam com selos carimbados e muito não falta para que se queira acreditar que são eles os únicos que penetraram no segredo. Eles se apegam à parte oculta dos selos: ao carimbo. Pois o carimbo é o lado noturno deles. Há os solenes, que em torno da cabeça da rainha Vitória colocam uma auréola, e os proféticos, que colocam uma coroa de mártir em torno de Humberto.[22] Mas nenhuma fantasia sádica chega à altura do negro procedimento que cobre com estrias os rostos e, através do solo de continentes inteiros, rasga fendas como um terremoto. E da perversa alegria pelo contraste desse ultrajado corpo do selo com seu branco, rendado vestido de tule: o denteado. Quem está no encalço de carimbos tem de possuir como detetive os sinais particulares das mais mal-afamadas agências postais, como arqueólogo a arte de determinar o torso dos mais estranhos nomes de lugares, como cabalista o inventário das datas para um século inteiro.

Selos estão eriçados de cifrazinhas, letras diminutas, folhinhas e olhinhos. São tecidos celulares gráficos. Isso tudo fervilha entremeado e, como os animais inferiores, mesmo despedaçado continua a viver. Por isso se fazem de partículas de selos, que se colam juntas, imagens tão eficazes. Mas nelas a vida tem sempre a mescla da decomposição, como sinal de que está composta de matéria morta. Seus retratos e grupos obscenos estão atulhados de ossadas e de multidões de vermes.

21- Cf. o poema "Salas y Gomez" (1828) de Adelbert von Chamisso, que se refere a essa ilha chilena do mesmo nome e visitada por ele. (N.d.R.)

22- Umberto I, o segundo filho de Vitor-Emanuel, foi um rei da Itália assassinado em 1900. (N.d.R.)

Refrata-se, talvez, na sequência cromática das longas séries, a luz de um sol estrangeiro? Teriam sido captados nos Ministérios de Correios do Estado do Vaticano ou do Equador raios que nós outros não conhecemos? E por que não nos mostram os selos dos planetas melhores? As mil gradações de vermelho-fogo, que estão em circulação em Vênus, e os quatro grandes valores cinzentos de Marte e os selos sem cifras de Saturno?

Países e mares são, nos selos, apenas as províncias, reis apenas os mercenários das cifras que a seu bel-prazer derramam sobre eles suas cores. Álbuns de selos são enciclopédias mágicas, os números dos monarcas e palácios, dos animais e alegorias e Estados estão inscritos neles. O tráfico postal repousa sobre a harmonia deles como sobre as harmonias dos números celestes o trânsito dos planetas.

Antigos selos de vintém, que no oval mostram apenas uma ou duas grandes cifras. Têm o aspecto daquelas primeiras fotos, das quais, dentro das molduras laqueadas de preto, parentes que nunca conhecemos olham para nós: Cifradas tias-avós ou bisavós. Também Thurn und Taxis[23] tem as grandes cifras nos selos; ali são como números de taxímetro enfeitiçados. Ninguém se admiraria se uma noite a luz de uma vela brilhasse lá atrás. Mas, em seguida, há pequenos selos sem denteado, sem indicação de um valor ou de um país. Na densa teia de aranha trazem somente um número. São esses, talvez, os verdadeiros sem destino.

Os traços de escrita sobre os selos turcos em piastras são como o alfinete obliquamente colocado, demasiado folgazão, demasiado brilhante, sobre a gravata de um comerciante astuto, somente meio europeizado, de Constantinopla. São do molde dos *parvenus* postais, dos grandes formatos mal denteados e gritantes da Nicarágua ou da Colômbia, que se enfeitam para parecerem notas de banco.

Selos de sobretaxa são os espíritos sob os selos. Não se alteram. A mudança dos monarcas e formas de governo passa por eles como por espíritos, sem deixar rastro.

A criança olha na direção da distante Libéria através de um binóculo de ópera segurado ao contrário: lá está ela, atrás de seu trechinho de mar, com suas palmeiras, exatamente como a mostram os selos.

23- A família nobre alemã Thurn und Taxis teve um papel decisivo nos correios imperiais até 1867. (N.d.R.)

Com Vasco da Gama ela veleja em torno de um triângulo que é equilátero como a esperança e cujas cores se alteram com o clima. Prospecto de viagem do cabo da Boa Esperança. Quando vê o cisne em selos australianos, então, também nos valores azuis, verdes e castanhos, é o cisne negro, que só aparece na Austrália e aqui desliza sobre as águas de um tanque como sobre o mais quieto dos oceanos.

Selos são cartões de visitas que os grandes Estados deixam no quarto das crianças.

Como Gulliver a criança visita país e povo de seus selos. Geografia e História dos liliputianos, a inteira ciência do pequeno povo com todos os seus números e nomes lhe é instilada durante o sono. Ela participa com interesse de seus negócios, frequenta suas purpúreas assembleias populares, assiste ao lançamento de seus naviozinhos e, com suas cabeças coroadas, entronizadas atrás de sebes, celebra jubileus.

Há sabidamente uma linguagem dos selos, que está para a linguagem das flores como o alfabeto morse está para o escrito. Mas por quanto tempo viverá ainda a floração entre postes telegráficos? Não são os grandes selos artísticos do pós-guerra, com suas cores plenas, já as sécias e dálias outonais dessa flora? Stephan[24], um alemão, e não casualmente um contemporâneo de Jean Paul, plantou na estival metade do século XIX essa semente. Ela não sobreviverá ao século XX.

Si parla italiano

Eu estava sentado, à noite, com dores violentas, em um banco. De frente a mim, em um segundo banco, tomaram lugar duas moças. Pareciam querer falar-se confidencialmente e começaram a sussurrar. Ninguém além de mim estava nas proximidades, e eu não teria entendido o italiano delas, por mais alto que fosse. Então, diante daquele imotivado sussurrar em uma língua inacessível para mim, não pude defender-me da sensação de que se colocava em volta do local dolorido uma fresca atadura.

24- Heinrich von Stephan (1831-1897), diretor geral dos correios do Império alemão. Em 1877 introduziu o telefone na Alemanha. (N.d.R.)

Primeiros socorros técnicos

Não há nada mais pobre que uma verdade expressa tal como foi pensada. Em tal caso sua transcrição não é ainda nem sequer uma fotografia ruim. Também a verdade (como uma criança, como uma mulher que não nos ama) se recusa, diante da objetiva da escrita, quando nos acocoramos sob o pano preto, a olhar quieta e amistosamente. É bruscamente, como com um golpe, que ela quer ser afugentada de seu mergulho em si mesma e despertada num susto, seja por tumulto, seja por música, seja por gritos de socorro. Quem quereria enumerar os sinais de alarme com que é guarnecido o interior do verdadeiro escritor? E "escrever" nada mais significa que pô-los em funcionamento. Então, a doce odalisca se sobressalta, arrebata para si a primeira coisa que lhe cai nas mãos no caos primordial de seu *boudoir*, nossa caixa craniana, envolve-se nela e assim, quase irreconhecível, foge de nós em direção às pessoas. Que bem constituída, porém, ela precisa ser, e quão saudavelmente formada, para poder assim, disfarçada, espicaçada, aparecer contudo entre elas vitoriosa, amorável.

Quinquilharias

Citações em meu trabalho são como salteadores no caminho, que irrompem armados e roubam ao passeante a convicção.

O ato de matar o criminoso pode ser moral – jamais a legitimação desse ato.

O provedor de todas as pessoas é Deus e o Estado é seu subprovedor.

A expressão das pessoas que se movem dentro de galerias de pinturas mostra um mal dissimulado desapontamento com o fato de que ali estão pendurados apenas quadros.

Conselho fiscal

Não há dúvida: existe uma secreta conexão entre a medida dos bens e a medida da vida; quer dizer, entre dinheiro e tempo. Quanto mais nulamente é preenchido o tempo de uma vida, mais frágeis, polimorfos, díspares são seus instantes, enquanto o grande período assinala a existência da pessoa superior. Muito corretamente Lichtenberg propõe falar de apequenamento do tempo, em lugar de encurtamento, e é ele mesmo quem observa: "Algumas dúzias de milhões de minutos fazem uma vida de quarenta e cinco anos e um pouco mais". Onde está em uso um dinheiro do qual uma dúzia de milhões de unidades nada significa, ali a vida terá de ser contada em segundos em lugar de em anos, para aparecer respeitável como soma. E nessa medida ela será dissipada como um maço de notas de banco: a Áustria não consegue perder o hábito de calcular em coroas.

O dinheiro faz par com a chuva. O próprio clima é um índice do estado deste mundo. A felicidade é sem nuvens, não conhece clima. Chega também um reino sem nuvens dos bens perfeitos, sobre os quais não cai nenhum dinheiro.

Seria o caso de fornecer uma análise descritiva das notas de banco. Um livro cuja ilimitada força de sátira só teria igual na força de sua objetividade. Pois em nenhuma parte mais que nesses documentos o capitalismo se comporta ingenuamente em sua sagrada seriedade. O que se vê aqui de pequeninos inocentes brincando ao redor de cifras, deusas segurando tábuas de lei, e heróis amadurecidos enfiando sua espada na bainha diante de unidades monetárias, é um mundo por si: arquitetura de fachadas do inferno. – Se Lichtenberg tivesse encontrado o papel-moeda difundido, o plano dessa obra não lhe teria escapado.

Assistência judiciária para indigentes

EDITOR

Minhas expectativas foram desiludidas da maneira mais grave. Suas coisas não têm nenhum efeito junto ao público, não atraem o mínimo. E eu não poupei em acabamento. Eu me arruinei com reclames. – Você sabe que, depois como antes, eu o aprecio. Mas você não poderá pensar mal de mim se agora também minha consciência de comerciante se agita. Se há alguém que faz o que pode pelos autores sou eu. Mas, afinal, tenho também mulher e filhos para cuidar. Naturalmente não quero dizer que o culpo pelas perdas dos últimos anos. Mas o amargo sentimento de uma desilusão permanecerá. Por enquanto, infelizmente, não posso absolutamente mais apoiá-lo.

AUTOR
Meu senhor! Por que se tornou editor? Isso tiraremos a claro sem demora. Antes, porém, conceda-me isto: Eu figuro em seu arquivo como n.º 27. Você editou cinco de meus livros: isso significa que apostou cinco vezes n.º 27. Lamento que não deu 27. De resto, você só me apostou *cheval*. Apenas porque estou ao lado de seu número de sorte, 28. – Porque se tornou editor, você sabe agora. Poderia do mesmo modo ter adotado um meio de vida honesto como o senhor seu pai. Mas sempre aos trancos e barrancos – assim é a juventude. Continue a entregar-se a seus hábitos. Mas evite de se fazer passar por honrado comerciante. Não se ponha com cara de inocência, se perdeu tudo no jogo; não conte nada de seu dia de trabalho de oito horas e da noite em que ainda mal consegue encontrar repouso. "Antes de tudo, meu filho, seja fiel e verdadeiro!". E não faça cenas com seus números! Do contrário será arremessado fora!

Sineta noturna para o médico

A satisfação sexual desvincula o homem de seu segredo, que não consiste na sexualidade, mas que, na sua satisfação, e talvez unicamente nela, é cortado – não solucionado. Ele é comparável à corrente que o vincula à vida. A mulher a corta, o homem se torna livre para a morte, porque sua vida perdeu o segredo. Com isso ele chega ao novo nascimento e, assim como a amada o liberta do sortilégio da mãe, a mulher o solta, mais literalmente, da mãe Terra, essa parteira que corta aquele cordão umbilical, que é trançado de segredo natural.

Madame Ariane, segundo pátio à esquerda

Quem pergunta pelo futuro a videntes abre mão, sem o saber, de um conhecimento interior do que está por vir, que é mil vezes mais preciso do que tudo o que lhe é dado ouvir lá. Guia-o mais a preguiça que a curiosidade, e nada é menos semelhante ao devotado embotamento com que ele presencia o desvendamento de seu destino que o golpe de mão perigoso, ágil, com que o corajoso põe o futuro. Pois presença de espírito é seu extrato; observar com exatidão o que se cumpre em cada segundo é mais decisivo que saber de antemão o mais distante. Signos precursores, pressentimentos, sinais atravessam dia e noite nosso organismo como batidas de ondas. Interpretá-los ou utilizá-los, eis a questão. Mas ambos são inconciliáveis. Covardia e preguiça aconselham o primeiro, sobriedade e liberdade o outro. Pois antes que tal profecia ou aviso se tenha tornado algo mediato, palavra ou imagem, sua melhor força já está morta, a força com que ela nos atinge no centro e nos obriga, mal sabemos como, a agir de acordo com ela. Se deixarmos de fazê-lo, então, e só então, ela se decifra. Nós a lemos. Mas agora é tarde demais. Daí, quando inopinadamente irrompe fogo ou de um céu sereno vem uma notícia de morte, no primeiro o pavor mudo um sentimento de culpa, a informe censura: No fundo você não sabia? Da última vez que falou do morto, não soava diferente o nome dele em sua boca? Não lhe faz sinal, do meio das chamas, a noite de ontem, cuja linguagem só agora você entende? E se um objeto que você amava se perdeu, não havia já, horas, dias antes, um halo, zombaria ou tristeza em torno dele, que o traía? Como raios ultravioletas a rememoração mostra a cada um, no livro da vida, uma escrita que, invisível, na condição de profecia, glosava o texto.[25] Mas não é impunemente que se intercambiam as intenções, que se entrega a vida ainda não vivida a cartas, espíritos, astros, que em um átimo a vivem e gastam, para devolvê-la a nós ultrajada; não se defrauda impunemente o corpo do poder que ele tem de medir-se com os fados sobre sua própria base e vencer. O instante é o jugo de Caudium[26] sob o qual o destino se curva a ele. Transformar a ameaça do futuro no agora preenchido, este

---

25- Com relação a essa passagem, vale lembrar um fragmento preparatório às teses "Sobre o conceito da história": "O materialista histórico, que vai atrás da estrutura da história, pratica, a seu modo, um tipo de análise espectral. Como o físico assinala o ultravioleta no espectro solar, assim ele constata uma força messiânica na história." (*Gesammelte Schriften*, org. por R. Tiedemann und H. Schweppenhäuser, Frankfurt a.M.: Suhrkamp, vol. I: *Abhandlungen*, 1974, p. 1232). (N.d.R.)

26- Essa expressão remete à humilhação das tropas romanas, que após derrota aos samnitas, em 321 a.C., próxima à cidade de Caudium, foram forçadas a passar sob uma lança, sendo obrigados a se inclinar. (N.d.R.)

único milagre telepático digno de ser desejado, é obra de corpórea presença de espírito.[27] Tempos primordiais, em que tal procedimento fazia parte da economia cotidiana do ser humano, davam-lhe, no corpo nu, o mais confiável instrumento divinatório. Ainda a Antiguidade conhecia a verdadeira prática, e Cipião, que pisa o solo de Cartago tropeçando, exclama, abrindo amplamente os braços na queda, a senha de vitória: *Teneo te, Terra Africana*! Aquilo que quis tornar-se signo terrífico, imagem de infortúnio, ele liga corporeamente ao segundo e faz de si mesmo o factótum de seu corpo. Justamente nisso, desde sempre, os antigos exercícios ascéticos do jejum, da castidade, da vigília celebraram seus mais altos triunfos. O dia jaz cada manhã como uma camisa fresca sobre nossa cama; esse tecido incomparavelmente fino, incomparavelmente denso, de limpa profecia, assenta-nos como um molde. A felicidade das próximas vinte e quatro horas depende de que nós, ao despertar, saibamos como apanhá-lo.

Vestiário de máscaras

Quem traz uma notícia de morte aparece para si como muito importante. Seu sentimento faz dele – mesmo contra todo entendimento – o mensageiro do reino dos mortos. Pois a comunidade de todos os mortos é tão gigantesca, que até mesmo quem apenas dá notícia da morte a pressente. *Ad plures ire* significa, entre os latinos, morrer.

Em Bellinzona notei três eclesiásticos na sala de espera da estação. Estavam sentados em um banco, obliquamente defronte ao meu lugar. Eu observava fascinado os gestos daquele que estava sentado no meio e se diferenciava de seus irmãos por um chapeuzinho vermelho. Ele lhes fala enquanto mantém as mãos dobradas sobre o colo e somente de vez em quando ergue bem pouco uma ou a outra e a move. Penso: a mão direita precisa sempre saber o que faz a esquerda.

27- "Presença de espírito", "Geistesgegenwart", essa expressão fundamental na teoria da história e da intervenção política em Benjamin, é desenvolvida também mais adianta, na última das teses de "O caminho para o sucesso em treze teses" das *Imagens do Pensamento*. (N.d.R.)

Quem já não saiu uma vez do metrô para o ar livre e ficou surpreendido de, ali em cima, entrar na plena luz do Sol? E, no entanto, o Sol brilhava, há alguns minutos, quando ele desceu, exatamente tão claro como agora. Tão rapidamente assim ele esqueceu o clima do mundo de cima. Tão rapidamente assim, por sua vez, esse próprio mundo o esquecerá. Pois quem pode dizer mais de sua existência, além de que atravessou a vida de dois, três outros, tão delicadamente e tão de perto quanto o clima?

Sempre de novo, em Shakespeare, em Calderón, combates preenchem o último ato e reis, príncipes, pajens e séquitos "entram em cena fugindo". O instante em que se tornam visíveis aos espectadores os faz deter-se. À fuga das personagens dramáticas, a cena dá voz de alto. Sua entrada no campo de visão de não participantes e verdadeiramente superiores permite aos envolvidos respirar e envolve-os com um novo ar. Daí a aparição cênica dos que entram "fugindo" adquire sua significação oculta. Na leitura dessa fórmula entra em jogo a expectativa de um lugar, de uma luz ou iluminação de ribalta, em que também nossa fuga através da vida estaria a salvo diante de estranhos que observam.

Agência de apostas

A existência burguesa é o regime dos assuntos privados. Quanto mais importante e rico de consequências é um tipo de comportamento, mais ela o dispensa de controle. Convicção política, situação financeira, religião – tudo isso quer encafuar-se, e a família é o edifício podre, escuro, em cujos compartimentos e cantos se instalaram os mais mesquinhos instintos. O filistinismo proclama a privatização integral da vida amorosa. Assim, para ele, a conquista se tornou um evento mudo, enfezado, entre quatro olhos, e essa conquista totalmente privada, desvinculada de toda responsabilidade, é o que há de propriamente novo no *flirt*. Em contrapartida, o tipo proletário e o feudal são iguais no fato de que, na conquista, vencem muito menos a mulher que seus concorrentes. Isso, porém, significa respeitar a mulher muito mais profundamente que na sua "liberdade", significa fazer-lhe a vontade sem interrogá-la. Feudal e proletário é o deslocamento dos acentos eróticos para o espaço público. Mostrar-se com uma mulher em tal ou tal ocasião pode significar mais que dormir com ela. Assim também no casamento o valor não está na infrutífera "harmonia" dos cônjuges: como efeito excêntrico de suas lutas e concorrências vêm à luz do dia, assim como a criança, também o poder espiritual do casamento.

Cervejaria

Marinheiros descem raramente em terra; o serviço em alto-mar é licença de domingo comparado com o trabalho em portos, onde muitas vezes é preciso de dia e de noite carregar e descarregar. Quando então chega a licença de terra para uma equipe por algumas horas, já está escuro. No melhor dos casos, a catedral se ergue como massa escura no caminho da hospedaria. A cervejaria é a chave de toda cidade; saber onde há cerveja alemã para beber é bastante conhecimento de países e de povos. A taberna alemã para marujos desenrola o mapa noturno da cidade: dali até o bordel, até as outras tabernas, não é difícil achar o caminho. Seu nome cruza há dias nas conversas de mesa. Pois quando se deixou um porto, iça um após o outro, como pequenas bandeirolas, alcunhas de locais e de salões de dança, de belas mulheres e de iguarias nacionais do próximo. Mas quem sabe se desta vez se desce em terra? Por isso, quando o navio mal acabou de declarar e aportar, já vieram a bordo comerciantes com lembranças: correntes e cartões-postais, quadros a óleo, facas e estatuetas de mármore. A cidade não é visitada, mas comprada. Na mala do marinheiro o cinturão de couro de Hong-Kong está ao lado do panorama de Palermo e de uma foto de moça de Szczecin. Exatamente assim é seu efetivo lar. Nada sabem de uma distância nebulosa na qual estão, para o burguês, os mundos estrangeiros. O que em cada cidade se impõe em primeiro lugar é o serviço a bordo e em seguida a cerveja alemã, o sabão de barba inglês e o tabaco holandês. Até aos ossos a norma internacional da indústria é presente para eles; eles não se deixam levar por palmeiras e montanhas de gelo. O homem do mar "devorou" a proximidade, e só lhe falam as nuanças mais exatas. Ele é capaz de distinguir melhor os países pela preparação de seus peixes que pela construção das casas e o padrão da paisagem. Sentem-se em tal medida em casa no detalhe, que no oceano as rotas em que ele corta outros navios (e com uivos de sereia saúda os de sua própria firma) se tornam para ele barulhentas estradas nas quais é preciso dar passagem. Ele habita em mar aberto uma cidade em que no Cannebière marselhês se encontra uma taberna de Port Said obliquamente defronte a uma casa alegre de Hamburgo e o Castel dell'Ovo napolitano na Plaza Cataluña de Barcelona. Para os oficiais a cidade natal tem ainda a primazia. Para o grumete, porém, ou para o foguista, para a gente cuja força de trabalho transportada mantém contato com a mercadoria no bojo do navio, os portos entremeados não são mais nem sequer lar, mas berço. E quem os escuta falar percebe que mentira se esconde no viajar.

Mendigos e ambulantes proibidos

Todas as religiões reverenciavam o mendigo. Pois ele documenta que faltam vergonhosamente espírito e fundamento, consequências e princípio, em uma questão tão sóbria e banal quanto sagrada e vitalizante, como era o dar esmolas.

Apresentam-se queixa sobre os mendigos no Sul e esquece-se que sua persistência diante de nosso nariz é tão legítima quanto a obstinação do estudioso diante de textos difíceis. Não há uma sombra de hesitação, um levíssimo querer ou ponderar, que eles não farejassem em nossas caras. A telepatia do cocheiro, que só com seu chamado torna claro para nós que nada temos contra andar de carro, a do mascate que ergue de seus trastes a única corrente ou camafeu que poderia nos atrair, são da mesma têmpera.

A caminho do planetário

Se, como fez uma vez Hillel[28] com a doutrina judaica, se tivesse de enunciar a doutrina dos antigos em toda concisão, em pé sobre uma perna,

28- Hillel foi presidente Sinédrio, a mais alta corte judaica, durante o período romano. (N.d.R)

a sentença teria de dizer: "A Terra pertencerá unicamente àqueles que vivem das forças do cosmos". Nada distingue tanto a pessoa antiga da moderna quanto sua entrega a uma experiência cósmica que este último mal conhece. O naufrágio dela anuncia-se já no florescimento da astronomia, no começo da Idade Moderna. Kepler, Copérnico, Tycho Brahe certamente não eram movidos unicamente por impulsos científicos. Mas, no entanto, há no acentuar exclusivo de uma vinculação ótica com o universo, ao qual a astronomia muito em breve conduziu um signo precursor daquilo que tinha de vir. O trato antigo com o cosmos cumpria-se de outro modo: na embriaguez. É embriaguez, decerto, a experiência na qual nos asseguramos unicamente do mais próximo e do mais distante, e nunca de um sem o outro. Isso quer dizer, porém, que somente na comunidade o ser humano pode comunicar em embriaguez com o cosmos. É o ameaçador descaminho dos modernos considerar essa experiência como irrelevante, como descartável, e deixá-la por conta do indivíduo como devaneio místico em belas noites estreladas. Não, ela sempre e sempre de novo se impõe, e então povos e gerações lhe escapam tão pouco como se patenteou da maneira mais terrível na última guerra, que foi um ensaio de novos, inauditos esponsais com as potências cósmicas. Massas humanas, gases, forças elétricas foram lançadas ao campo aberto, correntes de alta frequência atravessaram a paisagem, novos astros ergueram-se no céu, espaço aéreo e profundezas marítimas ferveram de propulsores, e por toda parte cavaram-se poços sacrificiais na Mãe Terra. Essa grande corte feita ao cosmos cumpriu-se pela primeira vez em escala planetária, ou seja, no espírito da técnica. Mas, porque a avidez de lucro da classe dominante pensava expiar nela sua vontade, a técnica traiu a humanidade e transformou o leito de núpcias em um mar de sangue. Dominação da Natureza, assim ensinam os imperialistas, é o sentido de toda técnica. Quem, porém, confiaria em um mestre-escola que declarasse a dominação das crianças pelos adultos como o sentido da educação? Não é a educação, antes de tudo, a indispensável ordenação da relação entre as gerações e, portanto, se se quer falar de dominação, a dominação das relações entre gerações, e não das crianças? E assim também a técnica não é dominação da Natureza: é dominação da relação entre Natureza e humanidade. A humanidade como espécie está, decerto, há milênios, no fim de sua evolução; mas a humanidade como espécie está no começo. Para ela organiza-se na técnica uma *physis* na qual seu contato com o cosmos se forma de modo novo e diferente do que em povos e famílias. Basta lembrar a experiência de velocidades, por força das quais a humanidade prepara-se agora para viagens a perder de vista no interior do tempo, para ali deparar com ritmos pelos quais os doentes, como anteriormente em altas montanhas ou em mares do Sul, se fortalecerão. Os parques de diversão são uma pré-forma de sanatórios. O calafrio da genuína experiência cósmica não está ligado àquele minúsculo fragmento de natureza que estamos habituados a denominar "Natureza". Nas noites de aniquilamento da última guerra, sacudiu a estrutura dos membros da humanidade um sentimento que era semelhante à felicidade do epilético. E as revoltas que se seguiram eram o primeiro ensaio de colocar o novo corpo em seu poder. A potência do proletariado é o termômetro de medida de seu processo de cura. Se a disciplina deste não o penetra até a medula, nenhum raciocínio pacifista o salvará. O vivente só sobrepuja a vertigem do aniquilamento na embriaguez da procriação.

INFÂNCIA EM BERLIM POR VOLTA DE 1900

Ao meu querido Stefan[1]

Ó coluna da vitória
Tostada pelo açúcar hibernal
Dos dias da infância.

Tiergarten[2]

Saber orientar-se numa cidade não significa muito. No entanto, perder-se numa cidade, como alguém se perde numa floresta, requer instrução. Nesse caso, o nome das ruas deve soar para aquele que se perde como o estalar do graveto seco ao ser pisado, e as vielas do centro da cidade devem refletir as horas do dia tão nitidamente quanto um desfiladeiro. Essa arte aprendi tardiamente; ela tornou real o sonho cujos labirintos nos mata-borrões de meus cadernos foram os primeiros vestígios. Não, não os primeiros, pois houve antes um labirinto que sobreviveu a eles. O caminho a esse labirinto, onde não faltava sua Ariadne, passava por sobre a Ponte Bendler, cujo arco suave se tornou minha primeira escarpa. Perto de sua base ficava a meta: Frederico Guilherme e a rainha Luísa. Em seus pedestais circulares erguiam-se acima dos canteiros como que enfeitiçados por curvas mágicas inscritas na areia à sua frente por uma corrente d'água. Contudo, mais do que àqueles soberanos, voltava-me aos pedestais, pois o que acontecia sobre eles, mesmo que obscuro em relação ao contexto, estava mais próximo no espaço. Desde logo percebi que havia algum significado nesse labirinto, pois aquela esplanada ampla, e banal por nada deixava transparecer que ali, isolada a alguns

1- Filho de Walter Benjamin com Dora Pollak, nascido em 11 de abril de 1918 em Berna (Suíça), tendo falecido em Londres, em 1972. (N.d.R.)

2- Literalmente, "jardim zoológico". Em Berlim, trata-se do Parque da Cidade, que, entre outros, abriga o jardim zoológico. (N.T.)

passos da avenida dos coches e carros de aluguel, dormitava a parte mais notável do parque. Disto recebera um sinal já muito cedo. Aqui mesmo ou perto, Ariadne deve ter assentado seu acampamento, em cuja proximidade compreendeu pela primeira vez, e para nunca mais esquecer, o que só mais tarde me coube como palavra: Amor. Porém, logo em sua fonte surge a "donzela" que aí se deitara como sombra fria. E assim esse parque, que, como nenhum outro, parece aberto às crianças, era desfigurado para mim pelo difícil, pelo irrealizável. Quão raramente conseguia distinguir os peixes no lago dos peixes dourados! Quanto prometia com seu nome a Aleia dos Caçadores da Corte e quão pouco cumpria! Quantas vezes procurei em vão a mata onde se erguia um quiosque com torrezinhas vermelhas, brancas e azuis, no estilo de um jogo de blocos de madeira![3] Quão desesperançado regressa a cada primavera meu amor pelo príncipe Luís Ferdinando, aos pés de quem surgiam os primeiros narcisos e açafrões. Um curso d'água, que me separava das flores, as tornava para mim tão intocáveis como se estivessem sob uma redoma. Com tamanha frieza, devia fundear-se no belo o principesco, e compreendi por que Luise von Landau[4], cujo círculo frequentei até sua morte, teve de morar no Lützowufer[5], quase em frente da pequena mata, cujas flores eram tratadas pela água do canal. Mais tarde descobri novos rincões; sobre outros aprendi coisas novas. Contudo, nenhuma moça, nenhuma vivência, nenhum livro pôde me contar alguma novidade sobre aquele. Por isso, quando trinta anos mais tarde um conhecedor da terra, camponês de Berlim, assistiu-me no retorno à cidade, após afastamento comum de longa duração, seus passos araram esse jardim no qual semeou a semente do silêncio. Adiantou-se pelas veredas, e cada uma delas foi para ele uma descida íngreme. Conduziam para baixo, se não para a origem de todos os seres, certamente para a desse jardim. No asfalto que pisava, seus passos despertavam um eco. A grama, que aparecia entre o calçamento, lançava no solo uma luz ambígua. As pequenas escadas, os átrios apoiados em colunas, os frisos e as arquitraves das vivendas do Tiergarten – pela primeira vez as víamos como eram de fato. Sobretudo os recintos das escadas que, com suas

3- No original, "Ankersteinbaukästen", um jogo infantil clássico alemão de blocos de madeira. (N.d.R.)
4- Colega e primeiro amor de Benjamin; morreu ainda criança. (N.d.R.)
5- Canal da cidade. (N.T.)

vidraças, eram os mesmos de outrora, embora nos interiores usados como aposentos muito tivesse mudado. Ainda sei os versos que, depois das aulas, preenchiam os intervalos entre as batidas de meu coração quando me detinha na subida da escada. Despontavam para mim da vidraça, na qual uma mulher suspensa como a Madona da Capela Sistina saía do nicho com uma guirlanda na mão. Com os polegares afrouxando as tiras da pasta nos ombros, lia: "O trabalho é a glória do cidadão,/ A prosperidade, o prêmio pelo esforço". Embaixo, a porta tornou a se fechar com um gemido igual ao de um fantasma entrando na tumba, de volta ao castelo. Lá fora, porventura, chovia. Uma das vidraças coloridas estava aberta. E foi no ritmo dos pingos da chuva que prossegui a subida da escada. Mas entre as cariátides e os atlantes, entre os querubins e as pomonas, que então me observavam, preferia agora os primeiros, aqueles empoeirados da estirpe dos guardiões dos umbrais, que protegem nossos passos pela vida afora e dentro de casa. Pois sabiam ser pacientes. E para eles era indiferente aguardar um estrangeiro, o retorno dos deuses antigos ou a criança que, de pasta, trinta anos atrás, passara sob seus pés. Sob seu signo, o antigo Oeste[6] se transformou na Antiguidade, da qual sopravam, ao encontro dos navegantes, os ventos que faziam deslizar seus barcos com os pomos das Hespérides ao longo do Landwehrrkanal[7] para atracar na Ponte de Héracles. E, novamente, como na minha infância, a Hidra e o Leão da Nemeia ocuparam seus lugares no deserto ao redor do Grosser Stern[8].

Kaiserpanorama[9]

Este era o grande fascínio das estampas de viagem encontradas no Kaiserpanorama: não importava onde iniciasse a ronda. Pois como a

6- Bairro da cidade. (N.T.)
7- Bairro da cidade. (N.T.)
8- Literalmente, "grande estrela". Trata-se de uma réplica de L'Étoile, de Paris. (N.T.)
9- Literalmente, "Panorama do Kaiser" ou "Panorama Imperial". O panorama consiste em uma grande tela circular e contínua, pintada sobre uma rotunda iluminada pela parte de cima, de modo que o espectador, colocado no centro, tenha a sensação de ver uma paisagem como se estivesse no cume de uma montanha. (N.T.) No caso do Panorama Imperial, ou do imperador, tratava-se de uma outra modalidade de aparelho, na qual as pessoas podiam olhar paisagens a partir de estereoscópios individuais, colocados lado a lado formando um círculo. (N.d.R.)

tela, com os assentos à frente, formava um círculo, cada uma passava por todas as posições, das quais se via, através de cada par de orifícios, a lonjura esmaecida do panorama. Lugar sempre se achava. E, sobretudo, já pelo fim de minha infância, quando a moda começou a se desinteressar dos panoramas imperiais, era comum circular naquele recinto semivazio. Música que, tempos mais tarde, tornou fastidiosas as viagens com o filme, pois com ela se dissolvia a imagem, da qual a fantasia era capaz de se nutrir – música não havia no Kaiserpanorama. Mas para mim um pequeno – e na verdade – incômodo efeito parece superar toda aquela magia ilusória, que envolve oásis com pastorais ou muralhas em ruínas com marchas fúnebres. Era o toque da campainha que soava alguns segundos antes de a imagem se retirar aos solavancos para dar vez, primeiramente, a uma lacuna e, logo depois, à imagem seguinte. E toda vez que tocava a campainha, impregnavam-se profundamente com um toque melancólico de despedida as montanhas até o sopé, as cidades em todas as suas janelas reluzentes, os nativos distantes e pitorescos, as estações ferroviárias com sua fumaça amarela, os vinhedos nas colinas até as folhas mais diminutas. Pela segunda vez, convenci-me – pois a visão da primeira imagem já produzia quase regularmente essa convicção – de que era impossível esgotar todos os esplendores nesta única sessão. E, então, nasceu o propósito – jamais cumprido – de retomar mais uma vez no dia seguinte. Contudo, antes de estar completamente decidido, via tremer toda a estrutura, da qual apenas um tabique de madeira me separava; dentro da pequena moldura a imagem vacilava, escapulindo em seguida para a esquerda. As artes que aqui perduravam, surgiram com o século XIX. Não antes, mas ainda a tempo de dar as boas-vindas à época Biedermeier.[10] No ano de 1822, Daguerre inaugurara seu Diorama[11] em Paris. Desde então essas caixas claras, cintilantes, aquários do distante e do passado, aclimataram-se em todas as avenidas e bulevares da moda. Aí, como nas passagens e quiosques, ocuparam esnobes e artistas antes de se

10- Época do Romantismo burguês (1815-1848). (N.T.)

11- Benjamin escreve "Panorama", mas a invenção de Daguerre não foi o panorama do tipo do Kaiserpanorama. No diorama, o público vê uma mesma imagem coletivamente e não individualmente cada um uma imagem. (N.d.R.)

transformarem nas câmaras, onde, no interior, as crianças estreitavam amizade com o globo terrestre, de cujos círculos o mais agradável – o meridiano mais belo e mais rico em imagens – atravessava o Kaiserpanorama. Quando lá entrei pela primeira vez, há muito se acabara o tempo da exibição das vistas mais graciosas. No entanto, a magia, cujo derradeiro público foi de crianças, nada perdera. Assim, certa vez, quis me persuadir, em frente de uma transparência da cidadezinha de Aix, que eu já teria brincado sob a luz cor de oliva, que se derramava através das folhas dos plátanos, na larga Avenida Mirabeau, numa época que, na verdade, nada compartilhara com outras fases de minha vida. Pois isto era singular naquelas viagens: seus mundos distantes nem sempre eram estranhos, e a nostalgia que despertavam em mim nem sempre era um chamariz ao desconhecido, mas antes, por vezes, aquele desejo mais suave de voltar a casa. Isso, porém, talvez fosse resultado da luz de gás, que caía tão suavemente sobre todas as coisas. E quando chovia não precisava me demorar junto aos cartazes, nos quais todas as cinquenta imagens eram pontualmente registradas em duas colunas; entrava e achava então, nos fiordes e coqueiros a mesma luz que, à noite, na hora do dever de casa, iluminava minha escrivaninha. A não ser que um defeito na iluminação provocasse subitamente aquela rara penumbra, na qual a cor da paisagem se desvanecia. Então, sob um céu cor de cinza, ela permanecia em silêncio; era como se me fosse possível ter ouvido o vento e os sinos se apenas tivesse prestado mais atenção.

A coluna da vitória

Erguia-se na praça ampla tal qual a data impressa em vermelho na folhinha. Com o último dia de Sedan[12] deveriam tê-la demolido. Mas quando eu era pequeno não se podia conceber um ano sem o dia de Sedan. Depois de Sedan só os desfiles sobejavam. Quando em 1902 Ohm Krüger, após a derrota na Guerra dos Bôeres, percorreu a Rua Tauentzien,

12- Derrota e capitulação de Napoleão III na guerra franco-prussiana. (N.T.)

também eu estava lá com minha governanta. Pois era inadmissível não admirar um senhor que, de cartola, se apoiava no coxim e que "conduzira uma guerra". Assim se dizia. Mas aquilo me soava ao mesmo tempo faustoso e não totalmente polido; era como se o sujeito tivesse "conduzido" um rinoceronte ou um dromedário e por isso tivesse se tornado famoso. O que podia então vir depois de Sedan? Com a derrota dos franceses a história do mundo parecia ter se afundado em seu túmulo glorioso, sobre o qual essa coluna fazia as vezes de estela funerária e no qual desembocava a Avenida da Vitória.[13] Aluno do terceiro ano do liceu, galgava os largos degraus que levavam aos soberanos de mármore, não sem antes sentir obscuramente quantas ascensões privilegiadas me seriam abertas no futuro, do mesmo modo que essas escadas, e então me voltava para ambos os vassalos que, à direita e à esquerda, rematavam a parede dos fundos, em parte porque eram mais baixos que seus suseranos e mais cômodos de examinar, em parte porque me enchia a certeza de saber meus pais não mais distantes dos poderosos atuais do que esses dignitários dos de outrora. Mas, dentre eles, o que eu mais amava era aquele que, a seu modo, lançava uma ponte sobre o abismo imenso entre o aluno e o estadista. Tratava-se de um bispo que segurava na mão a catedral a ele subordinada, a qual era aqui tão pequena que eu teria podido construí-la com peças de encaixar. Desde então nunca mais deparei nenhuma Santa Bárbara sem buscar sua torre, nenhuma Santa Catarina sem buscar sua roda. Ninguém deixara de me explicar a origem dos adornos da Coluna da Vitória. Não entendera, porém, o significado exato dos canhões que os compunham: ou os franceses tinham sido arrastados para a guerra com canhões de ouro, ou o ouro que deles arrebatáramos fora só então fundido por nós como tal. O mesmo ocorria com a obra luxuosa que me haviam dado, a Crônica Ilustrada daquela guerra, livro que muito me oprimia, pois nunca acabava de lê-la. Interessava-me; conhecia em pormenores os planos de suas batalhas, e, no entanto, crescia-me a repugnância que, a meu ver, se

13- A Avenida da Vitória (Siegesallee), construída em 1901, terminava na coluna da vitória (Siegssäule), que ficava na Praça do Rei (Königsplatz). Tanto a avenida como a praça foram destruídas na Segunda Guerra Mundial e a coluna foi realocada em outro lugar do Tiergarten, onde se encontra hoje. (N.d.R.)

originava de sua capa de ouro prensado. Contudo, reluzia de modo ainda menos tolerável o ouro do ciclo de afrescos que revestia a parte inferior da Coluna da Vitória. Nunca pus os pés nesse espaço, que era preenchido por uma luz mortiça, refletida pela parede dos fundos; temia encontrar lá descrições do tipo daquelas que, nunca sem terror, deparara nas gravuras de Doré para "O Inferno" de Dante. Os heróis, cujas façanhas ali dormitavam, me pareciam no íntimo tão depravado como as hordas que, fustigadas por tufões, encarniçadas em troncos sanguinolentos e cobertas por geleiras, suspiravam na cratera escura. Desse modo, essa galeria simbolizava o inferno, verdadeira antítese do círculo de clemência que, no alto, rodeava a esplendorosa Vitória. Havia muitos dias em que pessoas se postavam lá no topo. Tendo o céu como fundo, pareciam-me orladas de negro como os figurinos autocolantes. Não tomava eu da tesoura e do pote de cola para, após ter feito o dever, sair distribuindo essas figurinhas nas portas, atrás das moitas, entre pilares e onde quer que me ocorresse? As pessoas lá em cima na luz eram seres dotados de tal venturosa arbitrariedade. O eterno domingo (*Sonntag*) estava à sua volta. Ou seria um eterno dia de Sedan (*Sedantag*)?

O telefone

A causa pode estar na construção do aparelho ou de minha recordação – o certo é que, em seu eco, os ruídos das primeiras conversas telefônicas permanecem em meus ouvidos muito distintos dos de hoje. Eram barulhos noturnos. Nenhuma musa os noticiava. A noite da qual procediam, era a mesma que antecedia a todo verdadeiro renascimento. E era uma recém-nascida a voz que dormitava nos aparelhos. A toda hora o telefone era como meu irmão gêmeo. E assim pude vivenciar como triunfou sobre a humilhação dos primeiros tempos de sua carreira briosa. Pois quando lustres, guarda fogos e palmeiras decorativas, consoles, mesinhas de centro e parapeitos, que então cintilavam nos salões frontais, já estavam há muito estragados e mortos, tal qual um herói lendário, que ficara enjeitado numa garganta entre montanhas, o aparelho, deixando atrás de si o corredor escuro, fez sua entrada real nos aposentos iluminados e mais claros, agora habitados por uma geração mais jovem. Foi para esta o consolo da solidão. Aos desesperados, que queriam abandonar esse mundo ruim, piscava com a luz da derradeira esperança. Com os abandonados compartilhava o leito. Além disso, estava prestes a abafar num sussurro cálido a voz estridente que conservara do exílio. Pois o que era ainda preciso nos lugares onde todos sonhavam com sua chamada ou a aguardavam trêmulos como pecadores? Não muitos dos que hoje dele se utilizam sabem dos estragos que, outrora, seu aparecimento causou no seio das famílias. O barulho com que soava entre as duas e às quatro da tarde, quando um colega de classe ainda queria falar comigo, era um sinal de alarme que perturbava não só a sesta de meus pais, mas também a época da história universal, no curso da qual adormeceram. Divergências de opinião com postos telefônicos eram de rotina, sem falar nas ameaças e palavras tonitruantes proferidas por meu pai contra os serviços de reclamação. Suas verdadeiras orgias, porém, tinham a ver com a manivela, à qual se entregava durante minutos, até o esquecimento de si próprio. E sua mão era como um dervixe que sucumbe à voluptuosidade do próprio êxtase. Meu coração, porém, palpitava; eu ficava certo de que, em tais casos, uma sova ameaçava a funcionária como punição por sua morosidade. Naqueles dias o telefone pendia, contorcido e isolado, na parede entre o baú de roupa suja e o medidor de gás, num canto do corredor dos fundos, donde seus ruídos só faziam aumentar os sobressaltos nos lares de Berlim. Quando, depois do longo apalpar naquele tubo escuro, já quase a perder o domínio da consciência, chegava até ele para acabar com a balbúrdia, arrancando os dois auscultadores, que tinham o peso de halteres, e espremendo a cabeça entre eles, eu ficava impiedosamente entregue à voz que ali falava. Nada havia que abrandasse o poder sinistro com que me invadia. Impotente, eu sofria, pois me roubava a noção do tempo e do dever e de meus propósitos, e, igual ao médium, que segue a voz vinda de longe que dele se apodera, eu me rendia à primeira proposta que me chegava através do telefone.

Caçando borboletas

Salvo viagens ocasionais no verão, instalávamo-nos anualmente, antes de eu ir para a escola, em casas de veraneio nas redondezas. Durante muito tempo, o que delas me fazia recordar era a caixa espaçosa na parede de meu quarto, com os primórdios de uma coleção de borboletas, cujos exemplares mais antigos foram capturados no jardim do Brauhausberg[14]. Piérides[15] da couve com bordas gastas, mariposas cor de enxofre com asas muito brilhantes, relembravam as ardorosas caçadas que tão frequentemente me atraíam dos caminhos bem cuidados do jardim para lugares ermos, onde me defrontava impotente com a conjuração do vento e dos perfumes, das folhagens e do sol, que possivelmente comandavam o voo das borboletas. Esvoaçavam em direção a uma flor, pairavam sobre ela. Com a rede levantada, esperava tão só que o encanto, que parecia se operar da flor para aquele par de asas cumprisse sua tarefa; então aquele corpo frágil escapava para o lado com suaves impulsos para imediatamente sombrear, imóvel, outra flor e, quase no mesmo instante, abandoná-la sem tê-la tocado. Se uma vanessa[16] ou uma esfinge[17], que comodamente poderia ter alcançado, zombasse de mim com vacilações, oscilações e flutuações, então teria querido dissolver-me em luz e em ar a fim de me aproximar da presa sem ser notado e poder dominá-la. E esse desejo se fazia tão real, que lufavam sobre mim, que me irrigavam, cada agitar e cada oscilar de asas, pelos quais me apaixonava. Entre nós começava a se impor o antigo estatuto da caça: quanto mais me achegava com todas as fibras ao inseto, quanto mais assumia intimamente a essência da borboleta, tanto mais ela adotava em toda ação o matiz da decisão humana, e, por fim, era como se sua captura fosse o único preço pelo qual minha condição de ser humano pudesse ser reavida. Contudo, mesmo quando já a resgatara totalmente, era-me árduo percorrer o caminho entre o palco de minha ditosa caçada e minha base, onde, de um tambor de

14- Literalmente, "monte da cervejaria". (N.T.)
15- Tipo de borboleta. (N.T.)
16- Tipo de borboleta. (N.T.)
17- Tipo de borboleta. (N.T.)

herborista, iam surgindo éter, algodão, alfinetes de cabeça colorida e pinças. E em que estado ficara aquele território às minhas costas: o capim vergado, as flores pisoteadas; ainda por cima, o caçador havia lançado o próprio corpo atrás da rede. E apesar de tanto estrago, tanta deselegância e violência, a borboleta assustada permanecia trêmula, e contudo cheia de graciosidade, numa dobra da rede. Era desse modo penoso que penetrava no caçador o espírito daquele ser condenado à morte. O idioma no qual presenciara a comunicação entre a borboleta e as flores – só agora entendia algumas de suas leis. Sua volúpia assassina diminuía à medida que crescia sua confiança. No entanto, o ar no qual se movimentava então aquela borboleta está hoje impregnado por uma palavra que, há dezenas de anos, nunca mais passou pelos meus ouvidos ou boca. Ela conservou o insondável com que os nomes da infância fazem frente aos adultos. O longo estado de silêncio os transfigurou. Assim, naquele ar preenchido pelas borboletas, vibra a palavra "Brauhausberg". No Brauhausberg, próximo a Potsdam, tínhamos nossa casa de veraneio. Mas o nome perdeu toda a gravidade, já não contém vestígios de cervejaria e é, em todo caso, um monte cercado de azul, que surgia no verão para abrigar a mim e a meus pais. E por isso a Potsdam de minha infância jaz num ar tão azul, como se as bruxas e almirantes, as de olhos de pavão e as aurora[18], estivessem espalhadas na superfície esmaltada de uma porcelana de Limoges, na qual sobressaem no fundo azul as ameias e as muralhas de Jerusalém.

Partida e regresso

O rasto luminoso sob a porta do quarto, na véspera, quando os outros ainda estavam de pé – não era o primeiro indício de uma viagem? Não penetrava na noite infantil cheia de expectativas, como mais tarde, na noite de um público, o filete de luz sob a cortina do palco? Creio que a nave de sonhos, que então nos apanhava, oscilou frequentemente sobre o ruído das vagas de conversas e sobre a espuma do estrepitar de pratos

18- Tipo de borboleta. (N.T.)

em frente de nossas camas e, de manhã cedo, nos punha de novo em terra firme, febris, como se já tivéssemos concluído a viagem que só agora deveríamos iniciar. Viagem num coche ruidoso, que seguia ao longo do Landwehrkanal, e durante a qual meu coração subitamente se fazia pesado. Certamente não pelo que estava por vir nem pela despedida, mas sim pelo aborrecimento de estar sentado junto dos outros, que durava e perdurava, que não se extinguia nem com o vislumbre da partida, tal como um fantasma diante do amanhecer – aborrecimento que me enchia de tristeza. Mas não por muito tempo. Pois quando o coche havia deixado atrás de si a Rua Chaussee, de novo me adiantava com pensamentos sobre nossa viagem de trem. Desde então as dunas de Koserow ou de Wenningstedt desembocam para mim aqui na Rua dos Inválidos, onde os outros não confrontam senão os muros de arenito da Estação de Stettin. Na maioria das vezes, porém, tínhamos nas primeiras horas matinais uma meta mais próxima. Ou seja, a Estação de Anhalt[19], que, devido ao nome, é o útero da ferrovia, no qual as locomotivas devem se sentir em casa e os trens devem fazer parada. Nenhuma distância era mais distante que o ponto na neblina onde suas plataformas se encontravam. No entanto, também se distanciava de mim o que ainda agora estivera próximo e me abraçara. Nossa casa se apresentava à recordação como transformada. Com seus tapetes enrolados, seus lustres envoltos em serapilheiras, suas poltronas forradas, com a meia-luz que se infiltrava através das persianas, ela dava lugar – enquanto mal acabávamos de pôr os pés no estribo de nosso trem expresso – a que imaginássemos solas estranhas, passos sorrateiros, que, em breve talvez, deslizando sobre o soalho, deveriam mostrar indícios de ladrão na poeira que começara a assentar há uma hora aproximadamente. Por isso me acontecia sempre voltar das férias como um apátrida. E mesmo o último dos covis, onde ardia uma lâmpada – que já não carecia de ser acesa –, me parecia invejável, se comparado à nossa casa que escurecia no Oeste. Assim, no trajeto de retorno de Bansin ou de Hahnenklee, os pátios das casas me ofereciam muitos pequenos e tristes refúgios. Mas logo, como que arrependida de tamanha solicitude, a cidade os reabsorvia. Se, por acaso,

19- Trocadilho entre o nome da estação (*Anhalt*) e o verbo parar (*anhalten*). (N.T.)

uma vez ou outra, o trem hesitasse em frente desses pátios, era porque um sinal, pouco antes da chegada, nos barrava a passagem. Quanto mais lento seguia o trem, tanto mais depressa se desfazia a esperança de escapar, atrás dos muros de fogo, da casa dos pais já próxima. Esses minutos excedentes, porém, antes que todo o mundo apeasse, ainda hoje permanecem em meus olhos. Mais de uma olhada talvez os tenha tocado, da mesma forma que tocou as janelas nos quintais inseridas em paredes estragadas, atrás das quais ardia uma lâmpada.

Chegando atrasado

O relógio no pátio da escola parecia ter sido danificado por minha culpa. Indicava "atrasado". No corredor penetravam murmúrios de consultas secretas vindos das portas das salas de aula que eu roçava ao passar. Atrás delas, professores e alunos eram camaradas. Ou então tudo permanecia em silêncio, como se alguém fosse aguardado. Inaudivelmente apalpei a maçaneta. O sol inundava o lugar onde eu me achava. Foi assim que violei meu dia que mal começara, e entrei. Ninguém parecia me conhecer. Tal como o diabo se apoderara da sombra de Peter Schlemihl[20], também o professor retivera meu nome desde o início da lição. Não deveria mais ser chamado. Quieto, ocupei-me até o toque da sineta. Mas foi tudo sem nenhuma graça.

Manhã de inverno

A fada, por intermédio da qual alguém satisfaz um desejo, existe para qualquer um. Só que são poucos os que sabem se lembrar do desejo formulado; por isso, só poucos são os que, mais tarde, na própria vida, reconhecem o cumprimento. Sei de um desejo que se cumpriu para mim, mas não quero dizer que tenha sido mais inteligente que os das crianças

20- Protagonista de *A Maravilhosa História de Peter Schlemihl*, de Chamisso, que vende sua alma ao demônio em troca da felicidade e termina frustrado pelo horror e desprezo que causa aos homens. (N.T.)

dos contos de fada. Ele tomava forma em mim quando, bem cedo, na manhã de inverno, às seis e meia, a lamparina se aproximava de minha cama, lançando ao teto a sombra de minha babá. Acendia-se a estufa. Como que presa numa gaveta muito pequena, onde mal podia se mexer pela quantidade excessiva de carvão, a chama logo olhava para mim. E, contudo, era um poder enorme que começava a se criar ali, naquela imediação, algo menor do que eu e para o que a empregada tinha de se inclinar mais do que para mim. Quando a estufa já estava abastecida, ela punha uma maçã para assar na estufa. Daí a pouco, a grade da portinhola da lareira se desenhava no chão como um rubro bruxulear. E era como se, para meu cansaço, aquela imagem lhe tivesse dado o suficiente para o dia. Isso sempre se dava àquela hora; apenas a voz da babá perturbava a prática por meio da qual a manhã de inverno costumava me unir aos objetos em meu quarto. A persiana ainda não fora erguida quando já pela primeira vez eu afastava a tranca da portinhola da estufa a fim de seguir o rasto da maçã no duto. Por vezes, ainda mal alterara seu aroma. Então, aguardava pacientemente o momento em que acreditava sentir o aroma espumante que vinha de uma célula da manhã de inverno, mais profunda e mais recôndita que o próprio perfume da árvore no dia de Natal. Lá estava a fruta escurecida e quente, a maçã que surgia diante de mim como algo familiar e, no entanto, mudado, tal qual um velho conhecido que regressara de longa viagem. Era a viagem através do escuro país do calor a estufa, da qual a maçã havia recolhido o aroma de todas as coisas que o dia pusera à minha disposição. E por isso não estranhava que, ao aquecer as mãos em sua face lisa, sempre me constrangesse a hesitação de mordê-la ou não. Sentia que o fugaz conhecimento que me aportava em seu aroma podia me escapar com toda a facilidade ao passar por minha língua. Conhecimento que, às vezes, me instilava tanta coragem que, no caminho da escola, me servia ainda de consolo. Quando lá chegava, porém, no contato com meu banco, toda aquela fadiga, que parecia ter se dissipado, voltava decuplicada. E com ela o desejo de poder dormir até dizer basta. Devo tê-lo experimentado milhares de vezes, e, mais tarde, de fato, ele se cumpriu. Custou-me, porém, muito tempo para nisto reconhecer que fora sempre vã a esperança que eu nutrira de ter colocação e sustento garantidos.

Rua Steglitz esquina com Genthin

Em toda infância daquela época ainda dominavam as tias, que já não saíam de casa, que, toda vez que aparecíamos com minha mãe para uma visita, nos aguardavam sempre com a mesma coifa preta e com o mesmo vestido de seda, que nos davam as boas-vindas sentadas nas poltronas de sempre, junto da mesma janela de sacada. Como fadas que influenciam um vale inteiro, sem nunca terem descido nele, reinavam em, ruas inteiras, sem nunca tê-las pisado. Entre esses seres, contava-se a tia Lehmann. Seu legítimo sobrenome alemão do norte lhe afiançava o direito de ser proprietária, durante uma geração, daquela sacada sob a qual a Rua Steglitz desembocava na Genthin. Essa esquina conta-se entre as que mal foram tocadas pelas mudanças dos últimos trinta anos. Só que naquele tempo caiu o véu que a ocultava de mim, criança que eu era. Pois então, em meu modo de pensar, aquela rua não devia seu nome a Steglitz. Era, sim, o pássaro Stieglitz[21] que lhe doara seu nome. E, por acaso, não estava à tia vivendo na própria gaiola como um pássaro falante? Toda vez que eu lá entrava, ela estava cheia do gorjeio desse pequeno pássaro negro que passara voando por sobre todos os ninhos e quintas da comarca onde, outrora, sua espécie se disseminara, e que conservara na memória os nomes de ambos – dos lugares e dos descendentes – que amiúde eram iguais. Tia Lehmann sabia de todos os parentescos por casamento, os domicílios, os golpes de sorte e de azar, dos Schoenflies, dos Rawitscher, dos Landsberg, dos Lindenheim e dos Starrgard, famílias que, no passado, haviam se estabelecido como comerciantes de gado e de grãos nas com arcas de Brandemburgo e de Mecklemburgo. Mas agora seus filhos, e talvez netos, já estavam aclimatados aqui no Oeste antigo, residindo em ruas que levavam o nome de generais prussianos e às vezes também das aldeias donde haviam migrado. Frequentemente, em anos posteriores, quando meu trem expresso passava a jato por esses lugares isolados, eu olhava da via férrea para as casas dos camponeses, os quintais, os celeiros, as cumeeiras, e perguntava a mim mesmo: não seriam, talvez, essas construções aqui

21- Trocadilho entre *Steglitz* e *Stieglitz* (pintassilgo). (N.T.)

as sombras que, há tempos, deixaram atrás de si os pais daquelas velhinhas que eu costumava visitar quando pequeno? Em suas casas davam-me bom-dia com voz frágil e quebradiça como o vidro. Todavia, em nenhum outro lugar encontrei voz tão bem tramada e afinada com o que me aguardava como a da tia Lehmann. Mal eu acabava de entrar, já ela cuidava que trouxessem e colocassem à minha frente o grande cubo de cristal com a mina, onde se moviam precisos, ao ritmo de um mecanismo de relógio, mineiros, operários, capatazes em miniatura, transportando pequenos vagõezinhos, picaretas e lanternas. Esse brinquedo – se é que posso chamá-lo assim – provinha de uma época que ainda concedia aos filhos dos ricos burgueses a visão dos locais de trabalho e das máquinas. E, dentre todos os trabalhos, distinguia-se desde sempre o das minas, pois revelava não só os tesouros que uma atividade penosa extraía para o proveito de pessoas hábeis, mas também o brilho prateado[22] de seus filões, pelo qual se perdeu a Época Biedermeier com Jean Paul, Novalis, Tieck e Werner. Aquela moradia com janelas salientes era duplamente protegida, como convém a qualquer recinto que tenha de abrigar coisas tão preciosas. Logo depois do portal, à esquerda do corredor, achava-se uma porta com sineta que dava acesso à residência. Abrindo esta segunda porta, deparava-me com uma escada que conduzia ao piso superior, empinada e de tirar o fôlego, do tipo que, mais tarde, só encontrei em casas de fazenda. Iluminada pela luz opaca da lâmpada de gás que vinha de cima, estava a velha empregada, a cujos cuidados eu ficava entregue após ter cruzado o segundo umbral, que levava ao vestíbulo daquela morada sombria. Contudo, jamais teria podido imaginar aquelas residências sem uma velha serviçal. Pois como dividiam com a dona da casa um tesouro, mesmo que fosse apenas de tácitas recordações, não só a compreendiam perfeitamente, mas também sabiam representá-la com propriedade diante de qualquer pessoa estranha. Mas diante de ninguém com mais facilidade que diante de mim, com quem, o mais das vezes, se entendiam melhor que com a própria senhora. Em compensação, eu lhes dirigia um olhar de

22- No texto original, *Silberblick*, que significa tanto "brilho prateado" como "estrabismo", nesta última acepção simbolizando "visão deturpadora da realidade". (N.T.)

respeito, de assombro mesmo. Eram, em geral, mais maciças e imponentes que as patroas, não só no físico, e acontecia, às vezes, que a sala com sua mina em miniatura e seus bombons de chocolate não tinha tanto a me dizer quanto o vestíbulo, onde, quando eu chegava, a velha criada me tirava o sobretudo como se fosse uma carga, e onde, quando eu saía, me enfiava o gorro na testa, como se quisesse me abençoar.

A despensa

Na fresta deixada pela porta entreaberta do armário da despensa, minha mão penetrava tal qual um amante através da noite. Quando já se sentia ambientada naquela escuridão, ia apalpando o açúcar ou as amêndoas, as passas ou as compotas. E, do mesmo modo que o amante abraça sua amada antes de beijá-la, aquele tatear significava uma entrevista com as guloseimas antes que a boca saboreasse sua doçura. Com que lisonjas entregavam-se à minha mão o mel, os cachos de passas de Corinto e até o arroz! Com que paixão se fazia aquele encontro, uma vez que escapavam à colher! Agradecida e desenfreada, como a garota raptada de sua casa paterna, a compota de morango se entregava mesmo sem o acompanhamento do pãozinho e para ser saboreada como que sob o céu livre de Deus, e até a manteiga respondia com ternura à ousadia de um pretendente que avançara até sua alcova de solteira. A mão, esse *Don Juan* juvenil, em pouco tempo, invadira todos os cantos e recantos, deixando atrás de si camadas e porções escorrendo a virgindade que, sem protestos, se renovava.

O despertar do sexo

Numa daquelas ruas, em que mais tarde perambulei sem descanso durante a noite, surpreendeu-me, quando foi chegado o momento, o despertar do impulso sexual[23] em circunstâncias das mais singulares.

23- Traduzo aqui "Geschlechtstrieb", sendo que o título deste fragmento fala em "Sexus". (N.d.R.)

Era o Ano Novo judaico, e meus pais haviam tomado providências para que eu participasse das festas religiosas em algum culto. Provavelmente junto à Comunidade Reformada, pela qual minha mãe, por tradição de família, manifestava alguma simpatia, enquanto meu pai, já desde pequeno, estava comprometido com o rito ortodoxo. No entanto, teve de transigir. Haviam-me confiado nesse feriado a um parente distante, a quem deveria ir buscar em sua casa. Mas, ou porque me esquecera de seu endereço, ou porque não sabia me orientar em seu bairro, foi ficando cada vez mais tarde e cada vez mais desesperado meu vagar. A questão não era de me atrever a entrar sozinho na sinagoga, pois quem tinha os passes de entrada era meu protetor. Os principais culpados de meu infortúnio eram minha aversão à pessoa desconhecida de que dependia e minha suspeita acerca de cerimônias religiosas que só prometiam embaraços. Em meio à minha confusão, invadiu-me de súbito uma cálida onda de medo "Já é tarde demais, adeus à sinagoga" – e, antes que tivesse baixado, ou seja, simultaneamente, uma segunda onda da mais completa falta de escrúpulo – "Aconteça o que acontecer, nada tenho a ver com isso". E ambas as ondas se fustigaram impetuosamente naquela primeira grande sensação de desejo, em que se misturavam a violação do feriado e o aspecto alcoviteiro da rua, que me fez entrever, pela primeira vez, os serviços que prestava aos impulsos recém-despertados.

Notícia de uma morte

Já foi descrito muitas vezes o *déjà vu*. Será tal expressão realmente feliz? Não se deveria antes falar de acontecimentos que nos atingem na forma de um eco, cuja ressonância que o provocou parece ter sido emitida em um momento qualquer na escuridão da vida passada? Além disso, acontece que o choque com que um instante penetra em nossa consciência, como algo já vivido, nos atinge, o mais das vezes, na forma de um som. É uma palavra, um rumor ou um palpitar, aos quais se confere o poder de nos convocar desprevenidos ao frio jazigo do passado, de cuja abóboda o presente parece ressoar apenas como um eco. Estranho que ainda não se tenha buscado a contrapartida desse êxtase: o choque com que uma palavra nos deixa perplexos tal qual um regalo[24] esquecido em nosso quarto. Do mesmo modo que esse achado nos faz conjeturar sobre a desconhecida que lá esteve, existem palavras ou pausas que nos fazem pensar na pessoa invisível, ou seja, no futuro que esqueceu junto de nós. Eu devia ter cinco anos. Certa noite – já estava deitado – meu pai apareceu em meu quarto. Provavelmente para me desejar um bom sono. Penso que foi um pouco contra vontade que teve de me comunicar a morte de um de seus primos. Este já era um homem idoso que nada tinha a ver comigo. Meu pai, porém, deu a notícia com todos os detalhes. A meu pedido, descreveu com prolixidade um ataque cardíaco. Não consegui extrair muita coisa de suas palavras. No entanto, naquela noite, fixei na memória meu quarto e minha cama, do mesmo modo como alguém grava com mais precisão um lugar, sentindo que deverá voltar a ele algum dia a fim de buscar algo esquecido. Só depois de muitos anos vim saber do que se tratava. Naquele quarto, meu pai silenciara a respeito de uma parte da notícia, qual seja: o primo morrera de sífilis.

O mercado da praça Magdeburgo[25]

Antes de mais nada, não se pense que o nome era MarktHalle. Não, dizia-se "Mark-Thalle", e, assim como ambas as palavras se desgastaram na linguagem do dia a dia, de modo que nenhuma conservou o sentido original, também, devido a meu hábito de atravessar aquele mercado, todas as imagens por ele suscitadas se misturaram entre si, de modo que nenhuma mantinha o sentido original de lugar de compra e venda. Quando transpúnhamos o vestíbulo com suas portas pesadas, que basculavam como espirais poderosas, a primeira coisa onde recaía nosso olhar era o piso de ladrilhos escorregadios devido à

24- Agasalho para as mãos, feito de pele, usado em países frios. (N.T.)
25- No texto original, *Markthalle Magdeburguer Platz*. (N.T.)

água das bancas dos peixes ou da lavagem, nos quais facilmente deslizávamos por sobre cenouras ou folhas de alface. Atrás dos alambrados, cada qual provido de um número, reinavam mulheres pesadonas, sacerdotisas da venal Ceres, negociantes de todas as colheitas dos campos e das árvores, de todas as aves, peixes e mamíferos comestíveis, medianeiras, colossos invioláveis metidos em lã tricotada e que, de estande em estande, se comunicavam entre si, fosse com o relampejar dos grandes botões, fosse com palmadas nos aventais, fosse com suspiros de inflar o peito. Acaso não borbulhavam, não formiguejavam, não se intumesciam, as zonas debaixo das bainhas de suas saias? Não era ali que se achava o verdadeiro solo fértil? Não era o deus do mercado quem propriamente lançava naqueles regaços as mercadorias: bagas, crustáceos, cogumelos, pilhas de carne e de couves? Um deus que habitava invisível ao lado delas, ao qual se entregavam, enquanto languidamente apoiadas em barris ou sustendo entre os joelhos a balança com as correntes frouxas, inspecionavam em silêncio as filas de donas de casa, que, a duras penas, carregando sacolas e redes, procuravam guiar a turba através de passagens resvaladiças e fétidas. Mas, quando então vinha o crepúsculo e com ele o cansaço, mergulhava-se mais fundo que um nadador esgotado. Por fim, flutuava-se para o largo ao sabor da tépida corrente de fregueses emudecidos que, como peixes, arregalavam olhos para recifes espinhosos, onde prazerosamente se deixavam ficar as esponjosas Náiades.

Esconderijos

Já conhecia todos os esconderijos da morada e voltava a eles como a uma casa na qual se tem a certeza de encontrar tudo sempre do mesmo jeito. Meu coração disparava, eu retinha a respiração. Aqui, ficava encerrado num mundo material que ia se tornando fantasticamente nítido, que se aproximava calado. Só assim é que deve perceber o que é corda e madeira aquele que vai ser enforcado. A criança que se posta atrás do reposteiro se transforma em algo flutuante e branco, num espectro. A mesa sob a qual se acocora é transformada no ídolo de madeira do templo, cujas colunas são as quatro pernas talhadas. E atrás de uma porta, a criança é a própria porta; é como se a tivesse vestido com uma máscara pesada e, como bruxo, vai enfeitiçar a todos que entrarem desavisada mente. Por nada nesse mundo podia ser descoberta. Se faz caretas, lhe dizem que é só o relógio bater e seu rosto vai ficar deformado daquele jeito. O que havia de verdadeiro nisso pude vivenciar em meus esconderijos. Quem me descobrisse era capaz de me fazer petrificar como um ídolo debaixo da mesa, de me urdir para sempre às cortinas como um fantasma, de me encantar por toda a vida como uma pesada porta. Por isso expulsava com um grito forte o demônio que assim me transformava, quando me agarrava àquele que me estava procurando. Na verdade, não esperava sequer esse momento e vinha ao encontro dele com um grito de autolibertação. Era assim que não me cansava da luta com o demônio. Com isso, a casa era um arsenal de máscaras. Uma vez ao ano, porém, em lugares secretos, em suas órbitas vazias, em suas bocas hirtas, havia presentes; a experiência mágica virava ciência. Como se fosse seu engenheiro, eu desencantava aquela casa sombria à procura de ovos de Páscoa.

Duas imagens enigmáticas

Entre os postais de minha coleção, havia alguns cujo texto escrito no reverso se fixou mais nitidamente à minha recordação que a própria imagem. Traziam uma assinatura bela e legível: Helene Pufahl. Era o nome de minha professora. O P com que começava era o P de pontualidade, de primor, de pundonor; o F indicava fidelidade, fervor, fortaleza, e, quanto ao L final, parecia ser o L de leveza, de louvor, de leitor. Portanto, se aquela assinatura consistisse apenas de consoantes, como numa língua semita, teria sido não só a sede da perfeição caligráfica, mas também a raiz de todas as virtudes.

Meninos e meninas das melhores casas burguesas do bairro Oeste estudavam com a senhorita Pufahl. Não se dava muita importância a dados particulares, tanto que uma aristocrata pôde também se perder naquele círculo de burgueses. Chamava-se Luise von Landau, e aquele nome logo me capturou com seu encanto. Até hoje esse nome permanece vivo para mim, mas por outro motivo. Na verdade, foi o primeiro, entre aqueles que tinham minha idade, no qual ouvi cair o acento da morte. Isso ocorreu quando eu, já crescido demais para nosso grupo, era aluno da primeira série do liceu. E agora, sempre que passava no Lützowufer, procurava com os olhos sua casa situada em frente a um jardinete que, na margem oposta, descia até a água. E, com o tempo, aquele jardim se entreteceu tão intimamente ao nome amado que, por fim, cheguei à convicção de que o canteiro de flores intactamente brilhante, lá do outro lado, era o cenotáfio da pequena morta.

O senhor Knoche tomou o lugar da senhorita Pufahl. A essa altura, eu já frequentava a escola. Tudo o que sucedia na sala de aula, de modo geral, me repugnava. Contudo, não é por uma de suas punições que o senhor Knoche me vem à lembrança, mas sim pelo ofício de vidente, que prevê o futuro, e que não lhe caía mal. Tínhamos uma aula de canto. Ensaiávamos a Canção dos Cavaleiros do "Wallenstein": "Avante, camaradas, aos cavalos, aos cavalos!/ Para o campo, empós a liberdade!/ É lutando que o homem ainda tem valor,/ É aí que se avalia o coração". O senhor Knoche quis saber da classe o significado do último verso. Obviamente ninguém soube responder. Mas nossa ignorância não lhe pareceu tão ruim, e explicou: – Isso vocês vão saber quando crescerem.

Naquela época, a margem da idade adulta me pareceu separada da minha por um leito de rio de muitos anos, do mesmo modo que aquela margem do canal, onde se via o canteiro de flores e onde, nos passeios com a babá, nunca me fora permitido chegar. Mais tarde, quando ninguém mais determinava meus trajetos e quando eu também já entendia a Canção dos Cavaleiros, cheguei várias vezes próximo daquele canteiro no Landwehrkanal. Mas, então, parecia florir mais raramente. E do nome que outrora havíamos memorizado não sabia mais que o que o verso da Canção dos Cavaleiros, agora que eu a compreendia, continha do significado que o senhor Knoche nos havia prognosticado na aula de canto. A tumba vazia e o coração disposto – dois enigmas de cuja solução a vida há de continuar a me ser devedora.

A lontra

Igual a quem forma para si, a partir da casa onde mora e do bairro que habita, uma imagem de sua própria natureza e índole, eu fazia o mesmo com os animais do jardim zoológico. A começar pelos avestruzes, que se perfilavam contra um fundo de esfinges e pirâmides, até o hipopótamo, que habitava seu pagode como um mago em via de amalgamar o corpo ao do demônio, de quem é servidor, praticamente não existia animal cuja morada eu não amasse ou temesse. Entre eles, os mais estranhos eram os que, pela localização da morada, tinham algo de especial – na maioria dos casos, animais que viviam nos confins do zoológico: os setores nos quais limitava com os cafés e os sítios de exposição. Porém, de todos os habitantes dessas áreas, a lontra era o mais notável. Dos três acessos, era-lhe mais próximo o da Ponte de Lichtenstein. De longe, o acesso menos usado e que conduzia às regiões mais desoladas do zoológico. A aleia que aí recebia o visitante, com as luminárias brancas de seus postes, se assemelhava a um passeio abandonado de Eilsen ou Bad Pyrmont, e muito antes de esses lugares ficarem desertos e parecerem mais antigos que as termas, esse canto do zoológico trazia em si as feições do porvir. Era um rincão profético. Pois como há plantas que, segundo dizem, possuem o dom de nos fazer ver o futuro, também há lugares que têm esse mesmo poder. Em geral, são sítios abandonados, e também copas de árvores acuadas contra muros, becos sem saída ou entradas de jardim, onde ninguém jamais se detém. Em tais lugares, parece ser coisa do passado tudo o que nos espera. Portanto, sempre que me perdia naquele trecho do zoológico, regalava-me com uma espiadela por sobre o parapeito do poço, que se erguia ali como se fosse ao centro de um parque de águas termais. Era a jaula da lontra. Uma jaula de verdade, pois barras robustas gradeavam o parapeito do tanque, no qual morava o animal. Pequenas construções imitando grutas e rochedos orlavam, ao fundo, a parte oval do tanque. Foram concebidas como a casa do animal, embora nunca o encontrasse lá dentro. E assim, amiúde, deixava-me ficar numa espera infindável em frente daquela profundeza escura e insondável a fim de descobrir a lontra nalgum ponto. Se, por fim, conseguia, certamente era apenas por um momento, pois logo o reluzente habitante daquela cisterna sumia de novo para dentro da noite aquosa. Na verdade, o alojamento da lontra não era nenhuma cisterna. No entanto, sempre que olhava para aquelas águas, era para mim como se a chuva repentina recolhida em todos os bueiros da cidade viesse apenas para desembocar naquela bacia e alimentar o animal. Pois o animal que aqui morava era mimado, e as grutas vazias e úmidas lhe serviam mais como templo que como abrigo. Era o animal sagrado das águas da chuva. Mas eu não teria condições de dizer se fora formado nessas águas de despejo e na própria água do reservatório ou se apenas se alimentava de suas torrentes e filetes. Todo o tempo estava sumamente ocupado, como se sua presença nas profundezas fosse indispensável. Mas eu teria podido ficar ali, com a testa grudada àquela grade, por dias a fio, sem me cansar de vê-lo. E com isso ele também provava seu parentesco íntimo com a chuva. Pois nunca era para mim o querido longo dia mais querido nem mais longo do que quando a chuva, com seus dentes finos ou rudes, o penteava vagarosamente, por horas e minutos. Tão dócil como uma garotinha, a lontra inclinava a risca da cabeça sob aquele pente cinzento. Então, não me cansava de olhar para ela. Esperava. Não que a chuva abrandasse. Mas sim que caísse cada vez mais torrencial. Ouvia-a tamborilar nos vidros da janela, afluir nas canaletas e cair gargarejante nas sarjetas. Naquela chuva boa, sentia-me totalmente protegido. E meu futuro vinha a meu encontro rumorejando à semelhança da cantiga de ninar entoada ao lado do berço. Facilmente percebi que aquela chuva fazia crescer. Em tais horas, atrás da janela embaçada, sentia-me como em casa da lontra. No entanto, só percebi isso, de fato, na vez seguinte em que me encontrei defronte da jaula. Então, mais uma vez, tive de esperar um longo tempo até que o corpo negro e brilhante subisse à tona e mergulhasse logo em seguida para tratar de alguns assuntos urgentes.

Rua Blumeshof[26]

Nenhuma campainha soava mais amiga. Passando o umbral daquela moradia, sentia-me mais seguro que na própria casa paterna. Aliás,

26- Literalmente, "pátio de flores". (N.T.)

não se dizia Blumes-Hof, mas sim Blume-zoof, e era uma imensa flor de pelúcia num invólucro rugoso que vinha de encontro a meu rosto. No interior, minha avó se sentava, mãe de minha mãe. Era viúva. Alguém que visitasse aquela velha dama em sua sacada atapetada, ornada com uma pequena balaustrada e debruçada sobre a Blumeshof, dificilmente poderia imaginar que ela fizera longas viagens marítimas ou mesmo excursões ao deserto, sob os auspícios da agência de viagens Stangen, a cujas viagens se agregava havia alguns anos. Madonna di Campiglio e Brindisi, Westerland e Atenas, donde quer que enviasse postais hem todos pairava o ar da Blumeshof. E a caligrafia grande e indolente, que remoinhava na parte inferior ou anuviava a parte superior dos cartões, os mostrava tão povoados por minha avó que era como se houvessem transformado em colônias da Blumeshof. Quando então sua mãe-pátria tornava a se abrir, eu pisava as tábuas de seu soalho com tanta timidez como se elas tivessem bailado com sua senhora sobre as ondas do Bósforo e como se ainda se escondesse nos tapetes persas a poeira da Samarcanda.

Com que palavras descrever o sentimento imemorial de segurança burguesa que procedia daquela casa? O inventário dos objetos de seus diversos aposentos não faria hoje honra a nenhum comprador de ferro-velho. Pois, mesmo que os produtos da década de 1870 fossem mais sólidos que os posteriores do *Art Nouveau* – o inconfundível neles era o relaxamento com que entregavam as coisas ao curso do tempo e com que se confiavam, no tocante ao futuro, à durabilidade do material e, em hipótese alguma, à avaliação de sua racionalidade. A miséria não tinha vez naqueles aposentos, nem mesmo a morte. Neles não havia lugar algum para morrer; por isso é que seus moradores morriam em sanatórios, mas a mobília, já na primeira linha de herdeiros, foi parar nas mãos de comerciantes. A morte não fora prevista para eles. Por isso, durante o dia, aqueles recintos pareciam tão aconchegantes e, à noite, tornavam-se o cenário de pesadelos. A escada que eu pisava revelava-se como a morada de um pesadelo, que, a princípio, me deixava pesado e sem forças em todos os membros para, em seguida, encantar-me quando apenas alguns degraus me separavam do limiar almejado. Tais sonhos eram o preço com que eu adquiria segurança.

Minha avó não morreu na Blumeshof. Na casa em frente, morou durante muito tempo a mãe de meu pai, que era mais velha. Morreu também noutra parte. Desse modo, aquela rua se transformou para mim nos Campos Elíseos, no Reino das Sombras das avós imortais e que, no entanto, se haviam despedido da vida. E como a fantasia, após ter lançado seu véu sobre uma região, se regozija em preguear suas bordas com caprichos inconcebíveis, transformou uma mercearia de produtos coloniais, que se achava próxima, num monumento a meu avô, que também era comerciante, só porque o proprietário também se chamava Jorge. O retrato de meio corpo, desse que morreu precocemente, estava pendurado em tamanho natural, e fazendo par com o da esposa, na parede do corredor que levava às partes mais afastadas da casa. Diversas situações as convocavam à vida. A visita de uma filha casada abria uma despensa há muito tempo fora de uso; outro quarto nos fundos me abrigava enquanto os mais velhos faziam a sesta; havia um terceiro donde soava o estrépito de uma máquina de costura nos dias em que uma costureira vinha trabalhar em domicílio. Para mim, o mais importante desses aposentos afastados era a *loggia*, ou porque, modestamente mobiliada, não era muito apreciada pelos adultos, ou porque nela chegava já abafado o barulho da rua, ou porque me facultava a visão dos pátios das casas vizinhas com porteiros, crianças e tocadores de realejo. Na verdade, daquela *loggia* percebiam-se mais vozes que vultos. Por outro lado, o bairro era distinto, e a movimentação nos pátios nunca era muito intensa; algo da serenidade típica dos ricos, para quem ali eram executados trabalhos por terceiros, se havia transmitido aos próprios pátios, e tudo parecia prestes a mergulhar inopinadamente na profunda paz dominical. Por isso, o domingo era o dia da *loggia*. O domingo – que os demais aposentos, como se fossem inválidos, nunca conseguiam tomar por completo, pois escoava através deles – era apenas capturado pela *loggia*, que dava para o pátio com suas varas de sacudir tapetes e para as outras *loggias*, e nenhuma das vibrações dos carrilhões das igrejas dos Doze Apóstolos e de São Mateus, que a preenchiam, dela resvalavam, mas sim permaneciam lá empilhadas até o anoitecer. Os aposentos daquela casa eram não só numerosos, mas também, em parte, muito amplos. Para dar bom-dia à minha avó lá em sua sacada, onde, ao lado da cesta de costura, logo haveria frutas ou chocolate para mim, era preciso que eu atravessasse a imensa sala de jantar antes de cruzar o próprio recinto que continha a sacada.

Contudo, só o primeiro festejo de Natal revelou para que fim aqueles aposentos tinham sido criados. Sem dúvida, o começo daquela grande festa se ligava a dificuldades singulares. Ou seja, as mesas compridas, que serviam para a distribuição dos presentes, ficavam repletas em função do número de pessoas a serem presenteadas. Não se tinha em mente apenas a família com todas as suas ramificações; também a criadagem tinha seu espaço sob a árvore, e, ao lado da criadagem ativa, também a antiga, já aposentada. Por mais colados entre si que ficassem os assentos, nunca se podia estar seguro contra a perda imprevista de terreno quando, à tarde, após a lauta refeição, era ainda preciso servir a um velho factótum ou ao filho do porteiro. Mas não era nisso que residia a dificuldade, e sim no início da festa ao se abrir a porta de dois batentes. No fundo do salão resplandecia a árvore. Nas mesas compridas não havia um único lugar em que não nos seduzisse ao menos o prato colorido com o maçapão e os ramos do pinheiro; além disso, acenavam-nos os muitos brinquedos e livros. O melhor era não se envolver com tudo aquilo com muita seriedade. Eu poderia estragar meu dia se sentisse inclinação por presentes que, mais tarde, se tornassem propriedade legítima de outrem. Para escapar àquilo, permanecia como que enraizado na soleira da porta, exibindo nos lábios um sorriso que ninguém teria sabido dizer se era despertado pelo brilho da árvore ou se pelos presentes a mim destinados, dos quais, constrangido, não me ousava aproximar. Mas, afinal, havia uma terceira coisa que me marcava mais profundamente que as razões simuladas e que se apresentava mesmo como meu motivo mais autêntico. Era que os presentes ali expostos ainda pertenciam mais àquele que os dava do que a mim mesmo. Eram frágeis; grande era meu medo de pegá-los sem jeito sob o olhar de todos. Só fora dali, no vestíbulo, onde a criada os embalava, e suas formas desapareciam em pacotes e caixas de papelão, deixando-nos em seu lugar a garantia de seu peso, é que ficávamos totalmente seguros das novas posses. Isso ocorria horas depois. Logo, quando saímos à luz do crepúsculo, com os objetos firmemente cravados e atados aos braços, o coche nos estava esperando em frente da porta, a neve jazia intacta nos frisos e nas paliçadas e mais turva sobre o pavimento, do Lützowufer se ouvia o tilintar de um trenó, e as lâmpadas de gás, que se iluminavam uma após a outra, denunciavam o percurso do acendedor de postes que, mesmo naquela doce noite de festa, teve de pôr ao ombro sua pértiga – então a cidade mergulhava em si mesma como um saco que se fazia pesado devido a mim e à minha felicidade.

A Mummerehlen

É numa velha rima infantil que aparece a Muhme Rehlen. Como na época Muhme[27] nada significava para mim, essa criatura se tornou para mim uma assombração: a Mummerehlen.[28] Os mal-entendidos modificavam o mundo para mim. De modo bom, porém. Mostravam-me o caminho que conduzia ao seu âmago. Qualquer pretexto lhes convinha.

Assim quis o acaso que, certo dia, se falasse em minha presença a respeito de gravuras de cobre. No dia seguinte, colocando-me sob uma cadeira, estiquei para fora a cabeça – a isto chamei de "gravura de cobre"[29]. Mesmo tendo desse modo desfigurado a mim e às palavras, não fiz senão o que devia para tomar pés na vida. A tempo aprendi a me mascarar nas palavras, que, de fato, eram como nuvens. O dom de reconhecer semelhanças não é mais que um fraco resquício da velha coação de ser e se comportar semelhantemente. Exercia-se em mim por meio de palavras. Não aquelas que me faziam semelhante a modelos de civilidade, mas sim às casas, aos móveis, às roupas.

27- "Mummen" ou "Mumman" em alto-médio alemão significa o nome de um jogo de azar, já o termo "Mumme", ao menos desde 1475, é utilizado para significar "máscara". (N.d.R.)

28- Palavra obsoleta significando "tia". (N.T.)

29- No texto original, trocadilho entre *Kupferstich* (gravura de cobre) e *Kopffverstich* (ação de esticar a cabeça). (N.T.)

Só que nunca à minha própria imagem. E por isso ficava desorientado, quando exigiam de mim semelhança a mim mesmo. Isso ocorria no fotógrafo. Para onde quer que olhasse, via-me cercado por pantalhas, almofadas, pedestais, que cobiçavam minha imagem como as sombras do Hades cobiçam o sangue do animal sacrificado. Por fim, ofereciam-me a um prospecto dos Alpes, toscamente pintado, e minha mão direita, que deveria erguer um chapeuzinho de camurça, depositava sua sombra sobre as nuvens e as geleiras do fundo. Porém, o sorriso forçado na boca do pequeno camponês alpino não é tão desolador como o olhar do rosto infantil que mergulhava em mim à sombra da palmeira decorativa. Esta é comum naqueles estúdios que, com seus banquinhos e tripés, seus gobelinos e cavaletes, têm algo do *boudoir* e da câmara de tortura. Estou em pé com a cabeça descoberta; na mão esquerda, um sombreiro enorme que deixo pendente com graça planejada. A direita se ocupa com uma bengala, cuja empunhadura inclinada se vê em primeiro plano, enquanto a ponta se abriga atrás de um tufo de penas de avestruz que se derrama de uma jardineira. Bem à parte, ao lado do reposteiro, fica minha mãe, toda rígida, num vestido muito justo. Como se fosse um manequim, olha meu terno de veludo que, por sua vez, sobrecarregado de franjas e galões, parece ter saído de uma revista de moda. Estou, porém, desfigurado pela semelhança com tudo o que está à minha volta. Como um molusco em sua concha, eu vivia no século XIX, que está agora oco diante de mim como uma concha vazia. Levo-a ao ouvido.

O que ouço? Não é o barulho dos canhões nem a música de bailado de Offenbach, tampouco o uivar das sirenes das fábricas ou a algazarra que ressoa, ao meio-dia, nos salões da bolsa de valores, nem o trotar de cavalos no pavimento da rua nem a marcha do desfile da guarda. Não, o que ouço é o breve estrondo do antracito caindo do recipiente da folha de flandres dentro da estufa de ferro, é o surdo estalo com que a chama da camisa da lâmpada de gás se apaga e o tinir de seu globo no arco de latão quando passa na rua um veículo. E ainda barulhos como o chocalhar da cesta de chaves, as campainhas da escada da frente e dos fundos; por fim, aparece também a pequena rima infantil: "Atenção que a ti vou contar/ Da Mummerehlen[30] a história sem par".

O versinho está desfigurado; entretanto, cabe nele todo o mundo desfigurado da infância. Já não existia a Muhme Rehlen, que outrora nele se achava, quando me foi falado pela primeira vez. Seguir o paradeiro da Mummerehlen foi, contudo, ainda mais difícil. Ocasionalmente eu a supunha no macaco que nadava no prato fundo em meio aos vapores da sopa de cevadinha ou do sagu. Tomava a sopa a fim de fazer mais clara sua imagem. Talvez morasse no lago Mummel[31], cujas águas dormentes talvez aderissem a ela como uma pelerine cinzenta. O que me contaram sobre ela – ou o que só quiseram me contar – não sei. Ela era o Mudo, o Movediço, o Tormentoso, que, como a nevasca nas bolas de cristal, nubla o núcleo das coisas. Às vezes, sentia-me carregado nesse meio. Isso me ocorria ao pintar com aquarela. Quando misturava as cores, elas me tingiam. Mesmo antes de colocá-las no desenho, mascaravam a mim mesmo[32]. Quando, ainda úmidas, se imiscuíam umas às outras, tomava-as no pincel com tanto cuidado como se fossem nuvens se diluindo.

Mas, de tudo o que reproduzia, minha preferência era a porcelana chinesa. Uma crosta multicor cobria cada vaso, vasilhame, prato, tigela, que certamente não passavam de artigos de exportação baratos. Porém, cativavam-me tanto como se, já naquela época, eu conhecesse a história que, mais uma vez, depois de muitos anos, me remeteu à obra da Mummerehlen. A história provém da China e fala de um pintor idoso que permitiu aos amigos admirarem sua tela mais recente. Nela estava representado um parque, um caminho estreito que seguia ao longo da água e através de umas folhagens e que terminava em frente de uma pequena porta que, no fundo, dava acesso a uma casinha. Eis que quando os amigos procuraram o pintor, este já se fora, tendo penetrado no próprio quadro. Ali percorreu o caminho estreito até a porta, deteve-se calmamente diante dela, virou-se, sorriu e desapareceu pela

30- Benjamin substitui aqui as palavras "Muhme Rählen", de uma rima popular, por "Mummerehlen". (N.d.R.)
31- Lago lendário da Floresta Negra. (N.T.)
32- O verbo utilizado aqui é "vermummen", que significa disfarçar-se, fantasiar-se. (N.d.R.)

fresta. Assim eu também, com minhas tigelas e meus pincéis, subitamente desfigurado na imagem. Assemelhava-me à porcelana na qual fazia minha entrada com uma nuvem de cores.

As cores

Em nosso jardim havia um pavilhão abandonado e carcomido. Gostava dele por causa de suas janelas coloridas. Quando, em seu interior, passava a mão de um vidro a outro, ia me transformando. Tingia-me de acordo com a paisagem na janela, que se apresentava ora chamejante, ora empoeirada, ora esmaecida, ora suntuosa. Acontecia o mesmo com minhas aquarelas, onde as coisas me abriam seu regaço tão logo as tocava com uma nuvem úmida. Coisa semelhante se dava com as bolhas de sabão. Viajava dentro delas por todo o recinto e misturava-me ao jogo de cores de suas cúpulas até que se rompessem. Perdia-me nas cores, fosse nos céus, numa joia, num livro. As crianças são em todo lugar presas suas. Naqueles dias, podiam-se comprar bombons de chocolate em graciosos pacotinhos embrulhados em forma de cruz, nos quais cada tablete estava envolto em papel de estanho colorido. Essas pequenas obras, amarradas por um áspero barbante dourado, reluziam com seu verde e amarelo, seu azul e laranja, seu vermelho e prateado; em parte alguma duas peças da mesma cor se tocavam. Vencendo esse cintilante obstáculo, aquelas cores irromperam um dia sobre mim, e ainda sinto a doçura com que meu olhar então se saciou. Era a doçura do chocolate com que as cores iam se desfazer mais em meu coração que em minha língua. Pois, antes que eu fosse derrotado pela sedução das guloseimas, esse senso superior, com um golpe, sobrepujou em mim o inferior, me arrebatando.

Alta sociedade

Minha mãe tinha uma joia de forma ovalada. Era tão grande que não se podia trazer no peito, e por isso vinha presa ao cinto toda vez que era usada. Mas ela só a colocava quando ia a alguma festa; em casa, só quando tínhamos recepção. A joia consistia de uma grande pedra amarela e brilhante no centro e de um número de outras de tamanho moderado e de várias cores – verde, azul, amarelo, rosa, púrpura – à sua volta. Era meu encanto sempre que podia observá-la. Pois, nos milhares de pequenos lumes lançados por suas orlas, percebia-se nitidamente uma música de baile. O minuto solene, no qual minha mãe a retirava do estojo, onde costumava ficar guardada, evidenciava seu duplo poder. Representava para mim a sociedade, cujo núcleo, de fato, se encontrava no cinto de minha mãe; mas representava também o talismã que a protegia contra tudo o que, do mundo exterior, pudesse ameaçá-la. Sob sua guarda, também me sentia a salvo.

Só que esse talismã não podia evitar que me mandassem para a cama mesmo naquelas raras noites em que me era dada vê-lo. Se a festa fosse em nossa casa, aquilo me aborrecia duplamente. Porém, ela transpunha a soleira de meu quarto, e eu ficava assim em permanente conluio com ela tão logo soasse o primeiro toque da campainha. Então, por um período, a campainha molestaria o corredor de maneira quase incessante. Não me enganava que, em seu repicar, se anunciava uma reivindicação que sobrepujava as que costumeiramente fazia valer. A prova disso era que a porta se abria sem delongas e em silêncio. Então vinha o momento no qual a reunião, mal começara a se formar, já de novo parecia fenecer. Na verdade, os convidados apenas se haviam retirado para aposentos mais afastados para aí se diluírem em meio às borbulhas e resíduos dos muitos passos e conversas, tal como um monstro marinho que, apenas lançado à terra pela ressaca, busca abrigo no lodo úmido da costa. Eu sentia que aquilo que então preenchia os aposentos era impalpável e escorregadio e estava sempre pronto a estrangular aqueles que flanavam a seu redor. A camisa do fraque impecável que meu pai trajava naquela noite me parecia uma couraça, e descobria agora que seu olhar que, há uma hora ainda, deixara vagar pelas cadeiras vazias, estava armado.

Entrementes, um murmúrio irrompera a meu lado; o Invisível se fortalecera e se dispunha a discutir consigo mesmo em todas as partes. Escutava o próprio murmúrio surdo como alguém escuta uma concha, deliberava por si próprio como a folhagem ao vento, crepitava como uma tora na lareira e então sucumbia em silêncio. Então chegou o momento em que me arrependi de ter facilitado, há algumas horas apenas, o caminho ao Imprevisível. Isto acontecera com o puxão por meio do qual a mesa da sala de jantar fora separada, surgindo, então, uma tábua que, desdobrada, preencheu o espaço entre as duas metades de modo que todos os convidados pudessem se alojar. Então me permitiram ajudar a pôr a mesa. E passaram por minhas mãos não apenas utensílios que me honravam, garfos de lagosta, facas de ostra, mas também os comuns do dia a dia que entravam em cena num estilo cerimonioso. Os copos de cristal esverdeado para o vinho, os cálices para o Porto, polidos cortantemente, as taças filigranadas para o champanhe; os saleiros como cubinhas de prata, os tampões das garrafas como gnomos ou animais pesados e metálicos. Por fim, me foi permitido colocar sobre um dos muitos copos de cada talher o cartão que indicava ao convidado o lugar que o aguardava. Com esse cartãozinho eu coroava meu trabalho e, quando dava uma volta em torno da mesa – diante da qual ainda faltavam as cadeiras –, só então penetrou em mim profundamente o pequeno símbolo de paz que me acenava de todos aqueles pratos. Eram as centáureas-azuis, que cobriam com um pequeno desenho todo o serviço de porcelana imaculadamente branca: um sinal de paz cuja doçura só pode ser avaliada pelo olhar já familiarizado com o da belicosidade que todos os dias tinham diante de mim.

Penso no desenho azul da cebola. Quantas vezes lhe implorei auxílio no decorrer das contendas decididas à mesa, que agora estava à minha frente tão cintilante. Um número incontável de vezes seguira seus ramos e fios, suas flores e volutas, com mais fervor que ao quadro mais belo. Jamais ninguém pedira amizade com mais franqueza que eu ao desenho azul da cebola. Quisera tanto tê-lo como aliado na luta desigual que frequentemente amargava meu almoço. Porém, nunca consegui. Pois essa figura era comprável como um general da China, que nunca mudara de posto. As honras com que minha mãe a cumulava, os desfiles aos quais convocava a tropa, os lamentos fúnebres que ressoavam da cozinha por cada membro da tropa caído, tornavam sem perspectivas meu cortejar. Pois o desenho da cebola resistia fria e rasteiramente a meus olhares e não teria sequer destacado a menor de suas folhinhas para me cobrir.

A visão solene daquela mesa me livrava daquele desenho fatídico, e apenas isso teria bastado para me deliciar. Porém, quanto mais próxima a noite, tanto mais se nublavam a glória e a luminosidade que me tinham sido prometidas ao meio-dia. E, se então minha mãe, mesmo que tivesse ficado em casa, viesse por um instante a meu quarto me dizer boa-noite, sentia duplamente o presente que, nos outros dias, àquela hora, ela punha sobre o edredom: o conhecimento das horas que o dia ainda lhe reservava e as quais, confiante, levava comigo sono adentro, como fazia outrora com a boneca. Eram essas horas que caíam secretamente, e sem que ela soubesse, nas dobras do cobertor que ajeitava para mim, e que me consolavam, nas noites em que saía, se me tocassem na figura das pontas pretas da mantilha que ela já colocara. Eu amava aquela proximidade e o que ela me dava a mais em perfume; cada espaço de tempo ganho à sombra da mantilha e da pedra amarela me alegrava mais que os bombons rebuçados que me eram prometidos, em seu beijo, para a manhã seguinte. Quando meu pai a chamava do lado de fora do quarto, com sua partida, enchia-me de orgulho por concedê-la assim tão radiante à festa. E, em minha cama, antes de adormecer, compreendia, sem conhecê-la ainda, a verdade da máxima: "Quanto mais avançada a noite, tanto mais belos os convidados".

O jogo das letras

Nunca podemos recuperar totalmente o que foi esquecido. E talvez seja bom assim. O choque do resgate do passado seria tão destrutivo que, no exato momento, forçosamente deixaríamos de compreender nossa saudade. Mas é por isso que a compreendemos, e tanto melhor, quanto mais profundamente jaz em nós o esquecido. Tal como a palavra que ainda há pouco se achava em nossos lábios, libertaria a língua para arroubos demostênicos, assim o esquecido nos parece pesado por causa de toda a vida vivida que nos reserva. Talvez o que o faça tão carregado e prenhe não seja outra coisa que o vestígio de hábitos perdidos, nos quais já não nos poderíamos encontrar. Talvez seja a mistura com a poeira de nossas moradas demolidas o segredo que o faz sobreviver. Seja como for – para cada pessoa há coisas que lhe desdobram hábitos mais duradouros que todos os demais. Neles são formadas as aptidões que se tornam decisivas em sua existência. E, porque, no que me diz respeito, elas foram a leitura e a escrita, de todas as coisas com que me envolvi em meus primeiros anos de vida, nada desperta em mim mais saudades que o jogo das letras. Continha em pequenas plaquinhas as letras do alfabeto gótico, no qual pareciam mais joviais e femininas que os caracteres gráficos. Acomodavam-se elegantes no atril inclinado, cada qual perfeita, e ficavam ligadas umas às outras segundo a regra de sua ordem, ou seja, a palavra da qual faziam parte como irmãs. Admirava-me como tanta modéstia podia coexistir com tanta magnificência. Era um estado de graça. E minha mão direita que, obediente mente, se esforçava por obtê-lo, não conseguia. Tinha de permanecer do lado de fora tal como o porteiro que deve deixar passar os eleitos. Portanto, sua relação com as letras era cheia de renúncia. A saudade que em mim desperta o jogo das letras prova como foi parte integrante de minha infância. O que busco nele na verdade, é ela mesma: a infância por inteiro, tal qual a sabia manipular a mão que empurrava as letras no filete, onde se ordenavam como uma palavra. A mão pode ainda. Sonhar com essa manipulação, mas nunca mais poderá despertar para realizá-la de fato. Assim, posso sonhar como no passado aprendi a andar. Mas isso de nada adianta. Hoje sei andar; porém, nunca mais poderei tornar a aprendê-lo.

O carrossel

O tablado com os solícitos animais girava muito próximo ao chão. Tinha a altura na qual melhor se sonha sair voando. A música irrompia, e o menino girava às sacudidelas, afastando-se da mãe. No início, tinha medo de abandoná-la. Mas depois percebia como era fiel a si próprio. Estava sentado no trono como leal soberano, governando o mundo que lhe pertencia. Nas tangentes, árvores e indígenas formavam uma guarda de honra. De súbito, reaparecia a mãe nalgum Oriente. Em seguida, emergia da floresta virgem uma copa de árvore, tal como o garoto a vira há milênios, tal qual a via justamente agora no carrossel. Seu animal se mancomunava com ele: como um Árion mudo, ele se ia montado em seu peixe mudo, um Zeus taurino de madeira o raptava como à imaculada Europa. Fazia tempo que o eterno retorno das coisas se tornara sabedoria infantil, e a vida uma antiquíssima embriaguez do poder com a orquestra mecânica no centro. Tocavam mais lentamente e o espaço começava a gaguejar e as árvores a se dar conta de si. O carrossel se tornava terreno inseguro. E a mãe ficava lá como a haste tantas vezes cravada, à qual, aterrissando, o menino lançava as amarras de seu olhar.

Affentheater[33]

AFFENTHEATER

Essa palavra tem algo grotesco para os adultos. Essa característica lhe faltava quando a ouvi pela primeira vez. Era ainda pequeno. O fato de macacos no palco ser insólito fazia parte dessa ideia a mais insólita: não valia para o palco. A palavra teatro me atravessava o coração como um toque de clarim. A fantasia representava. Entretanto, o rasto ao qual aderiu não era aquele que levava para detrás dos bastidores e que mais tarde conduz o menino, mas sim aquele dos felizardos e espertos, que tinham obtido dos pais permissão para irem ao teatro ao entardecer. A entrada do teatro passava através de uma brecha do tempo; o nicho do dia – que era a tarde e no qual já se sentia o cheiro da lamparina e do recolher-se – era ultrapassado. Não para vislumbrar uma cena do Guilherme Tell ou da Bela Adormecida; pelo menos, não apenas com esse fim. O motivo era mais importante: sentar-se no teatro no meio dos outros que também lá estavam. O que me esperava, eu não sabia, mas me parecia indubitável estar assistindo a um fragmento, ou seja, a uma apresentação de um comportamento muito mais significativo, o qual eu devia compartilhar

33- Literalmente, "teatro de macacos". Significa, na verdade, "situação ridícula", "farsa". (N.T.)

com outros. De que espécie era, não sabia. Com certeza, esse comportamento dizia respeito tanto aos macacos quanto ao mais bem estabelecido elenco de atores. Tampouco era a distância entre o macaco e o ser humano maior que aquela entre o humano e o ator.

A febre

O começo de cada doença mostrava sempre com que firme compasso, com que consideração e habilidade, o infortúnio se chegava até mim. Chamar a atenção não lhe aprazia. Com algumas manchas na pele, com náuseas, era assim que começava. E era como se a doença estivesse já acostumada a ter paciência até que lhe fosse preparado o alojamento pelo médico. Este vinha me examinava e insistia que eu esperasse o desenvolvimento da doença na cama. A leitura me era proibida. De qualquer forma, eu tinha coisas mais importantes a fazer. Pois então começava a repassar o que estava por vir, desde que ainda houvesse tempo e minhas ideias não estivessem muito confusas. Media a distância entre a cama e a porta e perguntava a mim mesmo por quanto tempo ainda meu chamado poderia cobri-la. Mentalmente via acolher, cuja borda era povoada pelas súplicas de minha mãe, e como, após ter se aproximado de meus lábios, irrompia de súbito seu verdadeiro caráter, ao me deitar à força na garganta o remédio amargo. Feito um bêbado que às vezes pensa e calcula apenas para confirmar que ainda pode fazê-lo, eu também contava as rodelas de luz de sol que oscilavam no teto de meu quarto e reordenava os losangos do papel de parede em novos feixes.

Estive muitas vezes doente. Daí talvez venha que o que os outros qualificam em mim como paciência, na verdade, não se assemelha a virtude alguma: é apenas a tendência a ver se aproximar de longe tudo o que diga respeito a mim, tal como as horas se acercavam de meu leito de doente. E, do mesmo modo acontece que, numa viagem, me falta a maior alegria se não tenho de esperar o trem muito tempo na estação, e ainda deve ser este o motivo por que dar presentes se tornou para mim uma obsessão; pois aquilo que surpreende os outros é previsto por mim, doador, com muita antecedência. Sim, a necessidade de ver chegar o futuro através de um tempo de espera, tal como o enfermo, a partir dos travesseiros que tem às costas, apoiado – esta foi a causa por que, mais tarde, as mulheres me pareceriam tanto mais belas quanto mais longa e convictamente tivesse de esperá-las. Minha cama, que, de costume, era o recanto da existência mais recolhida e tranquila, granjeava então uma posição e um prestígio notórios. Por algum tempo, deixaria de ser o território de empreendimentos secretos ao anoitecer: como os dos alfarrábios ou das brincadeiras com velas. Sob o travesseiro já não se achava o livro que, todas as noites, era lá metido com minhas últimas forças, contrariando a proibição habitual. E também faltavam naquelas semanas as correntes de lava e os pequenos incêndios que faziam derreter a estearina. Sim, talvez a doença, no fundo, não me roubasse nada além do que aquela brincadeira asfixiante e muda e que para mim nunca fora isenta de um medo oculto – precursor daquele outro que, mais tarde, acompanhava a mesma brincadeira, na mesma margem da noite. Era preciso que a doença viesse me proporcionar uma consciência limpa. Esta, porém, era tão pura quanto qualquer parte do lençol liso que me aguardava à noite quando se mudava a roupa de cama.

Na maior parte das vezes, era minha mãe quem me fazia a cama. Sentado no divã, acompanhava seus movimentos de sacudir os travesseiros e as cobertas e pensava nas noites em que me davam banho e, em seguida, me traziam à cama o jantar numa bandeja de porcelana. Sob o esmalte, em meio a uma brenha de framboeseiras silvestres, aparecia uma mulher se empenhando em desfraldar ao vento um estandarte com a divisa: "Vá para o Ocidente ou para o Oriente, mas é em casa onde você melhor se sente". E a recordação do jantar e das framboeseiras era tanto mais agradável quanto mais o corpo sentisse superar para sempre a necessidade de comer alguma coisa. Em compensação, lhe apetecia ouvir histórias. A forte correnteza que as enchia atravessava o corpo e arrastava consigo a doença como refugo de um naufrágio. A dor era um dique que só no começo oferecia resistência à narrativa; mais tarde, quando esta se robustecia, ele era minado e lançado ao precipício do esquecimento. Carícias abriam o leito dessa corrente.

Eu as amava, pois da mão de minha mãe já gotejavam histórias que, logo, em abundância, emanariam de sua boca. Foi graças a essas histórias que veio à luz o pouco que vim saber de meus ancestrais. A carreira de um parente antepassado, as regras de conduta de meu avô, me eram evocadas pelos outros como se quisessem assim me fazer compreender quão irrefletido seria de minha parte renunciar, por meio de uma morte prematura, aos grandes triunfos que eu tinha na mão graças às minhas origens. Duas vezes ao dia minha mãe vinha conferir quão próximo da morte eu chegara. Depois, com cuidado, levava o termômetro contra uma janela ou lâmpada e manipulava o estreito tubinho, como se nele estivesse aprisionada minha vida.

Mais tarde, à medida que fui crescendo, não me foi mais difícil decifrar a presença da alma no corpo do que a posição do fio de vida no pequeno tubo, onde ele sempre escapava a meu olhar. Ser medido era algo cansativo. Em seguida, preferia ficar totalmente só para me entregar aos meus travesseiros. Pois, numa época em que colinas e montanhas ainda não tinham muito a me dizer, eu já estava familiarizado com suas cristas. Metia-me então debaixo de uma coberta, junto com os poderes que elas faziam surgir. Assim, muitas vezes, organizava tudo de modo que se abrisse uma caverna nesse monte. Rastejava lá dentro; puxava a coberta por sobre a cabeça e demorava o ouvido na garganta escura, alimentando o silêncio, de quando em quando, com palavras que de lá retomavam como histórias. Às vezes aí se introduziam os dedos, produzindo eles mesmo algum acontecimento; ou então simulavam o jogo de "compra e venda", e, atrás do "balcão" formado pelos dedos médios, os dois solícitos mindinhos inclinavam a cabeça ao freguês que não era senão eu mesmo.

Cada vez mais, porém, se enfraqueciam minha vontade e meu poder de fiscalizar sua brincadeira. Por fim, acompanhava quase sem curiosidade a movimentação de meus dedos que vadiavam tal qual uma corja indolente e ardilosa nos arredores de uma cidade consumida por um incêndio. Não era possível confiar em seu destino. Pois embora se tivessem juntado inocentemente, nunca se podia estar certo de que, sorrateiros, como haviam surgido, os dois bandos não iriam, de novo, cada qual seguir seu caminho. E este era por vezes um caminho proibido, ao fim do qual um doce repouso franqueava aos olhos aparições sedutoras, as quais se moviam num véu de chamas atrás das pálpebras fechadas. Pois nem todo o amor e zelo conseguia incorporar continuamente à vida de nossa família o quarto onde ficava minha cama. Tinha de esperar até o anoitecer. Então, no momento em que a porta se abria diante da lamparina e a abóboda de sua redoma se movia oscilante por sobre a soleira até chegar a mim, era como se a dourada esfera da vida, que fazia girar todas as horas – do dia, encontrasse pela primeira vez o caminho dentro de meu quarto como numa gaveta relegada. E, antes que a noite se acomodasse a meu lado, começava para mim uma nova vida; ou melhor, a vida da febre tornava a florescer de um momento para o outro, sob a luz da lâmpada.

Nada além da circunstância de estar de cama me permitia extrair da luz uma vantagem que os outros não podiam obter tão rapidamente. Tirava proveito de meu repouso e da proximidade da parede para saudar a luz com silhuetas. Agora se repetiam no papel da parede todos os jogos que eu fizera com os dedos, jogos ainda mais indefinidos, mais imponentes, mais enigmáticos. "Em vez de temer as sombras da noite" – assim dizia meu livro de jogos – "as crianças alegres as usam como divertimento". E seguiam-se indicações ricamente ilustradas de como projetar no respaldo da cama imagens de cabritos monteses e granadeiros, de cisnes e coelhos. Obviamente, raras vezes eu conseguia ir além das fauces de um lobo. Só que estas eram tão grandes e embasbacadas que deveriam representar as do lobo Fenris[34], o qual eu deixava se movimentar como destruidor do mundo no mesmo quarto, onde me contestavam até a doença infantil.

Um belo dia ela se retirava. Tal como um parto, a convalescença próxima afrouxava vínculos que a febre havia construído penosamente. Os criados começavam a substituir minha mãe em meu dia a dia com frequência cada vez maior. E certa manhã, após longo intervalo e com forças ainda reduzidas, deixava-me seduzir novamente pelo sacudir dos tapetes, cujo barulho subia pela janela e se gravava no coração infantil com mais profundidade que a voz da amada no coração do

34- O mais perigoso dos demônios da mitologia nórdica. (N.T.)

homem: o sacudir dos tapetes, que era a língua da camada mais humilde, dos verdadeiros adultos, língua que nunca se interrompia, que não se perdia em digressões, que às vezes se concedia uma curta pausa, em que, morosa e amortecida, se dispunha a tudo, para então se deixar ir de novo num galope inexplicável, como alguém que corresse apressado antevendo a chuva.

Imperceptivelmente, do mesmo modo como se metera comigo no início, a doença se despedia. Porém, quando eu estava a ponto de esquecê-la de novo por completo, me alcançava sua derradeira saudação impressa: em meu boletim. A soma das horas de aula perdidas estava registrada ao pé desse atestado. Jamais me pareceram cinzentas ou monótonas como as que eu vivera; ao contrário, estavam como que enfileiradas no busto de um inválido tal qual uma listra de cores. Sim, uma longa fileira de condecorações era simbolizada pela notificação: Perdidas cento e setenta e três horas de aula.

Duas charangas

Jamais a música possuíra algo de tal modo desumano e impudente como a da banda militar que temperava a torrente de pessoas que se empurravam na Aleia Läster[35], entre os cafés-restaurante do jardim zoológico. Hoje reconheço o que constituía o poder dessa torrente. Para o berlinense não existia escola para o amor que superasse esta, cercada pelos areais dos gnus e zebras, pelas árvores desnudas e recifes onde abutres e condores faziam seus ninhos, pelas jaulas malcheirosas dos lobos e pelas chocadeiras dos pelicanos e garças. Os alaridos e gritos desses animais se mesclavam ao som dos timbales e instrumentos de percussão. Eis a atmosfera onde, pela primeira vez, o olhar do garoto procurou abordar o de uma passante, ao mesmo tempo em que ele falava ainda mais diligentemente ao companheiro. E tamanho era seu esforço para não se trair nem com o tom de voz nem com o olhar que acabou por nada ver daquela que passava.

35- Literalmente, "Aleia dos vícios". (N.T.)

Muito antes ele conhecera outra charanga. E quão diferentes eram entre si: esta que se aninhava abafada e tentadora sob o teto de folhas e o toldo e a outra mais velha que, cheia de brilho e ribombos, se expunha ao ar frio como se estivesse sob uma fina redoma. Seu encantamento vinha desde a Ilha de Rousseau e incentivava os patinadores no Lago Novo em suas evoluções acrobáticas. Eu também me encontrava entre eles muito antes de poder imaginar qual seria a origem do nome da ilha, para não mencionar sua difícil ortografia. Graças à sua localização, aquela pista de gelo não podia ser comparada a nenhuma outra, sobretudo pela vida que exibia nas demais estações. Pois em que o verão transformava as outras pistas? Em quadras de tênis. Aqui, porém, estendia-se sob os amplos ramos pendentes das árvores ribeirinhas o próprio lago que, dentro de uma moldura, me aguardava na escura sala de jantar de minha avó. Pois naquela época gostavam de pintá-lo com suas correntes d'água labirínticas. E agora se patinava ao som de uma valsa vienense, por baixo das mesmas pontes em cujos parapeitos nos apoiávamos no verão para observar os barcos deslizando pachorrentamente através da água escura. Nas proximidades havia caminhos e, sobretudo refúgios afastados – bancos "só para adultos". O canteiro circular continha as áreas onde os pequenos faziam suas escavações ou onde se deixavam ficar pensativos até que outra criança esbarrasse com eles ou até que, do banco, os chamasse a babá que, atrás do carrinho, lia docilmente seu livro barato e, quase sem erguer os olhos, mantinha o pequeno sob vigilância.

Mas basta de falar dessas margens. O lago permanece vivo para mim, contudo, no ritmo dos pés maciços, calçados de patins, que, após uma incursão sobre o gelo, iam de novo pisar com estrondos o chão de tábuas de uma cabine onde ardia uma estufa de ferro. Ao lado da estufa estava o banco onde se avaliava uma vez mais o peso dos pés antes da decisão de desatar os patins. Então a coxa repousava enviesada sobre o joelho, e o patim se afrouxava, e era como se em ambas as solas crescessem asas, e, com passos que pareciam reverenciar o chão gelado, saíamos para o ar livre. Vindo da ilha, a música me acompanhava ainda um trecho no caminho de casa.

Livros baratos[36]

Era na biblioteca do colégio que tomava emprestado os meus prediletos. Nas séries mais atrasadas eram repartidos. O professor dizia meu nome, e então o livro abria caminho por sobre os bancos; um colega o metia na mão de outro, ou então o livro oscilava por sobre as cabeças até me alcançar, a mim que me havia anunciado. Em suas folhas estavam grudadas marcas dos dedos que as haviam manuseado. O cordel que fechava a cabeçada e que se salientava em cima e embaixo estava sujo. Porém, a lombada é que devia ter sofrido mais abusos; daí o fato de ambas as capas saírem do lugar e de a borda formar degraus e terraços. Contudo, em suas folhas se penduravam, às vezes, tal como teias nas copas das árvores, fios débeis de uma trama na qual outrora, ao aprender a ler, eu me enredara.

O livro estava sobre a mesa que era alta demais. Enquanto lia, tapava os ouvidos. Já ouvira outras narrações em tamanha quietude. Obviamente não de meu pai. Mas às vezes, no inverno, quando me postava em frente da janela de meu quarto aquecido, lá fora o turbilhão da neve igualmente me contava coisas em silêncio. Esses relatos, de certo, jamais puderam compreender exatamente, pois o novo já se imiscuía ao velho de um modo muito denso e incessante. Mal me juntara intimamente a um grupo de flocos de neve, reconhecia que este tinha de me abandonar a outro que, de súbito, a ele se incorporara. Eis que agora chegara o momento de acompanhar no torvelinho das letras as histórias que à janela me haviam escapado. Os países longínquos que nelas encontrava brincavam entre si tão intimamente quanto os flocos de neve. E porque o distante, quando neva, já não nos conduz ao desconhecido, mas sim a nosso íntimo, achavam-se dentro de mim a Babilônia e Bagdá, Acra e o Alasca, Tromsö e o Transvaal. A suave atmosfera desses livros, que perpassava aquelas paragens, cativava meu coração, que se mantinha fiel àqueles tomos tão manuseados, com sangue e perigo.

Ou será que se mantinha fiel a outros mais antigos, impossíveis de achar? Ou seja, àqueles maravilhosos que só me foi permitido rever

36- No texto original, *Schmöker*. Significa "livro de leitura fácil, sem grande valor", "alfarrábio". (N.T.)

uma vez em sonho. Como se chamavam? Não sabia de nada a não ser que haviam desaparecido há muito tempo aqueles que jamais tornariam a encontrar. No entanto, agora se achavam num armário que, ao despertar, reconheci que nunca vira antes. No sonho ele me pareceu velho e conhecido. Os livros não estavam na vertical, mas deitados, e por certo no canto exposto às intempéries. Neles sucediam tempestades. Abrir um deles teria me levado bem ao centro de uma delas, onde se anuviava um texto cambiante e turvo, prenhe de cores. Cores borbulhantes e fugidias, mas que tendiam sempre para um tom violáceo que parecia provir das entranhas de um animal abatido. Indizíveis e graves, como esse violeta proscrito, eram os títulos, cada qual me soando mais estranho e mais familiar que o precedente. Antes, porém, que eu pudesse me garantir na posse de qualquer um deles, acordei sem nem mesmo em sonho ter tocado aqueles velhos livros infantis.

A biblioteca do colégio

Era no intervalo da aula que a coisa era feita: juntavam-se os livros que, em seguida, eram de novo repartidos entre os pretendentes. Nem sempre conseguia ser bastante ágil. Muitas vezes vi livros por mim almejados caírem nas mãos de quem não saberia apreciá-los. Quanta diferença entre seu mundo e os dos compêndios escolares, onde, em histórias isoladas, tinha de me aquartelar durante dias e mesmo semanas em quartéis que, no portão de entrada, ainda antes da inscrição, exibiam um número. Pior eram as casam atas dos poemas pátrios, onde cada verso equivalia a uma cela. Quão suave e mediterrâneo era o ar tépido que soprava daqueles livros distribuídos no intervalo! Era o ar no qual a Catedral de São Estevão acenava aos turcos que sitiavam Viena, o ar no qual formava nuvens a fumaça azul do círculo de fumantes, o ar no qual bailavam sobre o Rio Berezina flocos de neve e lívidos clarões profetizavam os últimos dias de Pompeia. Só que esse ar, em geral, se tornava algo insípido se soprasse sobre nós de obras de Oskar Höcker e W. O. von Horn, de Julius Wolff e Georg Ebers. E ainda mais mofento dos volumes intitulados *O Passado da Pátria*, que abundavam no primeiro ano do liceu, de tal modo que era remota a probabilidade de evitá-los e de deparar algum volume de Wörrishöfer ou de Dahn. Em suas capas vermelhas de linho havia um alabardeiro impresso. No texto se encontravam singelas bandeirolas de cavaleiros e, além disso, respeitáveis artífices andarilhos, as filhas louras de castelãos ou fabricantes de armas, vassalos prestando juramento de fidelidade a seus senhores, mas tampouco faltava o pérfido senescal a tramar intrigas e mercenários que recebiam soldo do rei das Gálias. Quanto menos nós, filhos de comerciantes e de conselheiros titulares, pudéssemos nos imaginar entre toda aquela linhagem de servos e senhores, tanto mais facilmente penetrava em nossas casas esse mundo magnânimo, rigidamente posto entre bitolas. O escudo de armas no portão do castelo feudal, encontrei-o na poltrona de couro de meu pai, que reinava em frente de sua escrivaninha; canecas iguais às usadas nas rodadas à mesa de Tilly[37] havia no console de nossa estufa de ladrilhos ou no armário ornamentado do vestíbulo, e tamboretes como os que, descaradamente colocados de través nas tabernas, barram a passagem, repousavam sobre nossos tapetes Aubusson, só que nenhum dragão dos Prittwitzscher cavalgava sobre eles. Porém, num caso, a fusão desses dois mundos teve pleno êxito. Foi na ilustração de um livro cujo título de modo algum se casava com o conteúdo. Só se gravara em mim uma parte, a qual uma oleografia encobria, que eu nunca tornava a ver com menos horror. Fugia dessa imagem e, ao mesmo tempo, a buscava; o mesmo me aconteceu mais tarde com uma figura no Robinson Crusoé que mostra Sexta-Feira no lugar em que, pela primeira vez, deparou pegadas estranhas e, não longe dali, caveiras e esqueletos. Porém, quão mais lúgubre era o horror que emanava daquela mulher vestida em trajes de dormir e que, de olhos abertos, mas adormecida, passava, iluminando com um candelabro, ao longo de uma galeria. A mulher era cleptomaníaca[38]. E esta palavra, na qual um som perverso e arreganhado desfigurava as duas sílabas fantásticas de Ahnin[39], tal como Hokusai, com apenas umas poucas pinceladas, transformava o

37- Comandante da Liga Católica na Guerra dos Trinta Anos. (N.T.)
38- *Kleptomanin*, no original. (N.T.)
39- Ancestral feminino, avó. (N.T.)

rosto de um morto num espectro – esta palavra me petrificava de pavor. Enquanto esse livro, que se intitulava *Por Seus Próprios Poderes*, permaneceu na biblioteca da sala do primeiro ano do liceu, o corredor que saía pelos fundos daquele quarto em Berlim representou a comprida galeria percorrida à noite pela mulher do castelo. Porém, fossem esses livros agradáveis ou medonhos, aborrecidos ou excitantes – nada podia aumentar ou diminuir-lhes o encanto. Pois este não dependia do conteúdo, mas sim do fato de me garantirem um quarto de hora que tornasse mais tolerável toda a miséria da monotonia das aulas. Já ao anoitecer, regozijava-me em colocar o livro na pasta, ao arrumá-la, e de sabê-la mais leve, apesar do peso adicional. A escuridão que lá dentro ele compartilhava com meus cadernos, compêndios e estojos, convinha ao fenômeno misterioso que lhe reservava a manhã seguinte. Pois finalmente chegava o momento em que, na mesma sala, até há pouco palco de minha humilhação, eu me revestia daquela plenitude de poder que cabe a Fausto quando lhe aparece o demônio. O que era, afinal, o professor que agora deixava seu estrado para vir recolher os livros e redistribuí-los, senão um demônio menor que devia renunciar a seu poder maléfico e pôr sua arte a serviço de meus desejos? E como malograva cada uma de suas tímidas tentativas de conduzir minha escolha com uma indicação! E que enorme frustração em seu ofício de pobre diabo, quando já há muito tempo eu me encontrava num tapete mágico a caminho da tenda do último dos moicanos ou do acampamento de Konradin von Staufen.

Neuer deutscher Jugendfreund[40]

A emoção com que o recebíamos era tal que mal ousávamos folheá--lo, assim como o hóspede que, apenas chegado a um castelo, quase não se atreve lançar um olhar de admiração, mesmo de relance, a longa série de aposentos que tem de atravessar até alcançar seu

40- Literalmente. "novo amigo alemão da juventude", título de almanaque.

quarto. Tanto mais impaciente fica para se retirar. E assim também eu achava anualmente, na mesa natalina, o último volume do *Neuer deutscher Jugendfreund* quando me recolhia atrás do parapeito de sua capa adornada de brasões para apalpar meu caminho até a sala das armas ou da caça, onde queria passar a primeira noite. Nada havia de mais prazeroso do que seguir, nessa ligeira inspeção do labirinto de leituras, o rasto das passagens subterrâneas, como algumas que se arrastavam, através de todo o volume, as histórias mais longas, variadamente interrompidas, para sempre virem à luz como "continuação". Que importância tinha se o aroma do maçapão parecia de súbito ter saído do fumo da pólvora de uma batalha a cuja imagem eu chegara naquele folhear extasiado? Mas, se, depois de termos sentado em concentração durante algum tempo, voltássemos à mesa com seus presentes, esta já não se mostraria tão prepotente como da primeira vez que entramos na sala; era como se descêssemos num pequeno estrado que novamente nos conduzia de nosso castelo fantasma para dentro da noite.

Um fantasma

Foi numa tarde em nossa casa de veraneio no Babelsberg quando eu tinha sete ou oito anos. Uma de nossas criadas permanece ainda um tempo ao lado da cancela que conduz a não sei que alameda. O grande jardim, em cuja periferia coberta de moitas andei à toa, já está fechado para mim. Chegou a hora de dormir. Talvez eu já tivesse cansado de meu jogo predileto que consistia em atirar, de alguma parte dos arbustos junto da cerca de arame, os projéteis de borracha de minha pistola Heureka aos passarinhos de madeira, que, devido ao choque da bala, caíam do alvo, onde eram arrumados na folhagem pintada. Durante o dia inteiro eu guardara um segredo – ou seja, o sonho da noite passada. Nele me havia aparecido um fantasma. Dificilmente teria sabido descrever o local em que estivera agindo. Este, porém, se assemelhava a um lugar conhecido, ainda que inacessível. Era o quarto onde dormiam meus pais, um canto oculto por um cortinado de pelúcia violeta desbotado, atrás do qual minha mãe pendurava seus roupões. A escuridão atrás desse reposteiro era impenetrável: esse canto era a difamada correspondência do claro paraíso que se abria para mim no guarda-roupa de minha mãe. Suas prateleiras, em cujas orlas brancas se estendiam, bordado em azul, um trecho de *O sino*, de Schiller, suportavam pilhas de roupa de cama e mesa, lençóis, fronhas, toalhas, guardanapos. Um aroma de lavanda emanava dos pequenos e robustos saches de seda que bamboleavam sobre o forro pregueado da parte interna de ambas as portas. Assim, a velha e misteriosa magia do tecido e do fio, que outrora se localizara na roca, se dividia entre o reino do Céu e o Inferno. O sonho de agora provinha deste: um fantasma que agia num cavalete de madeira, onde sedas estavam penduradas. Essas sedas, o fantasma as roubava. Não as apanhava, tampouco as levava consigo; na verdade, nada fazia nelas nem com elas. E, no entanto, eu sabia: ele as roubava; era como nas lendas em que se descobrem fantasmas a fazer um repasto e se reconhece, sem percebê-las comendo ou bebendo, que estão celebrando um banquete. Este era o sonho que eu havia guardado. Agora, na noite seguinte, percebi que, numa hora incomum – e foi como se um segundo sonho se introduzisse no primeiro –, meus pais entravam em meu quarto. Já não pude ver se ali se trancaram a chave. De manhã, quando acordei, nada havia para o desjejum. A casa, assim compreendia eu, fora assaltada. Ao meio-dia chegaram parentes trazendo o imprescindível. Uma quadrilha de vários assaltantes penetrara à noite em nossa casa. E todos diziam ter sido uma sorte que o ruído por eles produzido tivesse dado uma noção de sua força. Aquela visitação perigosa perdurara até antes do amanhecer. Em vão meus pais aguardaram a alvorada junto da janela de meu quarto na esperança de poderem fazer sinais para a rua. Também fui implicado no incidente. Obviamente eu nada sabia a respeito do procedimento da criada que, ao anoitecer, ficara ao lado da cancela. Mas o sonho da penúltima noite me fez ganhar ouvintes. Como a mulher do Barba Azul, a Curiosidade se arrastou furtivamente até seu quarto distante. E, enquanto eu relatava meu sonho, notei com horror que nunca deveria tê-la revelado.

A escrivaninha

O médico achou que eu era míope. E me prescreveu não só óculos, mas também uma escrivaninha. Era engenhosamente construída. Podia se deslocar o assento de modo que ficasse mais próximo ou mais afastado da prancha inclinada, onde se escrevia. Além disso, havia uma trave horizontal no espaldar, que dava apoio às costas, sem falar de um pequeno suporte de livros removível e que coroava o conjunto. Essa escrivaninha junto à janela logo se tornou meu recanto favorito. O pequeno armário oculto sob o assento continha não só os livros de que eu precisava na escola, mas também o álbum de selos e os outros três ocupados pela coleção de cartões-postais. E no gancho firme da lateral da escrivaninha ficavam pendurados, ao lado da merendeira, não só minha pasta, mas também o sabre do uniforme de hussardo e o tambor de herborista. Frequentemente, ao voltar da escola, a primeira coisa que eu fazia era festejar meu reencontro com a escrivaninha, ao mesmo tempo em que já a transformava no palco de uma de minhas ocupações prediletas – a decalcomania, por exemplo. Num instante, no lugar antes tomado pelo tinteiro, surgia uma xícara de água morna, e eu começava a recortar as figuras. Quanto me prometia o véu atrás do qual me fitavam das folhas dobradas e dos cadernos! O sapateiro inclinado sobre as encóspias e as crianças sentadas nos galhos da árvore colhendo maçãs, o leiteiro diante da porta com a soleira coberta de neve, o tigre que se dobra para saltar sobre o caçador, cuja espingarda acaba de detonar, o pescador na relva diante de um riacho azul e a classe atenta ao professor que ensina algo no quadro-negro, o farmacêutico à entrada de sua loja bem sortida e cheia de cores, o farol com o veleiro em frente – tudo isso era coberto por um sopro de névoa. Porém, quando, suavemente iluminadas, repousavam na folha de papel; quando a grossa capa saía em rolinhos delgados sob a ponta de meus dedos que, cautelosamente, girando, esfregavam e raspavam seu reverso; quando, por fim, a cor despontava doce e íntegra, do reverso fendido e esfolado, era como se irrompesse sobre a turva manhã de um mundo descolorido o sol radiante de setembro, e todas as coisas, ainda umedecidas pelo orvalho que as refrescava no crepúsculo, ardessem agora com a chegada de um novo dia da Criação. Embora, afinal, eu me fartasse também daquele passatempo, era assim que sempre encontrava um pretexto de adiar os deveres de casa. Era com prazer que revia velhos cadernos, dotados agora de um valor especial, que era o de eu tê-los resgatado do domínio do professor, que teria direito sobre eles. Agora deixava o olhar recair sobre as correções ali registradas em tinta vermelha, e um prazer sereno me tomava. Pois, assim como os nomes dos mortos gravados nas sepulturas já não podem ser úteis ou prejudiciais, ali estavam notas que haviam entregado todo seu poder a outras mais antigas. Com outro espírito e com a consciência mais tranquila eu podia perder horas na escrivaninha tratando dos cadernos e dos livros escolares. Os livros exigiam capa feita de papelão azul, e quanto aos cadernos, o regulamento insistia que a cada um se juntasse o respectivo mata-borrão de forma que este não se perdesse. Para esse fim havia pequenos cordéis que se vendiam em todas as cores. Prendiam-se esses cordõezinhos na capa de cada caderno e no mata-borrão por meio de obreias. Se quiséssemos obter uma riqueza cromática, poderíamos forjar arranjos variados, dos mais sóbrios aos mais vistosos. Assim, aquela escrivaninha guardava, sem dúvida, certa semelhança ao banco escolar, mas sua vantagem era que nela eu ficava protegido e dispunha de espaço para esconder coisas de que ele não deveria saber. A escrivaninha e eu éramos solidários frente a ele. E mal me havia recuperado após um aborrecido dia de aula, ela já me cedia novo vigor. Eu podia me sentir não só em casa, mas também numa cela como a daqueles clérigos que se veem nas iluminuras medievais, ora em seu genuflexório, ora em sua mesa de trabalho, como se estivessem dentro de uma couraça. Nesta cela comecei *Débito e Crédito*, e *Duas Cidades*. Buscava a hora mais calma do dia e esse lugar, o mais isolado de todos. Então, ao abrir a primeira página, sentia-me tão solene como quem pisa um novo continente. De fato, tratava-se de um novo continente, no qual a Crimeia e o Cairo, a Babilônia e Bagdá, o Alasca e Taschkent, Delfos e Detroit, se comprimiam uns sobre os outros tão compactamente como as medalhas douradas das caixas de charuto de minha coleção. Nada mais reconfortante do que permanecer assim cercado por todos os instrumentos de minha tortura – vocabulários, compassos, dicionários – num lugar onde de nada valiam suas reivindicações.

Um anjo de Natal

Tudo começava com os pinheiros. Ao sairmos para a escola certa manhã, surgiam grudados nas esquinas os lacres verdes que pareciam fixar a cidade em centenas de pontos, como se fosse um enorme presente de Natal. Não obstante, um belo dia a cidade rompia esse invólucro, e de suas entranhas brotavam brinquedos, nozes, palha e adornos para a árvore: o mercado do Natal. Mas com ele surgia também outra coisa: a pobreza. Pois assim como maçãs e nozes podiam se exibir no prato natalino, com um pouco de ouropel, ao lado do maçapão, também os pobres apareciam com lantejoulas e velas coloridas nos melhores bairros. E os ricos mandavam os filhos à frente para comprar dos filhos dos pobres as ovelhinhas de lã ou para distribuir esmolas que, por vergonha, não davam pelas próprias mãos. Entrementes, já estava instalada na varanda a árvore que minha mãe comprara em segredo e que fizera trazer para dentro de casa pela escada dos fundos. E o que de mais maravilhoso lhe proporcionava a luz das velas era a impressão de como, a cada dia, mais se enredava em seus ramos a festa próxima. Nos pátios os realejos começavam a dilatar com corais o último prazo. Contudo, este era por fim vencido, e retomava um daqueles dias, e aqui me recordo de um dos mais remotos.

Estava esperando no quarto soar as seis horas. Nenhuma comemoração de anos posteriores conhece essa hora, que como uma flecha vibra no coração do dia. Já estava escuro; apesar disso, não acendi a lâmpada para não desviar o olhar das janelas que davam para o pátio, atrás das quais se viam agora as primeiras velas. De todos os momentos da existência da árvore de Natal aquele era o de maior ansiedade, momento em que sacrifica à escuridão agulhas e ramos para não ser nada além de uma constelação inacessível e, no entanto, bem próxima, atrás da janela embaçada de uma moradia dos fundos. Porém, como aquela constelação por vezes agraciava uma das janelas abandonadas, enquanto muitas permaneciam escuras, e outras, ainda mais tristonhas, se atrofiavam à luz de gás da noite emergente, parecia-me que essas janelas natalinas continham em si a solidão, a velhice e a indigência – tudo aquilo que os pobres calam.

Então de novo me veio à lembrança a distribuição de presentes organizada por meus pais; porém, mal me desviara da janela com o coração aflito, como só o faz a proximidade de uma alegria certeira, senti uma presença estranha no quarto. Não era nada além de uma aragem, de modo que as palavras que se formaram em meus lábios foram como as pregas que um velame inerte lança subitamente à brisa fresca: "O Menino Deus volta todos os anos/ À terra onde vivemos nós, humanos".[41] Com tais palavras se volatizou também o anjo que nelas começara a tomar forma. Porém, não fiquei mais tempo naquele quarto vazio. Chamaram-me para o aposento defronte, no qual a árvore entrara gloriosa, o que dela me alienou até que, desprovida de seu suporte, terminou a festa enterrada na neve ou reluzente sob a chuva, lá onde um realejo a tinha iniciado.

Armários

O primeiro armário que se abriu por minha vontade foi a cômoda. Bastava-me puxar o puxador, e a porta, impelida pela mola, se soltava do fecho. Lá dentro ficava guardada minha roupa. Mas entre todas as minhas camisas, calças, coletes, que deviam estar ali e dos quais não tive mais notícia, havia algo que não se perdeu e que fazia minha ida a esse armário parecer sempre uma aventura atraente. Era preciso abrir caminho até os cantos mais recônditos; então deparava minhas meias que ali jaziam amontoadas, enroladas e dobradas na maneira tradicional, de sorte que cada par tinha o aspecto de uma pequena bolsa. Nada superava o prazer de mergulhar a mão em seu interior tão profundamente quanto possível. E não apenas pelo

41- Trata-se aqui dos primeiros versos de uma conhecida música de natal alemã do século XIX. (N.d.R.)

calor da lã. Era "o capturado"[42] enrolado naquele interior que eu sentia em minha mão e que, desse modo, me atraía para aquela profundeza. Quando encerrava no punho e confirmava, tanto quanto possível, a posse daquela massa suave e lanosa, começava então a segunda etapa da brincadeira que trazia a empolgante revelação. Pois agora me punha a desembrulhar o "capturado" de sua bolsa de lã. Eu o trazia cada vez mais próximo de mim até que se consumasse a consternação: ao ser totalmente extraído de sua bolsa, o "capturado" deixava de existir. Não me cansava de provar aquela verdade enigmática: que a forma e o conteúdo, que a coberta e o encoberto, que o "capturado" e a bolsa, eram uma única coisa. Uma única coisa – e, sem dúvida, uma terceira: aquela meia em que ambos haviam se convertido. Considerando minha insaciabilidade em exorcizar essa maravilha, fico muito propenso a suspeitar que meu artifício era uma equivalência irmanada aos contos de fada, que, do mesmo modo, me convidavam para o mundo dos espíritos ou da magia para afinal me devolver pronta e infalivelmente à efetividade simples, que me acolhia com tanto consolo quanto um par de meias. Depois disso se passaram anos. Minha confiança na magia já fora abalada, e eu precisaria de estímulos mais fortes para resgatá-la. Comecei a buscá-los no Estranho, no Espantoso, no Enfeitiçado, e também dessa vez foi diante de um armário que me propus saboreá-los. O brinquedo, porém, era mais ousado. Eu já não era inocente, e foi uma proibição que o desencadeou. A saber, eram-me proibidas as obras literárias das quais esperava obter uma compensação abundante pelo mundo das fábulas que perdera. De fato, os títulos – *A fermata, A primogenitura, Heimatochare* – permaneciam obscuros para mim. No entanto, responsável por todos aqueles títulos que eu não compreendia era o nome "Hoffmann – Espectros" e a severa instrução de jamais abri-los. Por fim, pude chegar até eles. Às vezes acontecia-me voltar da escola ainda pela manhã, antes que minha mãe tivesse chegado da cidade e meu pai, dos negócios. Em tais dias, sem a mínima perda de tempo, acorria ao armário de livros. Era um móvel singular; pela fachada não se podia imaginar que abrigasse livros.

42- "Das Mitgebrachte", literalmente, aquilo que se traz junto, ou seja, o apanhado, capturado. (N.d.R.)

Suas portas traziam preenchimento de vidro no interior dos caixilhos de carvalho. Efetivamente, eram pequenas rodelas de vidro, separadas umas das outras por lingotes de chumbo. Os vidros, porém, eram tingidos de vermelho e verde e amarelo e totalmente opaco. Por isso, ali, naquela porta, o vidro era um despropósito e, como se quisesse se vingar de um destino que tanto abusara dele, brilhava com reflexos enfadonhos que não atraíam ninguém. Contudo, se naquela época me houvesse afetado o ar perverso que se farejava em torno daquele móvel, teria sido apenas um estímulo a mais para o ataque surpresa que planejara para àquela hora surda, clara e perigosa, antes do almoço. Abria com ímpeto a porta, apalpava o volume que tinha de ser buscado não na primeira fila, mas no escuro atrás dela, folheava freneticamente até a página na qual eu havia parado e, sem sair do lugar, como que sobrevoando as páginas em frente do armário aberto, começava a tirar proveito do tempo até o retorno de meus pais. Do que lia, nada entendia. Porém, os terrores de cada voz de fantasma, de cada meia-noite, de cada maldição, cresciam e se completavam com os terrores de meus próprios ouvidos que aguardavam a qualquer momento o barulho da chave da casa e o golpe surdo com que a bengala de meu pai caía no bengaleiro do lado de fora. O fato de ser este armário o único entre todos a permanecer aberto era um sinal da posição privilegiada que os bens espirituais tinham naquela casa. Pois aos outros não havia acesso que não fosse através da cesta de chaves que, naqueles tempos, acompanhava por todas as partes as donas de casa que a cada passo a requisitavam. O chocalhar do molho de chaves por elas revolvido antecedia qualquer atividade doméstica; era o Caos se manifestando antes que nos saudasse a imagem da santa Ordem atrás das portas dos armários escancaradas, como do fundo do santuário de um altar. Também de mim aquilo exigia respeito e mesmo sacrifício. Depois de cada celebração de Natal e de aniversário era preciso decidir qual dos presentes seria doado ao “novo armário”, do qual minha mãe me guardava as chaves. Tudo o que era guardado a chave permanecia novo por mais tempo. Mas meu propósito não era conservar o novo e sim renovar o velho. Renovar o velho de modo que eu, neófito, me tornasse seu dono – eis a função das coleções amontoadas em minhas gavetas.

Cada pedra que eu achava, cada flor colhida, cada borboleta capturada, já era para mim começo de uma coleção, e tudo o que, em geral, eu possuía, formava para mim uma única coleção. Uma "arrumação" teria aniquilado uma obra cheia de castanhas espinhentas – as estrelas da manhã –, de folhas de estanho – um tesouro de prata –, de cubinhos de construção – ataúdes –, de cactos – totens –, e de moedas de cobre que eram escudos. Era assim que cresciam e se mascaravam os haveres da infância, em gavetas, arcas e caixas. E o que outrora passara da velha casa de campo para o conto de fadas aquele último quarto proibido à criança de Maria –[43], na casa da cidade grande ficou reduzido a um armário. Porém, o mais sombrio de todos os móveis nos lares daqueles dias era o aparador. Sim, o que era uma sala de jantar e seu mistério opressivo, só podia avaliar quem conseguisse explicar a si mesmo a desproporcionalidade entre a porta e o aparador largo e maciço e que alcançava o teto. Parecia ter direitos ancestrais sobre seu lugar no espaço assim como no tempo, no qual se erguia como testemunha de uma afinidade que, em épocas remotas, pode ter unido os imóveis aos móveis. A faxineira, que espanava tudo ao redor, não o enfrentava. Só podia tirar e amontoar na sala vizinha as cubas de prata e as terrinas, os vasos de Delft e as majólicas, as urnas de bronze e as taças de cristal, que ficavam em seus nichos e sob seus baldaquinos de conchas, em seus terraços e estrados, entre seus portais e painéis. A altura elevada em que reinavam, tornava-os estranhos a qualquer uso prático. Por isso, e com toda a razão, o aparador se assemelhava aos montes, em cujos topos ficam os templos. Também podia ostentar tesouros tal como os ídolos apreciam a sua volta. Para isso, o dia em que havia festa, era o mais conveniente. Já ao meio-dia seu volume maciço era aberto, e era-me permitido ver o tesouro de prata da casa em seus fossos forrados de veludo como se fosse musgo verde acinzentado. Mas do que lá jazia não se podia dispor apenas dez e sim vinte ou trinta vezes. E quando eu via essas longas, longas fileiras de colheres de café moca e suportes de faca, de facas de descascar fruta e garfos de ostra, lutavam entre si o gozo de mirar aquela abundância

43- Alusão ao conto recolhido pelos irmãos Grimm: "A filha da virgem". (N.T.)

e o medo de que as visitas aguardadas se parecessem umas às outras como nossos talheres.

Mendigos e prostitutas

Em minha infância fui prisioneiro do antigo e novo Oeste. Meu clã habitava então ambos os bairros, numa atitude em que se misturava teimosia e orgulho e fazia de ambos um gueto, o feudo de nossa família. Nesse bairro de proprietários, permaneci encerrado sem saber da existência de outros. Os pobres – para as crianças ricas de minha idade – só existiam como mendigos. E foi um grande avanço do conhecimento quando comecei a entender a origem da pobreza na ignomínia do trabalho mal remunerado. Isso ocorreu num breve escrito, talvez o primeiro, que redigi inteiramente para mim. Tratava de um homem que distribuía folhetos e das humilhações que sofria por parte de um público que não demonstrava interesse pelos papéis. E assim acontece que o pobre coitado – concluía eu – se desvencilha secretamente de todo o maço. Por certo, a maneira mais infrutífera de liquidar a situação. Mas naquela época eu não podia conceber outra forma de revolta que não fosse à sabotagem, e esta obviamente por experiência própria. Recorria a ela quando procurava escapar a minha mãe. Mas, de preferência, nas "compras", e com uma teimosia obstinada que frequentemente a levava ao desespero. Adotara mesmo o costume de ficar sempre meio passo atrás. Era como se, em nenhum caso, quisesse construir um *front*, mesmo que com minha própria mãe. O quanto tive de agradecer a essa resistência sonhadora nos passeios em comum pela cidade, descobri mais tarde, ao se abrir seu labirinto ao impulso sexual. Este, porém, com seu primeiro tatear, buscava não o corpo, mas sim a totalmente repudiada Psique[44], cujas asas brilhavam pútridas à luz de um lampião de gás ou dormitavam ainda dobradas na peliça, na qual se transformara em crisálida. Beneficiei-me então de um olhar que parecia não ver nem a terça parte do que, na verdade, abrangia. Mas já naquela época, quando minha mãe me repreendia a rabugice e o andar sonolento, percebi vagamente a possibilidade de mais tarde subtrair-me de seu domínio em conluio com essas ruas, nas quais, aparentemente, não sabia me orientar. De todo modo, não havia dúvida de que o sentimento – infelizmente, ilusório – de abjurar minha mãe, sua classe e a minha, era o responsável pela atração sem igual de me dirigir a uma prostituta em plena rua. Horas podiam se passar até que acontecesse. O terror que eu sentia com aquilo era do mesmo tipo que um autômato teria infundido em mim se bastasse uma pergunta para pô-lo em movimento. E assim lancei minha voz através da abertura. Então o sangue zumbiu em meus ouvidos, e fui incapaz de recolher as palavras que vinham da boca excessivamente borrada e que caíram à minha frente. Fugi para repetir naquela mesma noite – e ainda em tantas outras – a audaciosa experiência. Quando então, muitas vezes ao amanhecer, eu me detinha em algum portal, já me enredara sem saída nos laços do asfalto da rua, e não eram as mãos mais limpas que me libertavam.

Tarde de inverno

Às vezes minha mãe me levava para fazer compras em tardes de inverno. Era uma Berlim escura e desconhecida que, à luz de gás, se estendia à minha frente. Ficávamos no antigo Oeste, cujos arruamentos eram mais uniformes e despretensiosos que os preferidos posteriormente. Àquela hora já não se podia perceber com clareza as sacadas e as colunas, mas nas fachadas havia luz. Fosse por causa das cortinas de musselina, fosse por causa das venezianas ou da camisa da lâmpada de gás suspensa, aquela luz pouco revelava dos aposentos iluminados. Não tinha a ver com nada, a não ser consigo mesma. Atraía-me e deixava-me pensativo. Ainda hoje isso me acontece na recordação. E é assim que sou conduzido de preferência a um de meus cartões-postais. Este exibia uma Praça em Berlim. As casas que a rodeavam eram de um azul delicado; o céu noturno no qual pairava a Lua, de um azul mais escuro. Não haviam colorido nem a Lua nem as janelas na camada azul do cartão. Era preciso colocá-las contra a luz, o que fazia emanar das nuvens e da série de janelas um súbito clarão amarelo. Eu não conhecia a paisagem representada. Abaixo estava inscrito "Porta de Halle"[44]. Porta e átrio nela se mesclavam, formando a gruta iluminada, na qual encontro a recordação da Berlim hibernal.

A caixa de costura

Já não conhecíamos o fuso que feriu a Bela Adormecida e que a mergulhou num sono de cem anos. Porém, tal qual a mãe da Branca de Neve – a rainha – sentada à janela enquanto nevava, nossa mãe também se sentava à janela com a caixa de costura, e não caíram as três gotas de sangue, pois ela usava dedal para trabalhar. Em compensação, a cabeça do dedal era de um vermelho pálido, e ornavam-na pequenas escavações, vestígios de antigas agulhadas. Se o segurássemos contra luz, cintilaria na ponta de sua cavidade escura, sobre a qual nosso dedo indicador estava tão bem informado. Pois gostávamos de nos apoderar daquela pequena coroa que, às escondidas, podia nos cingir. Quando eu a enfiava no dedo, compreendia o modo pelo qual as criadas se referiam a minha mãe. Queriam dizer "minha senhora", mas mutilavam a primeira palavra, de modo que, por muito tempo, me pareciam dizer "costureira"[45]. Não poderiam ter achado outro tratamento em que, a meu ver, se manifestasse de modo mais evidente a autoridade de minha mãe.

Como todos os genuínos tronos de soberano; também o seu tinha sua jurisdição, que era a mesa de costura. E ocasionalmente me foi dado percebê-la. Imóvel, contendo a respiração, estive nela. Pois, antes de sairmos para fazer uma visita ou compras, minha mãe acabava de descobrir que era preciso dar um retoque em minha roupa. E então tomava na mão a manga de minha camisa de marinheiro, na qual eu já metera o braço, para nela costurar a pala azul e branca ou para formar, com alguns pontos rápidos, o plissado do nó de seda. Entrementes, eu ficava ao lado, mastigando o elástico suarento de meu boné, que tinha um sabor azedo.

44- Significa "átrio", "vestíbulo", e é, ao mesmo tempo, nome de uma cidade. (N.T.)

45- No texto original, trocadilho entre *gnädige Frau* (minha senhora) e *Nähfrau* (costureira), que, no linguajar corrente, têm a pronúncia confundida. (N.T.)

Em tais momentos, quando me subjugavam com severidade máxima os apetrechos de costura, começavam a brotar em mim a teimosia e a indignação. Não só porque esse zelo para com a roupa já vestida exigia de minha paciência uma prova árdua demais, mas também porque o que se fazia comigo não guardava a menor relação com o sortimento multicor das sedas, das finas agulhas e das tesouras de diversos tamanhos, que estavam diante de mim. Apoderava-se de mim a dúvida de se aquela caixa se destinava de fato à costura, dúvida semelhante à que me assalta agora, em plena rua, quando, de longe, não sei decidir se estou vendo uma confeitaria ou uma vitrine de cabeleireiro. E dificilmente me teria surpreendido se, entre os carretéis, houvesse um que falasse o carretel Odradek[46], que vim conhecer quase quarenta anos mais tarde. Na verdade, o poeta chama de "preocupação do pai de família" as que vagueiam falantes e enigmáticas pelas escadas e cantos. Mas isso será apenas nas o caso do cabeça de uma dessas famílias ambíguas, em que as relações sexuais se perverteram. No mínimo, eu já sentia então que os carretéis de fio e linha me atormentavam com vis tentações. E, sem dúvida, a sede dessas tentações era a parte oca, na qual antes girara o eixo, cuja rotação ligeira enrolara o fio no carretel. Em seguida, aquele furo desaparecia em ambos os lados sob a etiqueta, que, o mais das vezes, era preta e trazia impressos em dourado o nome da firma e o número. Tão grande era a tentação de fincar a ponta dos dedos no centro da etiqueta, tão íntima a satisfação quando se rompia e eu tateava o furo debaixo.

Além da parte superior da caixa, onde ficavam os carretéis uns ao lado dos outros, onde brilhavam as cartelas pretas das agulhas e onde as tesouras ficavam confinadas a suas capas de couro, havia o fundo escuro, a desordem, onde reinava o entrançado desfeito, e onde sobras de elástico, ganchos, colchetes, retalhos de seda, se amontoavam. Nesse refugo também havia botões; muitos de tal feitio como jamais se viu em roupa alguma. Botões semelhantes encontrei muito tempo depois

---

46- Criação de Kafka. Segundo o autor: "O mais estranho bastardo que a pré-história engendrou em Kafka mediante o sentimento de culpa é Odradek... É a forma que as coisas assumem no esquecimento. Deformam-se e retomam irreconhecíveis. Tal é a *preocupação do pai de família*, de quem ninguém sabe o que é". (N.T.)

nas rodas do carro do deus trovão Thor, tal como as representara, nalgum compêndio escolar, um mestre-escola qualquer dos meados do século. Tantos anos me foram necessários para que, ao ver uma pequena gravura empalidecida, tivesse confirmada a suspeita de que toda aquela caixa fora destinada a outro tipo de tarefa que não à costura.

A mãe da Branca de Neve costura, e, do lado de fora, a neve cai. Quanto maior o silêncio, tanto mais honrada a mais silenciosa das atividades domésticas. Quanto mais cedo escurecia, tanto mais frequentemente pedíamos as tesouras. Então ficávamos, nós também, horas seguindo com o olhar a agulha, da qual pendia indolente um grosso fio da lã. Pois sem dizê-lo, cada um de nós tomara de suas coisas que pudessem ser forradas – pratos de papel, limpa-penas, capas – e nelas alinhavávamos flores segundo o desenho. E à medida que o papel abria caminho à agulha com um leve estalo, eu cedia à tentação de me apaixonar pelo reticulado do avesso que ia ficando mais confuso a cada ponto dado, com o qual, na frente, me aproximava da meta.

Desastres e crimes

A cidade tornava a prometê-los a mim a cada novo dia e à noite ficava a devê-los. Se ocorriam, logo desapareciam, assim que eu chegasse ao local, do mesmo modo como os deuses, que só dispõem de instantes para os mortais. Uma vitrine roubada, a casa donde tiravam um morto, o local no meio da rua onde caíra um cavalo – plantava-me diante desses pontos a fim de me fartar do hálito fugaz que o ocorrido deixara atrás de si. Então, como sempre, o incidente já se perdera dissipado e levado pela turba de curiosos que se dispersava aos quatro ventos. Quem é que podia concorrer com os bombeiros que, a jato, eram transportados a locais de incêndio desconhecidos? Quem é que podia enxergar através dos vidros opacos o interior da ambulância? Nesse veículo deslizava às pressas pela cidade o Desastre[47], cujo trajeto eu não sabia como acompanhar. No entanto, havia veículos ainda mais

47- "Unglück", ou seja, acidente, desventura, má sorte, desastre. (N.d.R.)

estranhos que, naturalmente, guardavam seu segredo com obstinação maior que a dos carros dos ciganos. E também neles era nas janelas onde eu via algo de insólito. Pequenas barras de ferro as guarneciam. E mesmo que a distância entre as grades fosse tão diminuta que nenhuma pessoa poderia passar entre elas, eu estava sempre preocupado com os malfeitores que lá dentro – dizia comigo – estavam presos. Naquele tempo eu não sabia que eram apenas veículos para o transporte de documentos, mas os compreendia como recipientes sufocantes da Desgraça.[48] Também o canal, onde as águas se moviam escuras e lentas, às vezes me cativava, como se fosse íntimo de toda Tristeza. Inutilmente, cada uma de suas muitas pontes estava comprometida em matrimônio com a Morte através dos salva-vidas. Sempre ao passar por uma delas, encontrava-a virgem, e, por fim aprendi a me contentar com as tabuletas que indicavam os procedimentos para reanimar os afogados. No entanto, esses métodos permaneceram tão distantes de mim quanto os guerreiros de pedra do Museu de Pérgamo.

Por toda a parte circulava o Desastre. A cidade e eu teríamos lhe preparado um leito macio, mas em lugar algum se deixava ver. Sim, se eu pudesse ter olhado através dos postigos rigidamente fechados do Hospital Santa Isabel. Ao passar pela Rua Lützow, percebera que muitas das janelas permaneciam fechadas em pleno dia. Quando perguntei o motivo, disseram-me que se tratava dos "doentes graves". Ao ouvirem falar do Anjo da Morte, que assinalou com o dedo as casas dos egípcios, onde os primogênitos deveriam morrer, os judeus podem ter visualizado aquelas casas com tanto terror quanto eu aquelas janelas fechadas. Mas será que o Anjo da Morte cumpria o seu dever? Ou será que um belo dia os postigos se abriam, e o doente grave assomava à janela como convalescente? Não se teria gostado de facilitar a passagem a ele: à Morte, ao fogo ou apenas ao granizo que tamborilava nos vidros de minha janela sem jamais perfurá-los? E é estranho que, agora, quando, por fim, o desastre e o crime se tornaram acessíveis, essa vivência arruinasse tudo a sua volta, até mesmo o limiar entre sonho e a realidade? Por isso já não sei se originou-se num sonho ou se

48- "Unheil", calamidade, catástrofe, mau, desgraça. (N.d.R.)

apenas, reiteradamente, nele aparecia. Em todo caso, estava presente no momento de tocar a "corrente".

– Não te esqueças de colocar a corrente – diziam-me quando me era permitido abrir a porta. O medo de um pé colocado na soleira da porta me perseguiu toda a infância. E, em meio a esses medos, estende-se infinitamente como uma tortura infernal o horror que acontecera só porque a corrente não fora posta. No gabinete de meu pai há um senhor. Não está mal vestido e parece não notar a presença de minha mãe; fala como se ela não existisse e fosse ar. Minha presença no quarto contíguo tem ainda menos significado para ele. O tom com que fala é talvez polido e, por certo, nunca ameaçador demais. Mais perigoso é o silêncio quando se cala. Nesta residência não há telefone. A vida de meu pai pende por um fio. Talvez ele não queira admiti-lo e, ao se levantar da secretária, da qual ainda não tivera tempo de sair, no intuito de pôr na rua aquele senhor que ali se introduzira e se instalara, este se antecipa a meu pai, toma da chave e a guarda consigo. A meu pai impede a saída e com minha mãe não tem nada a fazer. Sim, o mais pavoroso nele é seu modo de ignorá-la como se estivesse associada a ele, o assassino e chantagista.

Como essa obscura visitação doméstica ocorreu também sem que me fosse explicado seu enigma, pude sempre compreender todo aquele que acorre ao primeiro alarme de incêndio à vista. Estes ficam nas ruas como altares ante os quais se fazem súplicas à deusa do Desastre. Eu imaginava então que o minuto no qual alguém, com o único transeunte, ouvia soar o alarme ainda remoto, era mais excitante que o do aparecimento do carro dos bombeiros. Porém, quase sempre se perdia nele a melhor parte da desgraça. Pois mesmo nos casos em que houvesse incêndio, do fogo já não haveria nada para ver. Parecia que a cidade tratava com zelo aquelas raras chamas, alimentando-as nos pátios fechados ou sob os telhados, enciumada de todos os que pudessem ter uma visão da ave fogosa e esplêndida que criava. Vez por outra, bombeiros entravam e saíam, mas não pareciam valer tanto quanto o espetáculo do qual deveriam estar repletos. Se então surgisse um segundo carro com mangueiras, escadas e tanques, parecia que, após as primeiras manobras apressadas, se resignava à mesma rotina, e a equipe de reforço robusta e incapacitada mais parecia protetora que inimiga do fogo. Geralmente, porém, não chegavam outros carros, e subitamente se notava que a própria polícia sumira e que o fogo fora apagado. Ninguém queria confirmar que fora proposital.

Loggias[49]

Tal como a mãe, que aconchega no peito o recém-nascido sem acordá-lo, assim também a vida trata, durante muito tempo, as ternas recordações da infância. Nada fortalecia as minhas mais profundamente que a visão dos pátios, entre cujas *loggias* havia uma que, no verão, recebia a sombra de um alpendre e que foi para mim o berço, no qual a cidade pôs o cidadão recém-nascido. As cariátides que sustentavam a *loggia* do piso superior podem ter abandonado seu posto por um momento para cantarem ao lado do berço uma cantiga que, por certo, quase nada continha do que mais tarde me aguardava, embora, em compensação, incluísse a predição de que o ar dos pátios sempre me arrebataria. Creio que um adicional deste ar existia ainda em torno dos vinhedos de Capri, onde estreitava a amada nos braços; e é justamente nesse ar onde estão as imagens e alegorias que dominam meus pensamentos, assim como as cariátides nas *loggias* dominam os pátios do bairro Oeste de Berlim.

O ritmo dos bondes urbanos e do bater dos tapetes embalavam-me o sono. Era a fôrma onde se criavam meus sonhos. Primeiramente os informes, que talvez fossem perpassados pela torrente d'água ou pelo cheiro do leite; em seguida, os longamente entretecidos: sonhos de viagens e de chuvas; por fim, os sonhos mais vivazes: do próximo jogo de bola de gude no zoológico, da excursão do domingo. A primavera içava aqui os primeiros rebentos defronte de uma fachada de fundos cinzenta; e quando, no decorrer do ano, uma cobertura de folhas roçava mil vezes ao dia

49- Em uma carta a seu amigo Gershom Scholem, de 31 de julho de 1933, Benjamin anuncia seu "Loggias" como algumas páginas "das quais não posso dizer senão que são muito boas e que contêm o retrato mais exato que eu poderia fazer de mim mesmo." (Benjamin e G. Scholem, *Correspondência*, trad. Neusa Soliz, São Paulo: Perspectiva, 1993, p. 102). (N.d.R.)

a parede do prédio, esse roçar me ensinava algo para o que eu ainda não era suficientemente maduro. Pois tudo no pátio era para mim insinuação. Quantas mensagens não havia nas escaramuças das cortinas verdes ao serem erguidas, e quantas más notícias não deixei prudentemente fechadas no estrondo das gelosias que, ao anoitecer, caíam feito trovões.

Porém, o que mais profundamente podia me afetar era o lugar no pátio onde se encontrava a árvore. Haviam reservado um espaço no chão, onde fincaram um largo anel de ferro. Barras o atravessavam de modo que formavam uma grelha sobre a terra nua. Não me parecia guarnecida assim à toa; às vezes, punha-me a refletir sobre o que acontecia no buraco negro donde saía o tronco. Mais tarde estendi essa investigação até os pontos de parada dos coches. Aí as árvores se enraizavam de modo similar, mas eram além do mais cercadas, e cocheiros penduravam na cerca suas pelerines enquanto iam enchendo o bebedouro do cavalo na calçada com o jato d'água que levava os restos de feno e da aveia. Esses esperadouros, cuja tranquilidade só raramente era quebrada pela entrada ou saída dos coches, eram para mim províncias destacadas de meu pátio.

Muito se podia depreender de suas *loggias*: a tentativa de se entregar ao ócio vespertino, a esperança de impelir a vida familiar para o campo, o empenho em aproveitar ao máximo o domingo. Mas afinal era tudo inútil. A situação desses quadrados postos um sobre o outro não ensinava senão quantos negócios fatigantes cada dia legavam ao outro. Cordas de pendurar roupa corriam de uma parede à outra; a palmeira parecia desabrigada, tanto mais porque já não tinha como pátria o Continente Negro, mas sim o salão vizinho. Assim queria a lei do lugar, em torno do qual, outrora, se entretinham os sonhos dos moradores. Porém, antes que caísse no esquecimento, a arte por vezes se empenhava em transfigurá-lo. Em seus domínios ingressava ora um lampião, ora um bronze, ora um vaso chinês. E, mesmo que essas velharias raramente fizessem justiça ao lugar, foi assim que o próprio decorrer do tempo ganhou nas *loggias* um toque de antigo. O vermelho pompeano, que tão frequentemente se estendia em largas faixas nas paredes, era o fundo propício para as horas que se congestionavam nesse isolamento. O tempo envelhecia nesses lugares sombrios, que se abria para os pátios. E, justamente por isso, a manhã já era há muito manhã quando eu a encontrava em nossa *loggia*; ali parecia ser ela mesma mais que em qualquer outra parte. O mesmo se dava com as horas mais avançadas do dia. Jamais consegui esperá-las; elas é que estavam sempre me esperando. Já se encontravam lá há muito tempo, como que fora de moda, quando por fim eu vinha a seu encontro.

Mais tarde tornei a descobrir os pátios a partir da via férrea. E quando os olhava do alto de meu compartimento, nas tardes opressivas do verão, este parecia ter se encarcerado neles, separando-se da paisagem. E os gerânios, que apareciam com suas flores vermelhas nas jardineiras das janelas, se harmonizavam com ele menos que os colchões vermelhos pendurados nos parapeitos para serem arejados. As noites que se seguiam a esses dias encontravam-nos – a mim e a meus colegas – às vezes reunidos em torno da mesa da *loggia*. Nossos assentos eram móveis de jardim feitos de ferro e que pareciam trançados ou cobertos de junco. E os livros de bolso refletiam a luz de gás que jorrava de um globo vermelho e verde chamejante e no qual zumbia a camisa da lâmpada: uma tertúlia de leitores. O derradeiro suspiro de Romeu vagava através de nosso pátio à procura do eco que lhe reservara a cripta de Julieta.

Desde minha infância as *loggias* mudaram menos que os demais aposentos. Mas não é só por isso que estão mais próximas de mim. É antes pelo consolo que existe no fato de serem inabitáveis para aquele que mal consegue residir nalgum lugar. É nelas que a morada do berlinense tem seu limite. Berlim – o próprio deus da cidade – começa nelas. Permanece aí tão atual que nada de passageiro se impõe a ele. Sob sua guarda se reconciliam o tempo e o espaço. Ambos acampam aqui sob seus pés. Porém, o menino, que uma vez participou dessa aliança, se encontra em sua *loggia* rodeado por esse grupo, como num mausoléu há muito a ele destinado.

Rua Krumme[50]

Os contos de fada falam às vezes de passagens e galerias que, em ambos os lados, estão pontilhadas de quiosques cheios de tentações e perigos. Quando menino, fui íntimo de um trajeto semelhante; chamava-se Rua Krumme. No ponto onde tinha sua curva mais fechada ficava seu recanto mais sombrio: a piscina com as paredes de tijolos vermelhos vitrificados. Repetidamente, durante a semana, a água era renovada. Então era afixado na entrada o cartaz "Interditado Provisoriamente", e eu saboreava aquela trégua. Olhava em torno às vitrines das lojas e alimentava meu nobre sangue com a abundância de trastes sob sua custódia. Em frente da piscina havia uma casa de penhores. O passeio público ficava congestionado por ambulantes com seu mobiliário. Era uma região onde até o vestuário de estação tinha sua vez.

No local onde a Rua Krumme tomava a direção oeste, havia uma papelaria. Os olhares dos neófitos em sua vitrine começavam por examinar os cadernos baratos Nick-Carter. Mas eu sabia que era na parte dos fundos onde devia buscar os escritos picantes. Naquele ângulo não havia movimento. Durante muito tempo eu podia ficar com os olhos cravados na vidraça, primeiro para conseguir um álibi com os livros contábeis, compassos e obreias, para depois, repentinamente, atirar-me ao âmago daquelas criações em papel. É o impulso[51] que decifra o que, em nós, se manifesta mais tenazmente e a ele se une. Rosetas e lampiões na vitrine festejavam o evento arriscado.

Não longe da piscina ficava a biblioteca municipal. Apesar de suas tribunas de ferro, não me parecia nem alta nem fria demais. Farejava ali meu próprio território. Pois seu cheiro o precedia. Aguardava-me como se estivesse sob uma fina camada protetora em meio ao frio e à umidade que me acolhiam na escada. Timidamente empurrava a porta de ferro. Mas mal chegava à sala de leitura, o silêncio começava a tomar conta de minhas forças.

50- Literalmente, "Rua Tortuosa". (N.T.)
51- "Trieb", no original. (N.d.R.)

Na piscina repugnava-me o ruído das vozes que, geralmente, se misturava ao bramido dos encanamentos. Já ecoava na sala de entrada, onde cada um tinha de adquirir a senha de admissão ao banho. Pôr o pé além da soleira significava se despedir do mundo dos vivos. Depois dali ninguém mais estava protegido contra a massa d'água abobodada. Era a morada duma deusa invejosa que almejava nos colocar no peito e nos ensopar em suas frias câmaras até que na superfície nada mais recorde de nós.

No inverno, ao sair da piscina para voltar a casa, as luzes de gás já estavam acesas. Isso não me impedia de fazer um desvio que me levava de volta àquele meu canto, como se quisesse surpreendê-lo em flagrante delito. Também na papelaria havia luz. Parte dela caía sobre as mercadorias expostas e se misturava àquela dos postes da rua. Nesse lusco-fusco a vitrine prometia mais que habitualmente. Pois agora a impudicícia dos cartões e das brochuras fazia crescer meu fascínio por eles graças à noção de ter se encerrado por hoje aquele dia de trabalho. O que se passava em mim podia ser levado para casa, para debaixo da lâmpada. Sim, a própria cama me fazia retomar muitas vezes àquela loja e à corrente humana que percorria a Rua Krumme. Rapazotes vinham a meu encontro, esbarrando comigo. Porém, a altivez que, no caminho, haviam provocado em mim não ressurgia. O sono arrancava do silêncio de meu quarto um murmúrio que, num instante, me indenizava de tudo o que me era odioso nos banhos públicos.

A ilha dos pavões e Glienicke

O verão me aproximava dos Hohenzollern. Em Potsdam, o Palácio Novo e o Sanssouci, o Wildpark e o Charlottenhof, e em Babelsberg, o palácio e seus jardins, foram vizinhos de nossas casas de veraneio. A proximidade dessas construções dinásticas nunca me perturbou durante meus folguedos, uma vez que me apropriava dos lugares à sombra desses prédios reais. Poderia ter se escrito a história de meu império, que se estendia desde minha investidura num dia de verão até sua queda no fim do outono. Minha própria existência se dissipava totalmente em lutas por esse reino, as quais não tinham nada a ver com um oponente ao *Kaiser*, mas sim com a própria terra e os espíritos que enviava contra mim.

Foi numa tarde na Ilha dos Pavões que sofri minha derrota mais grave. Haviam-me dito que buscasse na relva plumas de pavão. Quão mais atraente me pareceu a ilha, agora que se tornava o lugar onde eu poderia achar troféus tão encantadores! Contudo, após ter procurado em vão o prometido por todos os cantos do gramado, invadiu-me um sentimento de tristeza, mais do que de rancor, por aquelas aves que passeavam com as plumagens. Intactas em frente dos viveiros. Os achados para as crianças equivalem às vitórias para os adultos. Eu buscara algo que a ilha teria reservado totalmente para mim, que teria revelado só a mim. Com uma pluma apenas, teria me apossado dela – e não só da ilha, mas também da tarde, da travessia de barca desde Sakrow –, tudo isso me teria sido dado inteiramente, incontestavelmente, através de minha pluma. A ilha se perdeu e com ela minha segunda pátria: a terra dos pavões. E só então, antes de voltar a casa, li nas janelas reluzentes do pátio do palácio os sinais que o brilho do sol nelas formava: Hoje eu não deveria penetrar no interior.

Como, naquela época, minha dor não poderia ter sido mais inconsolável se eu não tivesse perdido com uma pluma, que me escapou, uma terra ancestral, assim também a alegria de aprender a andar de bicicleta, de outra feita, não teria sido maior se com isso não tivesse conquistado novos territórios. Isto se deu num daqueles ginásios de piso asfaltado, onde, durante a moda do ciclismo, essa arte, que hoje as crianças se ensinam umas às outras, era ensinada com tanta formalidade quanto a direção de automóveis. O ginásio ficava no campo, perto de Glienicke. Datava de uma época em que o esporte e o ar livre ainda não eram indissociados. Naqueles dias tampouco haviam sido reunidas as diversas formas de treinamento. Cada qual, por puro zelo, tratava de se distinguir das outras por meio de instalações próprias e trajes excêntricos. Além disso, a característica desses tempos primordiais do esporte – sobretudo do que se praticava aqui – foi que as excentricidades dessem à tônica. Eis por que se moviam nesse salão, ao lado de bicicletas masculinas, femininas e infantis, exemplares mais modernos, cuja roda dianteira era quatro a cinco vezes maiores que as traseiras e cujo selim era como o assento de um acrobata no qual ele praticasse seu número.

Os balneários públicos exibem com frequência piscinas separadas para nadadores e para os que não sabem nadar; do mesmo modo, se podia falar aqui de uma separação. Pois, de fato, ela existia entre os que tinham de se exercitar no piso asfaltado e os outros que podiam sair do ginásio e pedalar no jardim. Demorou algum tempo até que eu ingressasse nesse segundo grupo. Porém, um belo dia de verão permitiu que eu saísse. Fiquei atordoado. O caminho era de cascalhos; as pedrinhas rangiam; pela primeira vez, não havia proteção alguma contra o sol que me cegava. O asfalto era sombreado e cômodo e não possuía caminhos predeterminados. Aqui, no entanto, os perigos nos espreitavam a cada curva. Embora não tivesse nenhuma roda livre e o caminho fosse plano, a bicicleta parecia se mover por conta própria. Era como se eu jamais a tivesse montado. Uma vontade autônoma começou a se manifestar no guidom. Cada buraco na estrada ameaçava me tirar o equilíbrio. Havia muito tempo que eu desaprendera a cair, mas eis que agora a gravidade fazia valer sua força, à qual renunciara durante anos. Após uma pequena lombada, o caminho subitamente afundava; a elevação que me fez deslizar de seu topo se pulverizou diante do pneu numa nuvem de poeira e pedras; os galhos das árvores zuniram em meu rosto quando passei e, quando já perdera toda esperança de poder parar, de repente me acena o suave limiar da entrada. Com o coração palpitando, mas com todo o ímpeto que o declive acabara de me dar, emergi na sombra do ginásio, montado na bicicleta. Ao desmontar, o fiz com a certeza de que naquele verão Kohlhasenbrück com sua estação ferroviária, o lago Griebnitz com seus caramanchões abobodados que desciam até a plataforma flutuante, o palácio de Babelsberg com suas graves ameias e os perfumosos pomares de Glienicke, caíram em meu regaço, através da aliança com aquele declive, com tanta facilidade como caem nos domínios monárquicos ducados ou reinados através dos matrimônios.

A Lua

A luz que flui da Lua não faz parte do cenário de nossa vida diurna. O âmbito que ilumina de maneira imprecisa parece pertencer a uma antiterra ou a uma Terra vizinha. Já não é aquela Terra que a Lua segue como satélite, mas sim aquela a que ela mesma transformou em satélite. Seu peito amplo, cuja respiração foi o tempo, já não se mexe; finalmente a criação regressa ao ponto de partida e pode novamente pôr o véu de viuvez que o dia lhe havia arrebatado. O pálido raio que permeava através da persiana de meu quarto me fez compreender aquilo. Meu dormir se tornou intranquilo; a lua o cortava com seu vaivém. Quando ela estava em meu quarto e eu acordava, me desalojava, pois parecia não querer abrigar ninguém a não ser a si própria.

A primeira coisa sobre a qual meu olhar recaiu foram as duas pias cor creme do lavabo. De dia nunca me detinha sobre elas. No entanto, ao luar, a faixa azul que circundava a parte superior do lavabo me desgostava. Simulava um tecido se entrelaçando a uma orla. E, de fato, a borda das pias era franzida como uma golilha. Jarros sólidos ficavam no meio entre as duas e eram da mesma porcelana e com o mesmo desenho de flores. Quando me levantava da cama, eles tilintavam, e esse tinir se prolongava na plataforma de mármore do lavatório, atingindo taças e tigelas, copos e garrafas. Por mais que me alegrasse ouvir aquele sinal de vida no ambiente noturno – mesmo que fosse apenas um eco de minha própria vida –, não passava de um sinal em que não se podia confiar e que, como falso amigo, pretendia me lograr no momento em que menos o esperasse. Isso se dava quando erguia a mão com a garrafa para pôr água no copo. O gorgolejo dessa água, o barulho com que eu recolocava no lugar primeiro a garrafa e depois o copo – tudo isso soava a meus ouvidos como algo repetido. Pois todos os lugares desse planeta contíguo, ao qual eu me havia deslocado, pareciam já ter sido ocupados pelo passado. Por isso, cada som e cada momento vinham a meu encontro como seu próprio sósia. E, depois de passar por tal experiência durante algum tempo, aproximava-me da cama cheio de medo de me encontrar a mim mesmo ali estirado.

O medo só se extinguia por completo quando tornava a sentir o colchão em minhas costas. Então adormecia. O luar saía lentamente de meu quarto. E, com frequência, este já estaria imerso na escuridão quando eu acordava uma segunda ou terceira vez. Era a mão a primeira a ter de se animar a emergir por sobre a borda da trincheira do sono, na qual encontrara abrigo contra os sonhos. E tal como alguém, após o fim do combate, muitas vezes é surpreendido por uma bomba ainda não detonada, a mão ficava à espera de cair vítima de um sonho retardatário. Quando, então, a lamparina sossegava a ela e a mim, eu verificava que do mundo nada subsistia a não ser uma única pergunta pertinaz. Pode ser que essa pergunta se escondesse nas dobras da cortina que pendia diante de minha porta com o fim de deter os ruídos externos. Pode ser que fosse apenas o que sobrara de muitas noites. s já passadas. E, por fim, podia ser o reverso do sentimento estranho que a Lua propalara em mim. A pergunta era: por que existiam as coisas no mundo? Por que existia o mundo? Estupefato percebi que nada me podia forçar a pensar o mundo. De nenhum modo, seu não – existir me teria sido mais questionável que seu existir, o qual parecia piscar para o não existir. A Lua fazia um jogo fácil com esse existir.

Minha infância já estava quase finda quando, por fim, a Lua pareceu disposta a reivindicar sua pretensão sobre a Terra, pretensão que antes só havia manifestado durante a noite. No alto do horizonte, grande, mas pálida, ela estava no céu de um sonho sobre as ruas de Berlim. Ainda estava claro. Meus familiares estavam a meu redor, um pouco rígidos como num daguerreótipo. Só minha irmã estava ausente. – Onde está Dora? – ouvi minha mãe dizer. A Lua, que estivera cheia no céu, de repente começou a crescer. Chegando cada vez mais perto, destroçou o planeta. A balaustrada da sacada de ferro, onde todos nos havíamos sentado, por cima da rua, se desintegrou e os corpos que a ocupavam se esmigalharam rapidamente em todas as direções. O funil que, ao vir, a Lua formara, sugou tudo. Nada poderia esperar atravessá-la sem se transformar. "Se agora existe a dor, então não existe Deus nenhum". Isto me foi revelado, e, ao mesmo tempo, juntei tudo o que queria levar comigo. Coloquei tudo num verso. Era a despedida. "à estrela e flor, espírito e corpo, amor e sofrimento e tempo e eternidade!".[52] Porém, ao tentar me consubstanciar àquelas palavras, eu já estava desperto. E só então o terror, com que a Lua acabara de me revestir, pareceu se aninhar em mim sem trégua e sem consolo. Pois esse acordar não fixou, como outros, ao sonho sua meta, mas sim me revelou que esta lhe escapara e que o regime da Lua, que eu experienciara quando menino fracassara para só voltar em outro tempo universal.

O corcundinha

Quando pequeno, gostava de olhar, durante os passeios, através das grades horizontais que permitiam que nos colocássemos diante de uma vitrine, mesmo quando, debaixo dela, se abrisse uma claraboia que servia para prover um pouco de luz e ar a respiradouros nas profundezas. Essas aberturas mal davam para o lado de fora; abriam-se antes para o subterrâneo. Daí a curiosidade com que olhava para baixo através das barras de cada gradeado que pisava a fim de ganhar do subterrâneo a visão de um canário, de uma lâmpada ou de um morador. Nem sempre era possível. Mas, se durante o dia fossem vãs minhas tentativas, poderia acontecer que, à noite, a coisa se invertesse, e eu mesmo me tornasse presa em sonhos de olhares que apontavam para mim de tais aberturas. Eram gnomos de gorros pontudos que os lançavam. Porém, mal me haviam assustado até a medula, já desapareciam.

A meu ver, o mundo que de dia povoava essas janelas não era rigorosamente distinto daquele que à noite se punha à espreita para me assaltar em sonhos. Por isso soube logo a que me ater quando deparei aquela passagem no livro de contos infantis, de Georg Scherer, que dizia: "Quando à adega vou descer/ Para um pouco de vinho apanhar/ Eis que encontro um corcundinha/ Que a jarra me quer tomar". Conhecia aquela súcia sempre pronta a fazer estrago e travessura e não estranhava que se sentisse na adega como em casa. Uma "gentalha",

52- Esses são os dois últimos versos do poema de Clemens Brentano "Was reif in diesen Zeilen steht" (1835). (N.d.R.)

isso é que eram. E logo me lembrava daqueles comparsas noturnos que, no princípio da noite, se encontram com o galo e a galinha: ou seja, a agulha e o alfinete que gritam: – Logo ficará escuro como breu. O que em seguida fizeram com o taverneiro, que os hospedara tão tarde, lhes pareceu apenas uma brincadeira[53]. Mas a mim metia medo. O corcundinha era da mesma espécie. Contudo não se aproximou de mim. Só hoje sei como se chamava. Minha mãe me revelou seu nome sem que o soubesse. "Sem jeito mandou lembranças" era o que sempre me dizia quando eu quebrava ou deixava cair alguma coisa. E agora entendo do que falava. Falava do corcundinha que me havia olhado. Aquele que é olhado pelo corcundinha não sabe prestar atenção. Nem a si mesmo nem ao corcundinha. Encontra-se sobressaltado em frente a uma pilha de cacos: "Quando a sopinha quero tomar/ É à cozinha que vou,/ Lá encontro um corcundinha/ Que minha tigela quebrou".[54]

Onde quer que ele aparecesse, eu ficava a ver navios. Pois as coisas se subtraíam até que, depois de anos, o jardim se transformasse num jardinete, o quarto num quartinho, o banco numa banqueta. Encolhiam-se, e era como se crescesse nelas uma corcova que, por muito tempo, as deixava incorporadas ao mundo do homenzinho. Andava sempre à minha frente em toda parte. Solícito, colocava-se no caminho. Fora isso, nada me fazia esse procurador cinzento, senão introduzir o esquecimento no meio de qualquer coisa de que eu me aproximasse. "Quando ao meu quartinho vou/ Meu mingauzinho provar/ Lá descubro o corcundinha/ Que metade já tomou". Assim encontrava o homenzinho frequentemente. Só que nunca o vi. Só ele me via. E tanto mais nítido quanto menos eu me via a mim mesmo.

Penso que isso de "toda a vida", que dizem passar diante dos olhos do moribundo, se compõe de tais imagens que tem de nós o homenzinho. Passam a jato como as folhas dos livrinhos de encadernação rija, precursores de nossos cinematógrafos. Com um leve pressionar, o polegar se movia ao longo da superfície de corte; então se viam imagens

53- Alusão ao conto recolhido pelos irmãos Grimm: *Lumpengesindel*, o original, cujos protagonistas são o galo, a galinha, o alfinete e a agulha. (N.T.)

54- Citação, provavelmente de memória, do poema infantil da coletânea de Clemens Brentano e Achim von Arnim, *Des Knaben Wunderhorn* (A trompa mágica), 1805-1808. (N.d.R.)

que duravam segundos e que mal se distinguiam umas das outras. Em seu decurso fugaz deixavam entrever o boxeador em ação e o nadador lutando contra as ondas. O homenzinho tem também imagens de mim. Viu-me nos esconderijos, defronte da jaula da lontra, na manhã de inverno, junto ao telefone no corredor, no Brauhausberg com as borboletas e em minha pista de patinação com a música da charanga, em frente da caixa de costura e debruçado sobre minha gaveta, na Blumeshof e quando estava doente e acamado, em Glienicke e na estação ferroviária. Agora ele tem seu trabalho atrás de si. Contudo, sua voz, que faz lembrar o zumbido da chama de gás, me cochicha para além do limiar do século: "Por favor, eu te peço, criancinha/ Que reze também pelo corcundinha".

IMAGENS DO PENSAMENTO

Nápoles

Walter Benjamin e Asja Lacis

Há alguns anos, por causa de transgressões morais, um padre era conduzido numa carreta pelas ruas de Nápoles. Lançando imprecações, pessoas o seguiam. Em certa esquina surge um cortejo de núpcias. O padre se ergue, faz o sinal da cruz, e todos os que estão atrás da carreta caem de joelhos. É dessa maneira incondicional que o catolicismo se empenha por se restabelecer nesta cidade, qualquer que seja a circunstância. Se um dia desaparecesse da face da Terra, seu último reduto não seria Roma, mas Nápoles.

Não pode esse povo viver de acordo com sua imensa barbárie, crescida do coração da própria cidade grande, em lugar algum com mais segurança que no seio da Igreja. Precisa do catolicismo, pois com ele se erige uma legenda, a data de calendário de um mártir, que ainda legaliza os seus excessos. Aqui nasceu Santo Alfonso di Liguori que tornou flexível a praxe da Igreja, perito em seguir o ofício dos malandros e prostitutas, a fim de controlá-lo no confessionário, cujo compêndio redigiu em três tomos, com penalidades eclesiásticas mais severas ou mais brandas. Apenas a Igreja, e não a polícia, pode se equiparar à autonomia da criminalidade, a Camorra.

Assim, quem é lesado não pensa em recorrer à polícia, se faz questão de reaver o que é seu. Com a ajuda de intermediários civis ou religiosos, quando não o faz por si próprio, chega a um camorrista. Por meio deste se ajusta o resgate. De Nápoles até Castellamare, ao longo dos subúrbios proletários, se estende o quartel-general da Camorra continental. Pois esses criminosos evitam bairros onde se colocariam à disposição da polícia. Distribuem-se na cidade e na periferia. Isso os torna perigosos. O viajante que, até Roma, tateia continuamente de obra de arte em obra de arte, como numa estacada, não vai se sentir bem em Nápoles.

Isso não pôde ser provado mais grotescamente do que por meio da convocação de um congresso internacional de filósofos. Desintegrou-se, sem deixar vestígio, na fumaça dos fogos de artifício desta cidade, enquanto a celebração dos setecentos anos da universidade, a cuja auréola de latão fora adjudicado, se desenrolava em meio à bulha de uma festa popular. Queixosos compareceram à secretaria os convidados cujo dinheiro e documentos tinham sido subtraídos num piscar de olhos. Mas tampouco o viajante comum se sai melhor. O próprio guia Baedeker não poderia tranquilizá-lo. Aqui as igrejas não se deixam achar, a escultura assinalada com asterisco fica na ala do museu interditada em dado momento, e, em frente das obras dos artistas nativos, aparece como advertência a palavra "maneirismo".

Nada é mais apreciado que a famosa água potável. A pobreza e a miséria atuam contagiosamente da mesma forma como são apresentadas às crianças, e o medo tolo de ser explorado é apenas a racionalização mesquinha desse sentimento. Se, de fato, como disse Péladan, o século XIX inverteu a ordem medieval e natural dos bens necessários à vida, se moradia e vestuário se tornaram obrigatórios às custas de alimentação, aqui então tais convenções foram revogadas. Um mendigo jaz na rua, apoiado contra o meio-fio, e agita, como quem se despede na estação ferroviária, o chapéu vazio. Aqui a miséria conduz para baixo, como há dois mil anos conduzia às criptas: ainda hoje o caminho das catacumbas passa através de um "Jardim da Agonia"; ainda hoje, aí dentro, os deserdados da sorte são os guias. No Hospital San Genaro dei Poveri a entrada é um complexo de edifícios brancos que conduz a dois pátios. De ambos os lados da passagem ficam os bancos dos doentes graves, que acompanham os que saem com olhares que não revelam se agarram às suas roupas para ganharem a liberdade ou se para neles expiarem desejos inimagináveis.

No segundo pátio, as saídas dos quartos são gradeadas; atrás delas, os aleijados exibem suas mutilações, e sua alegria é o espanto dos que passam distraídos.

Um dos velhos conduz e segura a lanterna rente a um fragmento de afresco dos primeiros cristãos. Então faz ressoar a centenária palavra mágica "Pompeia". Tudo o que o estrangeiro admira, deseja e paga é "Pompeia". "Pompeia" torna irresistíveis as imitações em gesso das ruínas do templo, a corrente de massa de lava e o cicerone piolhento. Esse fetiche é tanto mais milagroso porquanto o viu, alguma vez, a menor parte daqueles que alimenta. É compreensível que a Madona milagrosa que lá reina, ganhe uma igreja de romaria novinha em folha e custosa. É nessa construção, e não na Casa dos Vettii, que Pompeia vive para os napolitanos. E onde a malandragem e a miséria, afinal, sempre retomam a casa.

Fantásticos relatos de viajantes aquarelaram a cidade. Na verdade, ela é cinzenta: um vermelho ou um ocre cinzento, um branco cinzento. E totalmente cinzenta na direção do céu e do mar. No mínimo isso desentusiasma o cidadão. Pois quem não entende de formas tem pouco a ver aqui. A cidade é rochosa. Vista do alto, onde os ruídos não chegam, do Castel San Martino, jaz no crepúsculo vespertino como que deserta, soldada à pedra. Apenas uma tira de costa se estende uniforme; atrás dela se escalonam os prédios, uns por cima dos outros. Habitações coletivas de seis e sete andares, em subsolos, junto aos quais escadas correm para o alto, parecem arranha-céus comparadas com as vilas. No próprio solo rochoso, onde ele atinge a costa, se abriram cavernas. Como em gravuras de eremitas do Trecento, surgem portas aqui e acolá no seio das rochas. Se estão abertas, pode-se olhar para dentro de grandes porões que são, ao mesmo tempo, dormitório e depósito. Daí em diante, degraus levam até o mar, até botecos de pescadores instalados em grutas naturais, donde, à noite, se filtra para o alto uma luz turva e uma música tênue.

A arquitetura é porosa como essas rochas. Construção e ação se entrelaçam uma à outra em pátios, arcadas e escadas. Em todos os lugares se preservam espaços capazes de se tornar cenário de novas e inéditas constelações de eventos. Evita-se o definitivo, o gravado. Nenhuma situação aparece, como é, destinada para todo o sempre; nenhuma forma declara o seu "desta maneira e não de outra". Aqui é assim que se materializa a arquitetura, essa componente mais concisa da rítmica da sociedade. Civilizada, privada e ordenada apenas nos grandes hotéis e nos armazéns do cais – anárquica emaranhada e rústica no centro da cidade, onde só há quarenta anos se abriram a picareta grandes arruamentos. E apenas neles a casa, segundo os conceitos nórdicos, constitui a célula da arquitetura urbana. Por outro lado, ela é no interior o quarteirão sustentado em suas esquinas por murais da Madona, como se fosse por braçadeiras de ferro.

Ninguém se orienta pela numeração das casas. São lojas, fontes e igrejas que dão os pontos de referência. Nem sempre fáceis. Pois a igreja napolitana, em geral, não se ostenta num espaço gigantesco visto à distância com transeptos, coros e cúpulas. Fica escondida, encaixada; frequentemente as altas cúpulas são visíveis apenas de poucos lugares, e mesmo assim não é fácil achar o caminho até elas; impossível distinguir o volume da igreja do volume das construções profanas vizinhas. O forasteiro passa sem percebê-la. Uma porta singela, muitas vezes apenas uma cortina, é a entrada secreta para os que a conhecem. Um passo os transfere da balbúrdia de pátios sujos para a íntegra solidão do ambiente espaçoso e caiado da igreja. Sua existência privada é a desembocadura barroca de elevada publicidade. Pois não é entre as quatro paredes, nem entre mulheres e crianças que ela aqui desabrocha, mas na devoção ou no desespero. Travessas permitem que o olhar resvale, por sobre degraus sujos, para dentro de botequins, onde bebem três ou quatro homens sentados, isolados e ocultos atrás de tonéis como se fossem colunas de igreja.

Em tais recantos mal se percebe o que ainda está sob construção e o que já entrou em decadência. Pois nada está pronto, nada está concluído. A porosidade se encontra não só com a – indolência do artífice meridional, mas sobretudo com a paixão pela improvisação. Para ele, em qualquer caso, espaço e ocasião devem permanecer preservados. Usam-se prédios como palcos populares. Toda a gente os divide num sem-número de áreas de representação simultaneamente animadas. Balcões, átrios, janelas, portões, escadas, telhados, são ao mesmo tempo palco e camarote. Mesmo a existência mais miserável é soberana no vago conhecimento duplo de atuar em conjunto, em toda a perversão, numa cena de rua napolitana, que nunca se repete; de, em sua pobreza, gozar o lazer de acompanhar o grande panorama. Uma escola superior de direção artística é o que tem lugar nas escadas. Estas, nunca totalmente expostas, mas ainda menos encobertas que nos abafados caixotes dos nórdicos, se projetam fracionadamente pela casa afora, fazem uma curva angulosa e somem para de novo se precipitarem.

A decoração das ruas tem, também materialmente, estreito parentesco com a do teatro. O papel é o personagem mais importante. Enxota-moscas vermelhos, azuis e amarelos, altares de papel acetinado nos muros, rosetas de papel nos pedaços crus de carne. Além disso, a engenhosidade das *varietés*. Alguém se ajoelha no asfalto, ao seu lado uma caixinha, e a rua é uma das mais animadas. Com giz colorido desenha na pedra um Cristo, mais ou menos embaixo a cabeça da Madona. Entrementes, um círculo se fechou à sua volta; o artista se ergue, e, enquanto espera ao lado de sua obra durante quinze, trinta minutos, da roda caem escassas moedas contadas por sobre a cabeça, o tronco e os membros de sua figura. Até que ele as recolha, todos se dispersam, e, em poucos instantes, o desenho está pisoteado.

Entre tais habilidades, comer macarrão com as mãos não é a menos importante. Com uma remuneração isso é mostrado a estrangeiros. Outras coisas se fazem pagar segundo uma tarifa. Comerciantes pagam preço fixo pelas pontas de cigarro catadas das fendas após o fechamento dos cafés. (Outrora essa procura se fazia com lampiões.) Vendem crânios de gato cozidos e mariscos nas bancas do bairro portuário, junto dos restos de comida dos restaurantes. – Música circula ao redor: não melancólica para os pátios fechados, mas radiante para as ruas. A larga carreta, uma espécie de xilofone, está carregada de textos em cores das canções. Aqui eles podem ser comprados. Uma pessoa gira; outra, ao lado, surge com o prato à frente de todo aquele que, ao ouvir, fica como que num sonho. Assim, toda a alegria é transportável: música, brinquedo, sorvete, se alastram pelas ruas.

Essa música é resquício do último feriado e prelúdio do seguinte. O feriado penetra sem resistência qualquer dia de trabalho. A porosidade é a lei inesgotável dessa vida, a ser redescoberta. Um grão do domingo se esconde em todo dia de semana, e quantos dias de semana nesse domingo!

Contudo, nenhuma cidade é capaz de murchar mais depressa que Nápoles nas poucas horas do repouso dominical. Está cheia de motivos de festa aninhados nas coisas mais singelas. Se alguém abaixa persianas em frente da janela, é como se noutra parte bandeiras fossem içadas. Meninos coloridos pescam em regatos de azul profundo e levantam olhos na direção de torres de igreja supermaquiladas de vermelho. No alto, por cima das ruas, se estendem varais onde as roupas se penduram como flâmulas ordenadas. Sóis delicados se acendem nas tinas de vidro com bebidas geladas. Dia e noite reluzem esses pavilhões com os pálidos sumos aromáticos, com os quais a própria língua aprende o que significa porosidade.

Mas se política ou calendário, de algum modo, for propício, então tudo o que é secreto e dividido colide na festa ruidosa. E, em geral, ela é coroada com um fogo de artifício sobre o mar. Uma única faixa de fogos corre ao longo da costa entre Nápoles e Sorrento, nas noites de julho até setembro. Ora sobre Sorrento, ora sobre Minori ou Prajano, mas sempre sobre Nápoles, se encontram bolas de fogo. Aqui o fogo tem seu corpo e alma. Sujeita-se a modas e artifícios. Toda paróquia deve superar a festa das vizinhas por meio de novos efeitos luminosos.

Com isso, o mais antigo elemento da origem chinesa, a magia do clima em forma de foguetes desenvolvidos a partir do modelo do dragão, mostra-se muito superior ao fausto telúrico: aos sóis que se colam ao chão e ao crucifixo iluminado pelo fogo de santelmo. Na praia, os pinheiros do *Giardino Pubblico* formam um claustro. Quando se desce até lá na noite de festa, então a chuva de fogos se aninha em todas as copas. Mas, tampouco aqui, nada de sonhos. Em primeiro lugar, o estrondo galha de qualquer apoteose as graças do povo. Em Piedigrotta, na festa principal dos napolitanos, esse prazer infantil pelos estrondos assume uma feição selvagem. Na noite de oito de setembro hordas compostas de até cem homens enfiam por todas as ruas.

Sopram enormes cartuchos, cuja abertura de ressonância é disfarçada com máscaras grotescas. À força, se não puderem fazê-lo de outra forma, cercam uma pessoa, e, de um sem-número de tubos, o som surdo penetra de modo dilacerante os ouvidos. Negócios inteiros se baseiam no espetáculo. Os pequenos jornaleiros esticam na boca exemplares do *Roma* e do *Corrieri di Napoli*, como hastes de borracha. Seus berros são manufatura urbana.

O ganha-pão arraigado em Nápoles roça o acaso e se fixa aos feriados. A conhecida lista dos sete pecados capitais transferiu o orgulho para Gênova, a avareza para Florença (os antigos teutões eram de opinião distinta e chamavam de "Florenzen" aquilo que se chama amor grego), a luxúria para Veneza, a ira para Bolonha, a gula para Milão, a inveja para Roma e a preguiça para Nápoles. A loteria, irresistível e ardente como em nenhuma outra parte da Itália, permanece a típica atividade de sustento. Todo sábado, às quatro, pessoas se aglomeram no pátio da casa onde se extraem os números. Nápoles é uma das poucas cidades com sorteio próprio. Com a casa de penhores e com o jogo lotérico, o Estado segura o proletariado como se usasse tenazes: o que assegura com aquela, retoma com este. A embriaguez mais ponderada e mais liberal do jogo de azar, do qual toda a família participa, substitui à alcoólica.

E a ela se assemelha a vida comercial. Um sujeito se acha numa caleça desatrelada em certa esquina. Pessoas se apinham ao redor. A boleia está aberta, e o vendedor dela retira alguma coisa que não para de apregoar. Antes que possa ser vista, desaparece num papelote colorido de rosa ou de verde. Assim ele a ergue, e num instante é vendida por uns poucos *soldi*. Com os mesmos gestos misteriosos vai vendendo uma peça após a outra. Haverá bilhetes de loteria nesse papel? Bolos com uma moeda em cada dez? O que torna as pessoas tão ávidas e o homem tão inescrutável como o "Moograby" – Está vendendo uma pasta de dente.

O leilão é inestimável para esse tipo de conduta comercial. Quando, cedo, às oito da manhã, o vendedor ambulante, já ao desempacotar, começou a exibir em separado cada peça: guarda-chuvas, pano de camisa, xales, a seu público desconfiado, como se devesse ele mesmo experimentar as mercadorias antes de todos; quando então se exalta e pede preços fabulosos e vai serenamente dobrando de novo o grande corte de fazenda de quinhentas liras, que estendera, e a cada dobra oferece um preço melhor e, por fim, quando a peça jaz diminuta em seus braços, a deixa por cinquenta – então terá permanecido fiel às mais antigas práticas da feira. – Sobre o divertido prazer de comerciar do napolitano existem histórias graciosas. Numa *Piazza* movimentada escapole o leque da mão de uma senhora gorda. Desamparada, olha ao redor; não está em forma para recolhê-lo por si própria. Um cavaleiro aparece e se dispõe a prestar esse serviço por cinquenta liras. Negociam, e a senhora recupera seu leque por dez.

Bem-aventurada distração no armazém! Pois aqui ele ainda está de acordo com a barraca de feira: são bazares. A passagem longa é privilegiada. Numa delas, com cobertura de vidro, há uma loja de brinquedos (na qual se poderia comprar também perfume e cálices de licor) que deveria existir ao lado das galerias dos contos de fada. A rua principal de Nápoles, a de Toledo, atua como uma galeria. Inclui-se entre as mais movimentadas da Terra. De ambos os lados dessa estreita passagem exibe-se de modo insolente, rude e sedutor o que se reuniu no porto. Só fábulas conhecem tais carreiras compridas que são percorridas sem que se olhe à direita e à esquerda, se não se quer cair presa do demônio. Aqui existe um empório; em cidades, geralmente o centro de compras, rico e magnético. Aqui é sem graça, e toda a multiplicidade em espaço apertado lhe é superior. Mas com uma minúscula sucursal – brinquedos, sabões, chocolate – aparece noutra parte, oculto entre as pequenas barracas de venda.

A vida doméstica é repartida, porosa e entremeada. O que distingue Nápoles de todas as grandes cidades é a afinidade com o *kral*[1] dos hotentotes: cada atitude e desempenho privado é inundado por correntes da vida comunitária. O existir, para o nórdico o assunto mais privado, se torna aqui, como no *kral*, objeto da coletividade.

Por isso a casa é muito menos o asilo, no qual pessoas ingressam, do que o reservatório inesgotável, do qual efluem. Não apenas de portas irrompe a vida. Não apenas para os átrios, onde, sentadas em cadeiras,

1- *Kral*: aldeia africana em forma de círculo, defendida por uma paliçada. (N.T.)

as pessoas executam seus afazeres (pois têm a faculdade de transformar o corpo em mesa). Lides domésticas pendem das sacadas como plantas em vasos. Das janelas dos andares mais altos vêm cestas em cordas para correio, frutas e couve.

Do mesmo modo como o quarto retoma à rua com cadeiras, fogão e altar, a rua peregrina quarto adentro, só que com muito mais rumor. Mesmo o mais pobre dos quartos está tão repleto de velas, santo de argila, tufos de fotografia na parede e beliches de ferro, quanto o está a rua de carretas, gente e luzes. A miséria efetuou uma extensão dos limites, que é o reflexo da mais radiante liberdade de espírito. Comer e dormir não tem hora, muitas vezes nem sequer lugar.

Quanto mais pobre o bairro, tanto maior o número de tavernas. Quem pode, vai buscar aquilo de que precisa dos fogões em plena rua. Os mesmos pratos têm gosto diferente de acordo com o cozinheiro: nada é processado ao acaso, mas de acordo com receitas experimentadas. Como na vitrine da menor *trattoria* peixes e carnes se amontoam à frente do freguês que as avalia, aqui há uma nuança que ultrapassa as exigências do conhecedor. Para isso, no mercado de peixe, esse povo de marinheiros realizou o magnífico refúgio neerlandês. Estrelas-do-mar, caranguejos, polvos da água do golfo, onde formigam rebentos monstruosos, cobrem as bancadas e são frequentemente engolidos crus com gotas de sumo de limão. Até os animais terrestres mais corriqueiros se tornam fantásticos. No quarto, quinto andar dessas habitações coletivas se cria vacas. Os animais nunca vêm à rua, e seus cascos cresceram tanto que já não podem se erguer.

Como seria possível dormir em tais aposentos? Sem dúvida, neles existem tantas camas quantas o espaço permita. Mas, mesmo que sejam seis ou sete, o que há de moradores é frequentemente mais do dobro. Por isso ainda se veem meninos na rua tarde da noite, à meia-noite e mesmo às duas da madrugada. Ao meio-dia eles deitam então atrás dos balcões de lojas ou num degrau de escada. Esse sono, não importa como homens e mulheres o recuperem em cantos sombreados, não é, portanto, o sono protegido dos nórdicos. Aqui também há uma interpenetração do dia e da noite, do ruído e do silêncio, da luz de fora e da escuridão de dentro, da rua e do lar.

Isso prossegue até nos brinquedos. Diluída e com as pálidas cores do Kindl[2] de Munique se acha a Madona nas paredes das casas. O menino que ela estende à sua frente como um cetro se encontra desse mesmo jeito, rígido, enfaixado, sem braço e sem perna, como um boneco de madeira nas lojas mais pobres de Santa Lucia. Com essa peça os pirralhos podem bater onde queiram. Também em seus punhozinhos, o cetro e a vara de condão, e assim, ainda hoje, se mantém o Salvador bizantino. Madeira bruta na parte posterior; só a parte frontal pintada. Vestimenta azul, pontinhos brancos, bainha vermelha e bochechas vermelhas.

Porém, o demônio da impudicícia penetrou muito desses bonecos, que jazem nas vitrines entre papel de carta ordinário, pregadores de madeira e cordeirinhos de latão. Nos quarteirões super povoados, mesmo as crianças travam rapidamente conhecimento com o sexo. Mas, se em algum lugar seu aumento se torna devastador, se morre um pai de família ou se adoece uma mãe, não vão carecer de um parente mais próximo ou mais afastado. Uma vizinha aceita à sua mesa uma criança por prazo curto ou longo, e desse modo as famílias se interpenetram em relações, que podiam se equiparar à adoção.

Os cafés são verdadeiros laboratórios desse grande processo de interpenetração. Neles a vida não tem tempo de se estabelecer para se estagnar. São espaços abertos e insípidos, do gênero botequim de políticos, e os vienenses, de caráter literário restrito à burguesia, é a sua antítese. Cafés napolitanos são exíguos. É praticamente impossível uma permanência mais longa. Uma xícara fervente de *caffè espresso* – nas bebidas quentes esta cidade é tão insuperável como nos *sorbets, spumones* e sorvetes – despacha o freguês com uma saudação. O cobre das mesas reluz; elas são pequenas e redondas, e um grupo de aspecto grosseiro já dá meia-volta, hesitante, na soleira. Apenas poucas pessoas conseguem tomar assento aqui e por poucos instantes. Três gestos rápidos, e está feito o pedido.

A pantomima é aqui mais usada do que em qualquer outra parte da Itália. Para o forasteiro, a conversa é insondável. Ouvidos, nariz, olhos,

2- Refere-se ao Menino Jesus, em dialeto de Munique. (N.T.)

peito e ombros são postos de sinais ocupados pelos dedos. Essa divisão retoma em seu erotismo meticulosamente especializado. Gestos solícitos e toquês impacientes são notados pelo estrangeiro com uma regularidade que exclui o acaso. Sim, aqui ele seria traído e vendido, mas o napolitano bonachão o despede. Manda-o alguns quilômetros mais à frente, para Mori. – *Vedere Napoli e poi Mori*, diz, repetindo, esse velho gracejo. – Ver Nápoles e depois morrer, diz o alemão, corroborando.

Moscou

1

Por meio de Moscou se aprende a ver Berlim mais rapidamente que a própria Moscou. Para quem regressa da Rússia, a cidade está como que recém-lavada. Não há sujeira, mas tampouco há neve. As ruas afiguram-se-lhe na realidade tão inconsolavelmente limpas e varridas como em desenhos de Grosz. E também a verdade votal de seus tipos lhe é mais evidente. O que acontece com a imagem da cidade e das pessoas não é diferente do que com as condições espirituais: a nova ótica que destas se ganha é o produto mais incontestável de uma estada na Rússia. Não importa que ainda se conheça muito pouco da Rússia – o que se aprende é a observar e a julgar a Europa com o saber consciente do que sucede na Rússia. Isso é a primeira coisa que toca ao europeu sensato na Rússia. Eis por que, por outro lado, a estada para o estrangeiro é uma pedra de toque tão mais precisa. Obriga todos a escolher um critério. No fundo, obviamente, a garantia única do julgamento correto é ter escolhido uma posição antes de vir. Precisamente na Rússia, só o decidido pode ver. Num momento crítico de ocorrência histórica, que o fato "Rússia Soviética" se não estabelece ao menos anuncia, é impertinente ao debate saber qual das realidades é a melhor, qual dos propósitos está no melhor caminho. Trata-se apenas do seguinte: qual das realidades se torna intrinsecamente convergente com a verdade? Qual das verdades se prepara para convergir intrinsecamente com o real? Só é "objetivo" quem neste ponto dá uma resposta clara. Não perante seus contemporâneos (isso não é o mais importante), mas perante os acontecimentos atuais (isso é decisivo). Só quem, na decisão, fez com o mundo a sua paz dialética pode apreender o concreto. Contudo, quem quer decidir "com os fatos à mão", a ele estes fatos não vão pedir a mão. – Ao voltar para a Alemanha, descobre se antes de tudo uma coisa: Berlim é uma cidade despovoada. Pessoas e grupos que se movem em suas ruas têm a solidão ao redor. O luxo berlinense parece inefável. E começa já no asfalto. Pois a largura da calçada é principesca. Faz de um pobre diabo um fidalgo a passear no pódio de seu castelo. Principescamente isoladas, principescamente desertas são as ruas de Berlim. Não apenas na parte Oeste. Em Moscou, há três, quatro lugares onde se consegue avançar sem aquela estratégia de empurrar e de encolher-se, da qual o forasteiro se apropriou na primeira semana (simultaneamente, portanto, com a técnica de se mover sobre o gelo). Quando se chega à Staleschnikov, então se respira aliviado: aqui, finalmente, é possível parar sem receio em frente de vitrines e seguir seu rumo sem tomar parte do caminhar sinuoso e arrastado, ao qual o passeio estreito habituou a maioria das pessoas. Mas que abundância tem essas linhas, não só inundadas por pessoas, e quão deserta e vazia é Berlim! Em Moscou as mercadorias irrompem por toda parte das casas, se penduram nas cercas, se apoiam às cancelas, jazem no calçamento. A cada cinquenta passos se encontram vendedoras de cigarro, de fruta, de doces. Ao lado tem o cesto de roupa com as mercadorias, às vezes também um pequeno trenó. Um pano de lã colorido protege maçãs ou laranjas contra o frio; duas amostras ficam por cima. Ao lado, bonecos de açúcar, nozes, bombons. Faz pensar numa avozinha que, antes de sair de casa, olhou ao redor em busca de tudo com que pudesse surpreender seus netos. Agora, a caminho, estaca na rua para repousar um pouco. As ruas de Berlim não conhecem tais sentinelas com trenós, sacos, carrinhos e cestas. Comparadas com as de Moscou, são como um velódromo vazio e recém-varrido, no qual avança uma pista para corredores de uma prova ciclística de seis dias.

2

A cidade parece se entregar já na estação. Quiosques, lâmpadas de arco, quarteirões se cristalizam em figuras que nunca se repetem. Porém, tudo se dispersa logo que busco nomes. Tenho de ir-me embora... No princípio, não há nada a ver exceto neve, a suja que já assentou e a limpa que avança devagar. Logo com a chegada se inicia a fase infantil. Deve-se aprender novamente a andar sobre o espesso regelo dessas ruas. A selva de prédios é tão impenetrável que o olhar só distingue aquilo que brilha deslumbrantemente. Um cartaz com inscrição "Kefir" brilha na noite. Guardo-o na memória como se a Tverskaia, a velha rua para Tver, na qual estou agora, ainda fosse uma estrada realmente e, até onde a vista alcança, nada a ver senão planície. Antes de ter descoberto a real paisagem de Moscou, de ter visto seu verdadeiro rio, antes de ter achado seus verdadeiros pátios, cada calçada já se transformou para mim num rio litigioso, cada número de casa num sinal trigonométrico, e cada uma de suas gigantescas praças num lago. Só que cada passo é dado aqui em chão nomeado. E, então, no lugar que recebe um desses nomes, num piscar de olhos, a fantasia constrói em tomo desse som um bairro inteiro que, ainda por muito tempo, vai teimar contra a realidade posterior e nela se fincar quebradiço como muro de vidro. Nesses primeiros tempos, a cidade tem ainda centenas de postos de fronteira. No entanto, um belo dia, o portal, a igreja que era fronteira de um lugar, de improviso, são meio. Agora, a cidade se transforma em labirinto para o principiante. Ruas que ele estabeleceu longes umas das outras lhe são arrebatadas por uma esquina, tal qual o punho de um boleiro arrebata uma parelha. Somente um filme, em seu curso totalmente febril, desdobraria a quantidade de armadilhas topográficas de que cai presa: a cidade grande se defende contra ele, se mascara, foge, faz intrigas, seduz, até confundir·à exaustão seus círculos. (Em primeiro lugar, isso pode ser tratado de modo muito prático: durante a temporada, deveriam passar para o estrangeiro "filmes orientadores"). No final, porém, vencem postais e mapas: à noite, na cama, a fantasia prestimaneia com prédios, parques e ruas verdadeiras.

3

A Moscou hibernal é uma cidade silenciosa. A enorme movimentação de suas ruas transcorre sem ruído. A neve é que faz isso. Mas também o faz o atraso no tráfego. Sinais de trânsito regem a orquestra da cidade grande. Mas, em Moscou, antes de tudo, há poucos automóveis. Só são mobilizados em matrimônios e falecimentos ou pela apressada administração. À noite, de fato, dispõem de faróis mais fortes que os permitidos em qualquer outra metrópole. E o cone de luz investe de modo tão ofuscante que quem é por ele atingido, desamparado, não ousa sair do lugar. Em frente ao portão do Kremlin, permanecem na luz ofuscante as sentinelas, que trajam insolentes peliças amarelo-ocre. Sobre elas cintila o sinal vermelho que coordena a passagem do tráfego. Todas as cores de Moscou se reúnem aqui, no centro do poder russo, prismaticamente. Feixes de luz de faróis superpotentes caçam através da escuridão. Em seu fulgor se espantam os cavalos dos cavalarianos, que têm no Kremlin um grande campo de exercícios. Pedestres escoam entre carros e cavalos rebeldes. Longas séries de trenós nos quais se despacha neve. Cavaleiros solitários. Bandos mudos de corvos estão pousados na neve. Os olhos estão infinitamente mais ocupados que os ouvidos. As cores proclamam o seu extremo contra o fundo branco. O mais ínfimo trapo colorido cintila ao ar livre. Livros de figuras jazem sobre a neve; chineses vendem artísticos leques de papel e, ainda mais frequentemente, pipas de papel na forma de exóticos peixes de águas profundas. Todos os dias se organizam festas infantis. Há vendedores com cestos cheios de brinquedos de madeira, carrinhos e pás; os carrinhos são amarelos e vermelhos; as pazinhas amarelas ou vermelhas. Todos esses objetos talhados e carpintejados são mais simples e mais sólidos que os da Alemanha; sua origem camponesa é claramente visível. Certas manhãs aparecem à margem da rua casinhas jamais vistas, com janelas lampejantes e uma cerca em torno da entrada: brinquedos de madeira da Província Vladimir. Ou seja: chegou outra leva de mercadorias. Artigos de primeira necessidade, sérios e sóbrios, se tornam ousados no comércio ambulante. Um vendedor com vários produtos de muitas cores no cesto, tal como se podem comprar por toda parte em Capri, cestas duplas com alças e desenhos quadrados e austeros, leva na ponta de sua percha gaiolas de papel acetinado com passarinhos de papel acetinado. Mas, às vezes, também se vê um papagaio verdadeiro, uma arara branca. Na Miassnitskaia, há uma vendedora de roupa íntima; no tabuleiro ou no ombro se acocora seu pássaro. O fundo pitoresco para esses animais deve ser procurado noutra parte, no estande do fotógrafo. Sob as árvores despidas dos bulevares se acham quebra-ventos com palmeiras, escadas de mármores e mares meridionais. E mais uma coisa aqui recorda o Sul. É a desordenada variedade do comércio ambulante. Graxa de sapato, tinteiro e penas, toalhas, trenós de bonecos, balanços de criança, roupa feminina, pássaros empilhados, cabides – tudo isso se acumula em plena rua como se a temperatura não fosse de 25° abaixo de zero, mas de pleno verão napolitano. Durante muito tempo foi um mistério para mim certo homem que tinha à sua frente uma tábua cheia de legendas. Quis ver nele um adivinho. Por fim, consegui uma vez espreitá-lo em sua atividade. Vi-o quando vendia duas de suas letras, prendendo-as como iniciais na galocha de um freguês. Depois, os largos trenós com os três compartimentos para amendoins, avelãs e *zemitschki* (sementes de girassol, que, agora com um decreto dos sovietes, não podem mais ser mascadas em lugares públicos). Cozinheiros se reúnem na proximidade da Bolsa de Empregos. Têm bolos quentes para vender e, em rodelas, linguiça frita. Mas tudo isso se processa em silêncio; gritos, como os têm todos os comerciantes do Sul, são desconhecidos. As pessoas se dirigem aos transeuntes antes com palavras sóbrias se não sussurradas, nas quais existe algo da humildade do pedinte. Aqui só uma casta atravessa as ruas ruidosamente, é a dos trapeiros com seus sacos às costas; seus gritos melancólicos soam uma ou várias vezes por semana através de todos os bairros. O comércio ambulante é em parte ilegal e evita, portanto, qualquer sensacionalismo. Mulheres oferecem aos passantes, na mão aberta, sobre uma camada de palha, um pedaço cru de carne, um frango, um presunto. São vendedoras sem licença. Pobres demais para pagar a taxa de uma banca de venda e sem tempo para ficarem várias horas numa fila de repartição e conseguir alvará de uma semana. Chega-se um miliciano, então simplesmente fogem. O comércio ambulante culmina nos grandes mercados na Smolenskaia e no Arbat. E na Sucharevskaia. Este mais famoso fica debaixo de uma igreja que se ergue com as cúpulas azuis por sobre as bancas. Primeiramente se passa no bairro dos ferros--velhos. Essa gente simplesmente deixa as mercadorias sobre a neve. Acham-se velhas fechaduras, metros, ferramentas, louça de cozinha, material eletrotécnico. No próprio local se executam reparos; vi soldarem sobre uma chama de maçarico. Aqui não há assentos em parte alguma; todos permanecem de pé, tagarelando ou negociando. Nesse mercado, a função arquitetônica das mercadorias se deixa reconhecer: panos e fazendas constroem pilastras e colunas; sapatos, *valinki*[3] que pendem ordenados de cordões por sobre os balcões tornam-se tetos das barracas; grandes *garmochkas* (acordeões) formam paredes ressonantes e, portanto, de certo modo, paredes de Mêmnon. Não sei se, ainda hoje, nos poucos estandes de imagens santas, se podem adquirir, secretamente, aqueles ícones singulares, cuja venda já o czarismo penalizara. Havia um da Mãe de Deus com as três mãos. Está seminua. Do umbigo sobe uma mão vigorosa e bem-formada. À direita e à esquerda se estendem as outras duas no gesto de abençoar. A tríade dessas mãos é considerada um símbolo da Santíssima Trindade. Há outra imagem devocional da Mãe de Deus que a apresenta com o abdômen aberto; dai saem nuvens em lugar de entranhas; no meio delas dança o Menino Jesus segurando um violino na mão. Visto que o ramo de venda dos ícones se inclui no comércio de papel e imagens, essas barracas de imagens sacras ficam ao lado das que vendem artigos de papel, de modo que, por toda parte, estão ladeadas por retratos de Lênin, tal qual um preso por dois guardas. A vida das ruas não se interrompe totalmente à noite. Em portais escuros se esbarra em peles que parecem casas. Aí guardas-noturnos se agacham em suas cadeiras e, de quando em quando, vão-se embora sonolentos.

3- *Valinki:* bota de feltro, tipicamente russa. (N.T.)

4

No panorama das ruas de todos os bairros proletários as crianças são importantes. Aí são mais numerosas que nos demais, se deslocam mais convictas de seu destino e são mais ocupadas. Em todos os bairros de Moscou formigam crianças. Entre elas já existe uma hierarquia comunista. Os *konzomoltses*, como os mais velhos, ficam no topo. Têm seus clubes em todas as cidades e são a verdadeira descendência instruída do Partido. Os menores tornam-se – com seis anos – "pioneiros". Também se reúnem em clubes e usam orgulhosos a gravata vermelha como emblema. "*Oktiabr*" ("Os de outubro") por fim, ou ainda "lobos" – são chamados esses pequenos bebês a partir do momento em que são capazes de indicar o retrato de Lênin. Mas ainda encontramos os decaídos e tristes *besprizornie*[4] sem nome. Durante o dia são vistos, o mais das vezes, sozinhos; cada qual segue sua própria trilha de guerra. À noite, porém, juntam-se em bandos defronte de fachadas muito luminosas de cinemas, e conta-se aos forasteiros que não é bom encontrar tais bandos ao retomar para casa por caminhos ermos. Para entender esses seres completamente embrutecidos, desconfiados, amargurados, ao educador só resta ir para a rua em pessoa. Em todos os distritos de Moscou, há anos, já se instalaram "áreas infantis". Estão subordinadas a uma funcionária que raramente tem mais de uma auxiliar. Seu problema, não importa como o resolva, é aproximar-se das crianças de seu setor. Distribuísse comida, organizam-se jogos. No começo vêm vinte ou quarenta crianças, mas, se uma diretora atacar a coisa com acerto, após duas semanas centenas podem encher o local. Naturalmente métodos pedagógicos tradicionais não poderiam dar certo com essas hordas de crianças. Aliás, para avançar até elas, para ser ouvido, é preciso ligar-se às senhas da própria rua, da vida totalmente coletiva, o mais próximo e o mais claramente possível. Na organização de bandos de tais crianças, a política não é tendência, mas objeto de ocupação tão óbvio, material didático tão evidente, como grande magazine ou casa de bonecas para a criança burguesa. Se ainda

4- *Besprizornie*: meninos de rua (literalmente: "desvalidos"). (N.T.)

tivermos presente que a coordenadora tem de fiscalizar as crianças durante oito horas, ocupá-las, alimentá-las, e além disso contabilizar todas as despesas acarretadas pela compra de leite, pão e materiais; que ela é responsável por tudo isso, então deve se tornar drástico quanto esse trabalho deixa à vida particular daquela que o exerce. No entanto, no meio de todas essas imagens de uma miséria infantil ainda não domada, quem prestar atenção ficará ciente de uma coisa: como o orgulho do proletariado emancipado concorda com a atitude das crianças emancipadas. Numa ronda de estudos através de museus moscovitas, nada surpreende mais e mais agradavelmente que observar como, através destas salas, em grupos, às vezes em torno de um guia, ou isolados, crianças e operários se movem com toda a naturalidade. Aqui não há nada do desconsolado abatimento dos raros proletários que, em nossos museus, mal ousam se mostrar aos demais visitantes. Na Rússia, o proletariado, de fato, começou a se apossar da cultura burguesa; em nosso país, com tal empresa, ele se sente como se planejasse um furto. É claro que atualmente, precisamente em Moscou, existem coleções nas quais, de fato, operários e crianças podem logo se sentir familiarizados e ambientados. Aqui está o Museu Politécnico com seus milhares de amostras, aparelhos, documentos e modelos da história da extração de matérias-primas e da indústria de beneficiamento. Aqui está o Museu de Brinquedos, primorosamente dirigido e que, sob os auspícios de seu diretor, Bartram, coligiu valiosa e instrutiva coleção de brinquedos que serve tanto ao pesquisador quanto às crianças, que, por horas a fio, passeiam em suas salas (por volta do meio-dia, há ainda o grande teatro de marionetes, que é gratuito e tão belo quanto só o poderia ser no Luxemburgo). Aqui está a célebre galeria Tretiakov, na qual, só então, se entende o que significa pintura de gênero e como ela é adequada precisamente aos russos. O proletariado encontra aqui temas da história de seu movimento: "Um conspirador surpreendido pela polícia", "Um exilado retoma da Sibéria", "A pobre governanta arruma emprego na casa abastada de um comerciante". E mesmo que cenas como essas estejam bem no espírito da pintura burguesa, isso não só não prejudica como também traz o público para mais perto de sua história. A educação (como Proust dá às vezes a entender muito bem) não é fomentada exatamente pela observação de "obras-primas". Ao contrário, a criança ou o proletário que está se formando, com justa razão, identifica obras-primas de forma totalmente distinta da de um colecionador. Esses quadros têm para o proletário um significado transitório, mas sólido, e o critério mais rigoroso é necessário apenas com obras atuais que se relacionem a ele, a seu trabalho e a sua classe.

5

A mendicância não é agressiva como na Europa meridional, onde a impertinência do esfarrapado denuncia sempre um resto de vitalidade. Aqui existe uma corporação de moribundos. As esquinas de muitos bairros estão tomadas por embrulhos de fardos – camas no imenso lazareto "Moscou" que está aqui ao ar livre. Longos discursos suplicantes tocam as pessoas. Eis um mendigo que dá início a um choro baixo e persistente toda vez que dele se aproxima alguém de quem espera obter alguma coisa; esse choro se dirige a estrangeiros que não sabem russo. Outro tem a mesma pose do pobre para quem, em velhas imagens, São Martinho corta seu manto com a espada. Está de joelhos com ambos os braços estendidos à frente. Pouco antes do Natal, duas crianças cobertas de farrapos se sentavam na neve, encostadas aos muros do Museu da Revolução, e choramingavam. (Mas, em frente do Clube Inglês, o mais distinto de Moscou, ao qual esse edifício antes pertenceu, mesmo isso não lhes teria sido possível). Moscou, seria preciso conhecê-la como a conhecem esses pequenos mendigos. Sabem num tempo certo de um canto ao lado da entrada de certa loja onde lhes é permitido se aquecer por dez minutos; sabem onde podem ir buscar, em determinado dia da semana, numa hora certa, crostas de pão, e onde existe vaga para dormir em tubulões amontoados uns sobre os outros. Com centenas de esquemas e variantes transformaram a miséria numa grande arte. Em esquinas movimentadas controlam os fregueses de uma pastelaria, atacam o comprador e o acompanham gemendo e suplicando até que lhes ceda um' pedaço de seu pastelão. Outros têm seu ponto na parada final do bonde, entram num carro, cantam uma canção e recolhem copeques. E existem lugares, na verdade poucos, onde o próprio comércio ambulante tem a face da miséria. Alguns mongóis se encontram ao lado das muralhas da Kitai Gorod[5]. Não estão distanciados de mais de cinco passos entre si e negociam pastas de couro; cada um exatamente com o mesmo produto do companheiro. Por trás disso, certamente, deve haver uma combinação, pois não pode ser verdade que estejam fazendo concorrência tão inútil entre si. Provavelmente, em sua terra natal, o inverno não é menos rude, e também suas peliças não são piores que as dos nativos. No entanto, são em Moscou os únicos dos quais se sente compaixão por causa do clima. E há padres que ainda vão pedir esmolas para sua igreja. Porém, raramente se vê alguém que as dê. A mendicância perdeu seu fundamento mais forte, a má consciência social, que, muito mais que a compaixão, abre os bolsos. De resto, parece ser uma expressão da inalterável miséria desses mendicantes – talvez seja também apenas consequência de uma sábia organização – o fato de que, entre todas as instituições de Moscou, eles são os únicos de confiança e que afirmam invariavelmente sua posição, enquanto, ao redor, tudo se desloca.

6

Cada ideia, cada dia, cada vida jaz aqui como sobre a mesa de um laboratório. E como se fosse um metal, do qual se quer com todos os meios extrair uma substância desconhecida, deve se deixar experimentar até a exaustão. Nenhum organismo, nenhuma organização pode escapar a esse processo. Os empregados nos serviços, as repartições nos prédios, os móveis nas casas são reagrupados, transferidos e deslocados para lá e para cá. Novas cerimônias para a escolha de nomes e para o casamento são demonstradas nos clubes como se fossem institutos experimentais. Portarias são alteradas diariamente, mas também pontos de parada de bonde são mudados, lojas transformadas em restaurantes e, algumas semanas mais tarde, em escritórios.

5- *Kitai Gorod:* em russo, cidade chinesa – bairro de Moscou. (N.T.)

Essa admirável disposição de experimentar – aqui chamam-na de "remonte" – diz respeito não só a Moscou, ela é russa. Nessa paixão soberana se inserem tanto a vontade ingênua de fazer o bem quanto ilimitada curiosidade e jocosidade. Poucas coisas definem a Rússia de hoje com mais vigor. Dia e noite o país está mobilizado, à frente de tudo o Partido, naturalmente. Sim, o que diferencia o bolchevique – o comunista russo – de seus camaradas do Ocidente é esse estado de mobilização incondicional. Sua base de existência é tão estreita que, entra ano, sai ano, está pronto para eclosões. De outro modo não estaria à altura dessa vida. Em que outro lugar do mundo se pode conceber que, um belo dia, se faça de um militar benemérito, diretor de um grande teatro estatal? O diretor atual do Teatro da Revolução foi outrora general. É verdade: foi literato antes de se tornar comandante vitorioso. Ou em que outro país se podem ouvir histórias como a que me contou a seu próprio respeito o *chveitsar* de meu hotel? Até 1924 esteve no Kremlin. Então, certo dia, acometeu-o forte dor ciática. O Partido providenciou que fosse tratado pelo melhores médicos, enviou-o para a Crimeia, arrumou-lhe banhos de lodo e radioterapia. Como tudo foi em vão, disseram-lhe: – O senhor precisa de um lugar onde possa se poupar, ficar aquecido, não fazer movimento. – No outro dia tornou-se porteiro de hotel. Se fica curado, volta para o Kremlin. – Afinal, antes de tudo, a saúde dos camaradas é também o bem mais valioso do Partido, que, conforme o caso, independentemente da pessoa, autoriza o que sua manutenção lhe parece exigir. Seja como for, é assim que nos demonstra Boris Pilniak numa excelente novela. Num alto funcionário faz-se contra a vontade uma intervenção que acaba sendo fatal. (Cita-se aqui um nome muito famoso entre os mortos dos últimos anos.) Nenhum conhecimento e nenhuma competência que, de algum modo, não tivesse sido apanhado pela vida coletiva e posto a seu serviço. O *spets* – assim se chama, em geral, o especialista – é o estágio anterior da coisificação e o único cidadão que, independentemente do círculo de ação política, representa alguma coisa. Ocasionalmente, o respeito por esse tipo beira o fetichismo. Assim é que foi empregado como instrutor da Academia Vermelha de Guerra um general que, por sua conduta na guerra civil, tornou-se temível. Mandava sem cerimônia todo prisioneiro bolchevique para a forca. Para o europeu é praticamente incompreensível esse ponto de vista que subordina, sem complacência, o prestígio da ideologia a critérios objetivos. Mas também para o lado oposto o incidente é característico. Não foram apenas os militares do império czarista que, como é sabido, se puseram a serviço dos bolcheviques. Também intelectuais, com o tempo, retomaram aos postos que, durante a guerra civil, haviam sabotado. Oposição, como é concebida no Ocidente inteligência que se põe de lado e que, sob o jugo, definha – não existe, ou melhor: já não existe. Contraiu – mesmo que com algumas reservas – armistício com os bolcheviques ou foi então exterminada. Não há na Rússia – precisamente fora do Partido – nenhuma outra oposição a não ser a mais leal. Esta nova vida não acabrunha a ninguém mais do que ao observador excêntrico. Suportar essa vida como vadio é impossível, pois, só através do trabalho, ela se torna, nos mínimos detalhes, bela e compreensível. Registro dos próprios pensamentos num certo campo de força, um mandato por mais virtual que seja, contato mais organizado e garantido com camaradas – a essas coisas essa vida está tão ligada que quem dela abre mão ou quem não sabe consegui-la, degenera-se espiritualmente como se ficasse por muitos anos numa solitária.

7

O bolchevismo aboliu a vida privada. A natureza dos serviços públicos, a atividade política e a imprensa são tão poderosas que não sobra tempo para interesses que não confluam com elas. Tampouco sobra espaço. Casas que, em seus cinco até oito cômodos, acolhiam outrora uma única família abrigam hoje, às vezes, até oito. Atravessando a porta do corredor, penetramos uma pequena cidade. E, com mais frequência ainda, um acampamento. Já na antessala podemos esbarrar em camas. Entre as quatro paredes estamos, na verdade, acampados e, na maioria das vezes, o diminuto inventário é apenas o saldo de haveres de uma pequena burguesia, cujo efeito é tanto mais deprimente, porquanto o aposento está escassamente mobiliado. No entanto, o todo está em acordo com o estilo mobiliário da pequena burguesia:

as paredes devem estar cobertas por quadros, o sofá por almofadas, as almofadas por capas, os consoles por bibelôs, as janelas por vidros coloridos. (Esses quartos da pequena burguesia são o campo de batalha onde o assalto aos bens de capital se saiu vitorioso; aí nada de humano pode ainda prosperar.) De tudo isso se conservou a esmo apenas uma coisa ou outra. Semanalmente muda-se a posição dos móveis nesses cômodos despojados – é o único luxo que se permite com eles e, ao mesmo tempo, um meio radical de expulsar da casa o "conforto" junto com a melancolia, pela qual ele é pago. Dentro de casa as pessoas suportam a existência, pois, devido a seu estilo de vida, alhearam-se a ela. Seu paradouro é o escritório, o clube, a rua. Do exército móvel de funcionários aqui se acha apenas a tropa. Cortinas e tabiques, que com frequência alcançam só até a metade da altura do cômodo, tiveram de multiplicar o número de recintos. Pois apenas treze metros quadrados de superfície habitacional estão à disposição de cada cidadão. Pela moradia paga segundo seu ordenado. O Estado – toda propriedade é estatizada – tributa mensalmente de desempregados um rublo pela mesma área; os mais abastados desembolsam sessenta ou mais. Quem pleitear mais que esse espaço unitário fixo, se não puder fundamentar seu pedido profissionalmente, deverá pagar um múltiplo. Fora do caminho traçado, cada passo vai esbarrar num aparato burocrático imprevisível e em custos exorbitantes. O membro do sindicato que traga um atestado de doença, que percorra os trâmites legais prescritos, pode encontrar vaga no sanatório mais moderno, pode ser enviado a estações climáticas na Crimeia, usufruir dispendioso tratamento radioterápico, sem ter de gastar um centavo. O não sindicalizado pode ir mendigar e se degenerar na miséria se, como membro da nova burguesia, não estiver em condição de conseguir para si tudo aquilo por milhares de rublos. Coisas que não se deixam alicerçar no coletivismo exigem um dispêndio de energia desproporcional. Por essa razão não existe nenhuma "vida do lar". Mas tampouco existem cafés. O comércio e a inteligência livres estão abolidos. Por isso o público fugiu dos cafés. Restam, portanto, mesmo para a solução dos negócios privados, apenas o escritório e o clube. Mas aqui se negocia sob o influxo do novo bit – o novo meio ambiente, perante o qual nada subsiste a não ser a função daquele que produz na coletividade. Os novos russos chamam o meio de seu único educador fidedigno.

8

Para todos os cidadãos de Moscou os dias são repletos. Reuniões, comissões são marcadas a toda hora nas repartições, nos clubes, nas fábricas; muitas vezes não têm local próprio à disposição, reúnem-se em cantos ruidosos de redações, em mesas desocupadas de cantina. Existe uma espécie de seleção natural e de luta pela existência nessas reuniões. De certa forma é a sociedade que as esboça, planeja, convoca. Mas com que frequência isso tem de ser repetido até que, por fim, uma dentre muitas seja bem-sucedida, se viabilize, se ajuste, se realize! Que nada suceda como foi estimado e como se esperava – essa expressão banal da realidade da vida assume aqui, em cada caso isolado, seus direitos tão absoluta e intensamente que o fatalismo russo se torna compreensível. Se um cálculo civilizatório se impõe devagar numa coletividade, provisoriamente isso vai só complicar as coisas. (Numa casa que tem apenas velas estamos mais bem providos que noutra onde há luz elétrica instalada, mas onde a central de força está a toda hora com problemas.) Sensibilidade para o valor do tempo, a despeito de toda a "racionalização", não se encontra nem mesmo na capital da Rússia. O TRUD, Instituto Sindical da Ciência do Trabalho, realizou, sob a supervisão de seu diretor Gastieff, campanha com cartazes pela pontualidade. A partir de então, estão domiciliados em Moscou muitos relojoeiros. Comprimem-se de modo medieval e adequado às guildas em determinadas ruas, na Kusnetski Most, na Ulitsa Gertsena. Pergunta-se: quem de fato tem precisão deles? "Tempo é dinheiro" – em cartazes reclama-se para essa frase admirável a autoria de Lênin, a tal ponto é estranha aos russos essa noção. Perdem tempo com tudo. (Poder-se-ia dizer que os minutos são uma aguardente ordinária da qual nunca se saciam, estão embriagados pelo tempo.) Se, na rua, está sendo rodada a cena de um filme, se esquecem por que e para onde estão indo, ficam acompanhando a filmagem por horas a fio e chegam agitados ao serviço.

Assim, quanto ao uso do tempo, o russo continuará sendo por muito tempo "asiático". – Certa vez tive de ser acordado às sete da manhã: – Por favor, batam à porta às sete. – Com isso provoquei no *chveitsar* – aqui se chamam assim os criados – o seguinte monólogo shakespeariano: – Se nos lembrarmos, então acordaremos o senhor, mas se não lembrarmos, então não acordaremos. Na verdade, a maioria das vezes nos lembramos e então realmente acordamos. Mas é claro que às vezes nos esquecemos quando não nos lembramos. Nesse caso, não acordamos. Na verdade, não somos obrigados a isso, mas se a coisa nos ocorre, então sem dúvida a fazemos. A que horas mesmo o senhor quer ser acordado? Às sete? Então vamos tomar nota. Veja bem, guardo a nota aqui, aqui ele vai encontrá-la. Naturalmente, se não encontrá-la, não acordará o senhor. Mas, na maioria das vezes, acordamos a pessoa. – A unidade de tempo é basicamente o *sistschas*. Significa "imediatamente". Pode-se ouvir esta palavra, conforme o caso, dez, vinte, trinta vezes como resposta, e horas, dias e semanas se esgotam até que o assim prometido aconteça. Do mesmo modo, não é nada fácil ouvir "não" como resposta. Respostas indeferidas ficam por conta do tempo. As catástrofes e as colisões cronológicas estão, portanto, na ordem do dia como o "remonte". Tornam todas as horas riquíssimas, todos os dias exaustivos, transformam toda vida em um momento.

9

O transporte na linha de bondes em Moscou é, antes de tudo, uma experiência de tática. Aqui, em primeiro lugar talvez, o principiante aprende a se resignar à velocidade singular desta cidade e ao ritmo de sua população campônia. Também, como se interpenetram totalmente a operação técnica e a forma primitiva de existência, a experiência histórico-universal na nova Rússia é mostrada em pequena escala por uma viagem de bonde. As condutoras de bonde empelicadas se empertigam em seu posto como mulheres samoiedas no trenó. Um empurro tenaz, um impulso, um contragolpe na subida a um carro em geral já lotado até não poder mais, se fazem em silêncio e com toda a cordialidade. (Em tais ocasiões jamais ouvi uma grosseria.) Quando já se está no veículo, só então começa a peregrinação. Através dos vidros congelados, nunca podemos saber em que lugar o carro está no momento. Caso venhamos a saber, isso ainda não ajuda muito. O caminho até a saída está atravancado por uma cunha de gente. Como agora se tem de subir pela traseira, mas sair do veículo pela dianteira, é preciso se orientar através dessa massa. O mais das vezes o transporte se desenrola naturalmente por etapas; em pontos de parada importantes, o carro é quase totalmente desocupado. O trânsito moscovita é, portanto, em boa parte um fenômeno de massa. Assim se pode esbarrar com verdadeiras caravanas de trenós que, em longas filas, obstruem o trânsito, pois cargas que requerem um caminhão são embarcadas em cinco, seis grandes trenós. Os trenós aqui consideram primeiramente o cavalo, depois o passageiro. Não conhecem a menor abundância. Um saco de ração para o cavalo, uma coberta para o usuário – e é tudo. Mais de duas pessoas não cabem no banco estreito, e como não há nenhum espaldar (a não ser que assim se chame uma borda baixa), é preciso equilibrar-se bem em curvas bruscas. Tudo é calculado com vistas ao modo de movimentação mais rápido; longas viagens no frio não são bem suportadas, e além disso as distâncias nesta aldeia gigantesca são imensuráveis. O *isvoschtschik* dirige ao longo da calçada e rente a ela. O passageiro não predomina, não vê mais acima do que os outros e roça com a manga os transeuntes. Também para o sentido do tato é uma experiência incomparável. Enquanto num percurso rápido o europeu goza de sua superioridade e sua soberania sobre a multidão, o moscovita no pequeno trenó se mistura compactamente às pessoas e às coisas. Caso tenha ainda um caixote, uma criança ou um cesto a transportar – para tudo isso o trenó é o meio de transporte mais acessível –, então está deveras encavilhado na movimentação da rua. Nenhum olhar de superioridade: um roçar suave e rápido ao longo de pedras, pessoas, cavalos, quando passa. Tem-se a sensação de que se é uma criança deslizando na cadeirinha através da casa.

10

O Natal é uma festa da floresta russa. Com pinheiros, velas, enfeites da árvore, se estabelecem na rua por muitas semanas. Pois o Advento do cristão grego-ortodoxo se cruza com o Natal daqueles russos que celebram a festa de acordo com o calendário ocidental, ou seja, de acordo com o novo calendário do Estado. Em nenhuma outra parte se veem árvores de Natal com ornatos mais belos. Barquinhos, pássaros, peixes, casinhas e frutas se amontoam junto aos comerciantes ambulantes e nas lojas, e o Museu Kustarny de arte nativa realiza a cada ano, nesse período, uma espécie de exposição de tudo isso. Numa esquina encontrei uma mulher que vendia enfeites para a árvore. As bolas de vidro, amarelas e vermelhas, chispavam ao sol; era como uma cesta mágica de maçãs, na qual o vermelho e o amarelo se repartiam em várias frutas. Pinheiros cruzam as ruas em trenós baixos. Os pequenos são ornados apenas com laços de seda azul, rosa e verde, na forma de tranças, e ficam nas esquinas. Porém, mesmo sem Papai Noel, o brinquedo de Natal, diz-se às crianças, vem das profundezas das florestas russas. É como se apenas entre mãos russas a madeira verdejasse. Verdeja – e se avermelha e se cobre de dourado, se torna azul celeste e se consolida no preto. "Vermelho" e "bonito" são em russo *uma* palavra. De fato, as achas ardentes no fogo são a transmutação mais encantadora da floresta russa. Em lugar algum a lareira parece arder tão esplendidamente como aqui. Mas o ardor se prende a toda madeira que o camponês entalha e pincela. E quando então o verniz assenta por cima, é como um fogo congelado em todas as cores. Amarelo e vermelho na balalaica, preto e vermelho na pequena *garmoschka* de criança e toda a gradação de tons nos trinta e seis ovos, um encaixado no outro. Mas também a noite do bosque mora na madeira. Eis as pesadas caixinhas de interior escarlate: no lado externo, sobre fundo preto e brilhante, uma imagem. Durante o czarismo essa indústria esteve a ponto de se extinguir. Atualmente, ao lado das mais novas, reaparecem as velhas imagens orladas de dourado da vida camponesa. Uma troica com os três corcéis vara pela escuridão ou uma garota de saia azul marinho espera à noite o namorado, ao lado da mata verdejante. Nenhuma noite de horror é tão escura quanto essa noite sólida de verniz, em cujo seio tudo o que surge está protegido. Vi uma caixa com uma mulher sentada vendendo cigarros. Ao lado, uma criança de pé querendo apanhar alguns. Aqui também, noite escura como breu. Mas à direita se distingue uma pedra e à esquerda um arbusto sem folhas. No avental da mulher se lê *Mosselprom*. É a "Madona com cigarros" soviética.

11

O verde é o maior luxo do inverno moscovita, mas cintila das lojas na Petrovka sem a metade do brilho dos buquês de papel com cravos, rosas e lírios artificiais na rua. Em feiras são os únicos a não ter uma barraca fixa e aparecem ora entre gêneros alimentícios, ora entre tecidos e barracas de louças. Mas ofuscam tudo, a carne crua, a lã colorida e as terrinas brilhantes. Outros tipos de ramalhete se conhecem no Ano Novo. Ao transitar pela Praça Strastnaia, vi longas varas às quais estavam coladas flores vermelhas, brancas, azuis e verdes, e cada ramo de cor diferente. Quando se fala das flores moscovitas, não se podem esquecer os heroicos heléboros de Natal. Nem as gigantescas malvas silvestres que os vendedores levam pelas ruas. Tampouco as caixinhas de vidro cheias de flores, através das quais espia a cabeça de um Santo. E nem aquilo que a geada aqui inspira: as fazendas camponesas nas quais os motivos bordados com lã azul imitam flores de gelo nas vidraças. Por fim, as incandescentes beterrabas açucareiras em tortas. O "confeiteiro" dos contos de fada parece ainda sobreviver apenas em Moscou. Só aqui existem formas feitas a partir do nada a não ser de fios de açúcar e cones doces, onde a língua encontra uma compensação pelo frio. Neve e flores se combinam intimamente no glacê; aí, por fim, a flora de maça pão parece ter concretizado o sonho de inverno de Moscou, que é florescer do branco.

12

Sob o capitalismo o poder e o dinheiro se tornaram grandezas comensuráveis. Qualquer quantidade dada de dinheiro é convertível numa quantidade perfeitamente determinada de poder, e o valor venal de cada poder é calculável. Assim acontece de modo geral. Nesse contexto só se pode falar em corrupção onde esse fenômeno se torna excessivamente manuseado. Têm seu sistema de comando num sólido jogo entrelaçado de imprensa, órgãos públicos, trustes, dentro de cujos limites permanecem inteiramente legais. O Estado soviético interrompeu essa comunicação entre dinheiro e poder. O Partido reserva o poder para si; o dinheiro deixa aos cuidados do homem da NEP[6]. Na observação de qualquer das funções do Partido, e mesmo que seja a mais elevada, é totalmente impensável reservar para si alguma coisa, o "futuro", ainda que seja para garanti-lo para as crianças. Aos membros, o Partido Comunista assegura o mínimo dos mínimos para a existência – o faz de modo prático, sem qualquer compromisso efetivo. Por outro lado, controla seus gastos ulteriores e fixa em 250 rublos por mês o limite superior de seus ganhos. Só se pode ganhar mais por meio de uma atividade literária, ao lado da profissão. A vida da classe dominante está sujeita a tal disciplina. No entanto, com a posse do poder para governar, seu poder ainda não está totalmente circunscrito. A Rússia de hoje não é apenas um Estado de classes, mas, antes, de castas. Um Estado de castas – isso significa que o valor social do cidadão não é definido pelo lado exterior representativo de sua existência – como vestuário e moradia –, mas unicamente pela relação com o partido. Isso também atinge todos os que não estão diretamente filiados a ele. Também para estes estão abertos espaços de trabalho desde que não neguem o Partido ostensivamente. Também entre eles têm lugar as diferenças mais precisas. Contudo, por um lado, por mais exagerada – ou ultrapassada – que seja a ideia que o europeu faz da repressão estatal na Rússia contra os dissidentes, por outro, tem-se no exterior pouca noção a respeito do terrível ostracismo em que cai o homem da NEP. De outro modo não seriam passíveis de explicação a taciturnidade e a desconfiança que se sentem não só em face do estrangeiro. Se pedirmos a um simples conhecido sua impressão sobre algo insignificante, um filme sem importância, devemos o mais das vezes esperar a resposta estereotipada: Aqui se diz... Ou – Aqui a convicção reinante é... Rumina-se o parecer dez vezes antes de emiti-lo a alguém de fora. Pois a qualquer hora o Partido, incidentemente, inopinadamente, toma uma posição

6- NEP: Nova política econômica. (Nota do Autor).

no *Pravda*, e ninguém gosta de ser desmentido. Já que uma mentalidade confiável, se não é o único bem, é para a maioria das pessoas a garantia única de outros bens, lidam com o próprio nome e com a própria voz com tanta cautela que um cidadão de constituição democrática não pode entendê-los. – Dois bons amigos conversam. No decorrer da conversa, um deles diz: – Ontem aquele tal de Mihailovitch esteve em minha cada e manifestou desejo de trabalhar em meu escritório. Disse conhecer você. – Um camarada competente, pontual e aplicado. – Dito isso, passam para outro assunto. Porém, na hora de se despedir, diz o primeiro: – Você faria o favor de me dar por escrito, sucintamente, a informação sobre esse Mihailovitch? – O domínio da classe dominante tomou símbolos que servem para caracterizar seus adversários de classe. Entre esses símbolos o *jazz* talvez seja o mais popular. Que também o ouçam com prazer na Rússia, não é de estranhar. Porém, dançar ao som do *jazz* é proibido. Por assim dizer, têm-no guardado como a um réptil colorido e venenoso numa redoma de vidro, e é assim que aparece como atração nas revistas. Mas sempre um símbolo do "burguês". Inclui-se entre aqueles requisitos primitivos com a ajuda dos quais se constrói na Rússia, para fins propagandistas, uma imagem grotesca do burguês. Às vezes é, na verdade, uma imagem ridícula, na qual se omitem a disciplina e a superioridade do adversário. Nessa ótica falsa sobre o burguês tem papel um fator nacionalista. A Rússia foi à propriedade do czar. (Sim, quem examina as preciosidades ilimitadas, amontoadas no Kremlin, fica tentado a dizer: *uma* propriedade.) Mas, da noite para o dia, o povo se tornou herdeiro dessa imensa e rica propriedade. Agora dá início ao inventário da riqueza de sua população e de seu solo. E empreende essa tarefa com a consciência de ter superado dificuldades inconcebíveis, de ter construído a nova ordem do poder criando inimizade de meio continente. Todos os russos se unem na admiração desse trabalho nacional. Essa transformação de um poder soberano é que torna a vida local tão significativa. Uma vida tão isolada e tão cheia de eventos, tão pobre e ao mesmo tempo tão cheia de perspectivas, como a de um garimpeiro em Klondyke. De manhã até a noite garimpa-se em busca de poder. Toda a combinatória de existências individuais é sumamente pobre em comparação às inúmeras constelações que aqui, no curso de um mês, se apresentam ao indivíduo. Naturalmente, a consequência pode ser um indubitável estado de embriaguez de modo que a vida sem reuniões e comissões, debates, resoluções e plebiscitos (e tudo isso são guerras ou, no mínimo, manobras da vontade do poder) já não é de modo algum imaginável. Que importa? – as próximas gerações russas serão orientadas para essa existência. A saúde desta, porém, tem uma condição prévia indispensável: que não se abra (como, um dia, sucedeu à própria Igreja) um mercado negro do poder. Se também penetrasse a Rússia a correlação europeia entre poder e dinheiro, então estaria perdido, certamente não o país, nem mesmo o Partido, mas o comunismo na Rússia. Ainda não se tem aqui nem o conceito nem a necessidade de consumo do europeu. Antes de tudo, há razões econômicas para isso. Entretanto, é possível que ainda vingue aqui um sábio propósito do Partido: realizar a equiparação do nível de consumo com a Europa ocidental prova de fogo para a burocracia bolchevique, num momento escolhido ao acaso, acerado e com a certeza incondicional da vitória.

13

No Clube dos Soldados Vermelhos, no Kremlin, há um mapa da Europa na parede. Ao lado, uma manivela. Quando se gira essa manivela, se vê o seguinte: uma pequena lâmpada elétrica faísca consecutivamente em todos os lugares por onde Lênin passou no decurso de sua vida. Em Zimbirsk, onde nasceu Kazan, Petersburgo, Genebra, Paris, Cracóvia, Zurique, Moscou até Gorki, lugar onde morreu. Outras cidades não estão assinaladas. Os contornos desse mapa em relevo, feito de madeira, são mantidos retilíneos, angulosos, esquemáticos. Nele a vida de Lênin se assemelha a uma campanha de conquistas colonizadoras através da Europa. A Rússia começa a tomar forma para o homem do povo. Na neve da rua vendedores ambulantes empilham mapas da URSS, que oferecem. Meyerhold utiliza o mapa em "D.E." ("*Her mit Europa*") –[7] o

7- *Her mit Europa*: em alemão, "a nós a Europa". (N.T.)

Ocidente é aí um complicado sistema de penínsulas russas. O mapa está quase tão perto quanto o retrato de Lênin de se tornar centro do novo culto iconográfico russo. Com certeza absoluta, o forte sentimento nacional, que o bolchevismo apresentou a todos os russos sem distinção, deu nova atualidade ao mapa da Europa. Existe a vontade de se medir, de se comparar e talvez também de desfrutar aquele êxtase de grandeza para o qual a simples visão da Rússia já transporta. Só resta aconselhar com insistência aos cidadãos, a olhar seu país no mapa das nações vizinhas, por exemplo, a estudar a Alemanha num mapa da Polônia, da França ou mesmo da Dinamarca, mas a todo europeu a ver no mapa russo seu paisinho como um território desfiado e nervoso, lá longe no Ocidente.

14

Como é a vida de um literato numa terra onde seu comitente é o proletariado? – Os teóricos do bolchevismo acentuam o quanto a situação dos proletários na Rússia depois dessa revolução vitoriosa se diferencia da burguesia no ano de 1789. Naquela época, antes que o poder lhe coubesse, a classe vitoriosa teve de assegurar para si o domínio do aparelho intelectual por meio de querelas que duraram decênios. A organização intelectual, a educação estava há muito dominada pela ideologia do *Tiers Etat*, e lutara-se pela emancipação intelectual antes que pela política. Na Rússia de hoje, tudo está numa situação totalmente distinta. Para milhões, mas milhões de analfabetos, devem ser assentados, antes de tudo, os alicerces de uma educação genérica. Esta é a missão nacional russa. A educação pré-revolucionária da Rússia era, porém, totalmente inespecífica, europeia. O momento europeu da educação superior e o nacional da educação elementar procuram na Rússia o ajuste. Esse é um lado da questão educacional. Por outro lado, a vitória da revolução acelerou, em vários setores, o andamento do alinhamento à Europa. Há mesmo escritores como Pilniak que veem no bolchevismo a coroação da obra de Pedro, o Grande. No setor tecnológico, apesar de toda a aventura de seus primeiros anos, é de supor que, cedo ou tarde, o êxito esteja garantido nessa direção. Diferentemente ocorre com o setor intelectual e científico. Hoje se verifica na Rússia que os valores europeus são popularizados precisamente em sua forma deturpada e desalentadora, que, em última instância, é devida ao imperialismo. O Segundo Teatro Acadêmico – uma instituição subsidiada pelo Estado – promove uma encenação da *Oresteia*, na qual um helenismo antiquado se pavoneia de modo tão falaz como no palco de um teatro imperial alemão. E, como o gesto rígido de mármore não só se corrompe em si, mas é, além disso, na Moscou revolucionária, cópia da arte cênica imperial, atua de modo ainda mais sombrio que em Stuttgart ou Anhalt. Por seu turno, a Academia Russa de Ciências admitiu como membro um homem como Walzell – tipo mediano do novo professor acadêmico de literatura. Provavelmente, as únicas posturas culturais do Ocidente, para com as quais a Rússia demonstra compreensão tão viva que valha a pena a polêmica com elas, são as da América. Por outro lado, a "aproximação" cultural como tal (sem a base de uma comunidade político-econômica mais concreta) é interesse do estilo de jogo pacifista do imperialismo, só reverte em favor de dinâmicos prosadores e é, para a Rússia, sintoma de restauração. O país é isolado do Ocidente ainda menos por fronteiras e pela censura do que pela intensidade de uma existência que não tem paralelo com a europeia. Melhor dito: o contato com o exterior passa pelo Partido e diz respeito, sobretudo, a questões políticas. A velha burguesia está aniquilada; a nova não está nem material nem espiritualmente em posição de intermediar relações com o exterior. Sem dúvida, na Rússia sabe-se a respeito do exterior muito menos do que no exterior (com exceção, talvez, dos países latinos) se sabe a respeito da Rússia. Quando uma grande sumidade russa menciona de uma só vez Proust e Bronnen[8] como autores que escolhem seus temas no âmbito da problemática sexual, isso mostra claramente a perspectiva estreita na qual, daqui, emerge o europeu. Mas se um dentre os autores preponderantes da Rússia mencionar Shakespeare como um dos grandes poetas que produziu antes da invenção da imprensa,

8- Arnolt Bronnen (1895-1959), autor de peças teatrais austríaco; amigo de Brecht, foi também simpatizante do nazismo e próximo de Goebbels. (N.d.R.)

essa falta de instrução só pode ser entendida através das condições totalmente modificadas da literatura russa. Teses e dogmas que na Europa – só há dois séculos, é verdade – têm-se nos meios literários como alheios à arte e despropositados, são decisivos na crítica e na produção na nova Rússia. Tendência e ambiente material são declarados como o mais importante. Ainda no tempo da guerra civil, controvérsias formais desempenhavam, às vezes, um papel não desprezível. Agora estão emudecidas. E hoje, segundo a doutrina oficial, é o conteúdo e não a forma que decide a atitude revolucionária ou contrarrevolucionária de uma obra. Com tais doutrinas privam-se os literatos de seus fundamentos de modo tão irrevogável quanto o fez a economia no plano material. Nesse ponto a Rússia está à frente do desenvolvimento ocidental – mas não tanto quanto se crê. Pois cedo ou tarde o escritor "livre" há de perecer com a classe média, que está sendo triturada no corpo a corpo do capital com o trabalho. Na Rússia, esse processo está concluído: o intelectual é, antes de mais nada, funcionário, trabalha no Departamento de Censura, de Justiça, de Finanças; é, onde não cai em decadência, sócio do trabalho – mas, na Rússia, isso significa sócio do poder. É membro da classe dominante. Entre suas diversas organizações a mais avançada é a VAPP, União Geral Russa dos Escritores Proletários. Também no campo da produção intelectual ela se confessa afim com o pensamento da ditadura. Desse modo tem em conta a realidade russa: a transferência dos meios de produção intelectual para a maioria se distingue apenas aparentemente da dos meios de produção material. Por enquanto o proletário pode se desenvolver em ambas apenas sob a proteção da ditadura.

15

De vez em quando deparamos com bondes pintados em toda a volta com imagens de fábricas, comícios, regimentos vermelhos, agitadores comunistas. São presentes feitos pelo pessoal de uma fábrica qualquer ao soviete moscovita. Nesses veículos desfilam apenas os únicos cartazes políticos que ainda hoje se veem em Moscou. Mas são, de longe, os mais interessantes. Pois em parte alguma existem anúncios mais desairosos do que os daqui. O nível desconsolador das imagens publicitárias é a única semelhança entre Paris e Moscou. Um sem-número de muros ao redor de igrejas e conventos oferecem em toda a volta as mais belas superfícies para cartazes. Mas há muito tempo foram exonerados os construtivistas, os suprematistas e os abstrativistas, que, durante o comunismo de guerra, puseram sua propaganda gráfica a serviço da revolução. Hoje só se exige uma clareza banal. A maior parte desses cartazes repele o ocidental. No entanto, as lojas moscovitas são realmente convidativas; têm em si algo das tabernas. As tabuletas das casas de comércio avançam verticais rua adentro, como habitualmente só velhas insígnias de hospedarias, bacias douradas de barbeiros ou, eventualmente, uma cartola defronte a uma chapelaria. Mais facilmente ainda, também se acham aqui, isolados, motivos graciosos, incorruptos: sapatos caindo de um balaio, um cão fraldiqueiro fugindo com uma sandália na boca. Em frente à entrada de uma cozinha turca, um par de figuras masculinas: senhores com a cabeça ornada por um fez, cada um defronte de uma mesinha. Para o gosto primitivo a propaganda está sempre ligada a um conto, a um exemplo ou anedota. Ao contrário, o reclame ocidental convence em primeiro lugar pelos gastos para os quais a firma se mostra apta. Aqui, quase todo letreiro ainda especifica a mercadoria. Os grandes lemas chamativos são estranhos ao comércio. A cidade, que é tão engenhosa com abreviaturas de toda espécie, ainda não possui a mais elementar: a dos nomes das firmas. Frequentemente o céu vespertino de Moscou brilha num azul assustador: foi porque, sem se dar conta, ele foi visto através de um desses enormes óculos azuis que, das óticas, avançam sobre a rua como placas itinerárias. Das arcadas, das molduras dos pórticos, salta na direção dos passantes, em letras de diversos tamanhos, pretas, azuis, amarelas e vermelhas, como setas, como imagens de botas ou de roupa recém passada, como degraus gastos pelo uso ou como sólidos patamares, uma vida muda, obstinada, beligerante. É preciso ter viajado de bonde pelas ruas para perceber como essa luta prossegue através dos andares, até penetrar finalmente seu estádio decisivo nos telhados. Até lá em cima só perseveram as senhas e os símbolos mais fortes e mais recentes.

Só do avião se tem diante dos olhos a elite industrial da cidade, a indústria cinematográfica e a automobilística. Mas, na maioria das vezes, os telhados de Moscou são um ermo desabitado e não têm nem os anúncios luminosos móveis e brilhantes de Berlim nem a floresta de chaminés dos de Paris nem a ensolarada solidão dos telhados das metrópoles meridionais.

16

Quem entra pela primeira vez numa sala de aula russa fica paralisado de surpresa. As paredes estão tomadas por quadros, desenhos, modelos de papelão. São paredes de templo nas quais as crianças doam diariamente os próprios trabalhos à coletividade. O vermelho prevalece; os trabalhos estão impregnados de emblemas soviéticos e cabeças de Lênin. O mesmo se pode ver em muitos clubes. Jornais murais são para adultos esquemas da mesma forma de manifestação coletiva. Resultaram da penúria da guerra civil, quando em muitos lugares já não havia nem papel nem tinta de impressão. Hoje são obrigatórios na vida pública das empresas. Cada um dos chamados "cantos de Lênin" tem seu jornal mural, que varia a apresentação de acordo com as empresas e com os autores. Só a ingênua alegria é uma constante: imagens coloridas e de permeio prosa ou verso. O jornal é a crônica da coletividade. Publica levantamentos estatísticos e também crítica jocosa a camaradas; a isso mistura propostas de melhoria dos serviços ou exortações para mutirões. Letreiros, placas de advertência e imagens ilustrativas sempre cobrem também as paredes dos cantos de Lênin. Mesmo no trabalho cada operário está cercado de cartazes coloridos que exorcizam todos os horrores da máquina. Lá está representado um operário no momento em que seu braço fica preso entre os raios de uma roda motriz; outro que, embriagado, provoca uma explosão por curto-circuito; um terceiro no momento em que prende o joelho entre dois pistões. Na sala de expediente da Biblioteca do Exército Vermelho está pendurado um quadro cujo texto conciso esclarece, com muitas belas ilustrações, de quantas maneiras um livro pode ser danificado. Em centenas de milhares de cópias se propala por toda a Rússia um cartaz para a implantação do sistema de medidas usuais na Europa. Metro, litro, quilograma, etc., devem aparecer em cartazes em todos os albergues. Também na sala de leitura do Clube dos Camponeses na Trubnaia Plochtchad, as paredes estão cobertas de material ilustrativo. Crônica rural, desenvolvimento agrícola, instituições culturais, são fixados graficamente em linhas evolutivas; além disso, por toda a superfície das paredes são exibidos componentes de ferramentas, partes de máquinas, retortas com produtos químicos. Curioso, avanço na direção de um console donde duas carrancas de negro me sorriem um sorriso amarelo. Mas, quando chego perto, revelam-se como máscaras de gás. Outrora o prédio desse clube foi um dos melhores restaurantes de Moscou. As antigas *séparées* são hoje dormitórios de camponesas e camponeses que receberam uma *komandirovka*[9] para vir à cidade. Aqui conduzem-nos a coleções e casernas, organizam para eles cursos e noitadas de treinamento. Às vezes há também um teatro pedagógico na forma de "debate judicial". Então, umas trezentas pessoas, sentadas e de pé, lotam a sala forrada de vermelho até o último cantinho. No nicho o busto de Lênin. A discussão se faz num palco, em frente do qual, à direita e à esquerda, pinturas de tipos proletários – um camponês e um operário –, a *smitchka* ("prendedor"), encarnam o vínculo entre a cidade e o campo. Os depoimentos acabam de ser tomados, um perito tem a palavra. Tem uma mesinha especial; à sua frente a mesa do defensor, ambas com a cabeceira voltada para o público. Nos fundos, de frente, a mesa do juiz. Defronte a ele, sentada, vestida de preto e com uma grossa haste na mão, está a ré, uma camponesa. É acusada de charlatanice com desenlace fatal. Tirou a vida de uma mulher com uma intervenção errada na hora do parto. A argumentaçao agora gira em torno desse caso, concatenando ideias monótonas e elementares. O perito dá seu laudo: o que causou a morte da mãe foi tão somente a intervenção errada. Mas o defensor apela: não houve má-fé; no interior do país há falta de assistência sanitária e de instrução de higiene. Palavra final da acusada: *nitchevó*[10], sempre houve mulheres

9- *Komandirovka:* nota de deferimento. (N.T.)
10- *Nitchevó:* em russo, "não importa". (N.T.)

que morreram de parto. O procurador da República reclama pena de morte. Então, o presidente se dirige à assembleia: – Alguma pergunta? – No estrado aparece apenas um Komsomol[11] que exige castigo sem complacência. O tribunal se retira para deliberar. Após curta pausa segue-se a sentença que é ouvida com todos de pé: dois anos de reclusão devido a circunstâncias atenuantes. Por isso não se cogita prisão em solitária. Ao término, o presidente, por seu turno, aponta para a necessidade de estabelecer na planície centros de higiene e de instrução. Essas encenações são cuidadosamente preparadas: não se pode aqui falar de improvisação. Não pode haver meio mais eficaz de mobilizar o público para questões da moral bolchevista segundo a ótica do Partido. Vez por outra se trata dessa maneira o alcoolismo, outras vezes a fraudulência, a prostituição, a desordem. As formas austeras desse trabalho de educação são totalmente adequadas à vida soviética; são sedimentos de uma existência que estimula tomada de posição cem vezes ao dia.

17

As ruas de Moscou são um caso à parte: nelas a aldeia russa brinca de esconder. Quando se atravessa qualquer um dos grandes portões – com frequência podem ser fechados com grades de ferro batido, mas nunca encontrei nenhum fechado – parece que se está no limiar de uma povoação espaçosa. Lá se abre, ampla e atraente, uma quinta ou uma aldeia, o solo é irregular, crianças andam de trenó, telheiros para madeira e ferramentas ocupam os cantos, árvores se dispersam, escadas de madeira dão à fachada posterior das casas, que, da rua, parecem urbanas, a aparência de uma casa de camponeses russos. Muitas vezes há igrejas nesses pátios, iguais às largas praças dos vilarejos. É assim que cresce a rua em torno da ampla paisagem. Não existe cidade no Ocidente que se estenda em suas praças gigantescas tão amorfa como uma aldeia e sempre encharcada pelo mau tempo, neve em degelo ou chuva. Praticamente nenhuma dessas amplas praças possui monumento. (Em compensação, na Europa não existe quase

11- *Konsomol:* membro da juventude comunista. (N.T.)

nenhuma cuja estrutura secreta não tenha sido profanada e destruída por um monumento, no século XIX). Como qualquer outra cidade, também Moscou constrói com nomes um pequeno mundo em seu interior. Lá existe um cassino que se chama "Alcazar", um hotel de nome "Liverpool", uma hospedaria "Tirol". Daí até os centros dos esportes de inverno gasta-se meia hora. Sem dúvida deparamos com patinadores e esquiadores por toda a cidade, mas a pista de trenós fica mais ao centro. Daqui partem trenós dos mais variados modelos: desde uma prancha que corre sobre patins na frente e raspa a neve atrás, até os mais confortáveis *bobsleighs*. Em parte alguma Moscou se parece com a própria cidade, no máximo com a sua periferia. O chão molhado, os barracões de madeira, o longo transporte de matéria-prima, gado que é levado para o matadouro, cantinas mesquinhas – é o que se encontra nas partes mais animadas da cidade. A cidade é ainda entremeada de casinhas de madeira, exatamente no mesmo estilo de construção eslavo que se acha em toda a periferia de Berlim. Aquilo que, como construção de pedra das *marcas*[12], produz aspecto tão desolador, aqui atrai com as belas cores da madeira morna. Nas ruas dos subúrbios, ao lado das largas aleias, cabanas camponesas se revezam com vilas *Art Nouveau* ou com a sóbria fachada de um prédio de oito andares. A neve permanece alta e se, de súbito, forma um silêncio, então pode-se crer que se está nos confins da Rússia, numa aldeia que está hibernando. Não é só a neve, com seu brilho estelar à noite e de dia com seu cristal semelhante a uma flor, que dá saudade de Moscou, mas também o céu. Pois entre telhados acanhados sempre surge na cidade o horizonte da vasta planura. Só perto do anoitecer ele se torna invisível. Mas, então, a escassez de moradias em Moscou produz seu efeito mais assombroso. Quando se percorrem as ruas nos primeiros momentos do anoitecer, veem-se, nos prédios grandes e pequenos, quase todas as janelas iluminadas. Se o clarão que delas brota não fosse tão desigual, crer-se-ia ter diante de si uma iluminação.

12- *Marcas*: nomes dados a províncias na Alemanha. (N.T.)

18

As igrejas estão praticamente mudas. A cidade está, por assim dizer, livre do repicar de sinos que, nos domingos, difunde uma tristeza tão profunda sobre nossas metrópoles. Mas talvez ainda não exista lugar em Moscou donde ao menos *uma* igreja não seja visível. Ou melhor: no qual não se esteja vigiado ao menos por *uma* igreja. Nesta cidade o súdito do czar estava cercado por mais de quatrocentas capelas e igrejas, isto é, por cerca de duas mil cúpulas que, por toda parte, nas esquinas se mantêm ocultas, se cobrem umas às outras, espiam por sobre os muros. Uma *okrana*[13] da arquitetura estava à sua volta. Todas essas igrejas defendiam o seu incógnito. Em canto nenhum se erguem torres altas contra o céu. Só com o tempo nos acostumamos a associar os longos muros e o grande número de baixas cúpulas aos complexos dos conventos. Então fica também claro por que, em muitos lugares, Moscou parece tão impermeabilizada como uma fortaleza; ainda hoje os conventos trazem em si os vestígios da antiga finalidade militar. Com suas mil cúpulas, Bizâncio não é aqui a maravilha que o europeu imagina. A maioria das igrejas é construída segundo um clichê insípido e adocicado: suas cúpulas azuis, verdes e douradas são um Oriente cristalizado. Quando se penetra uma dessas igrejas, encontra-se primeiramente uma antecâmara espaçosa com escassas imagens de santos. É sombria, sua penumbra se presta a conspirações. Em tais espaços se pode deliberar sobre os assuntos mais graves, e, se for o caso, até sobre *pogroms*[14]. Com eles confina a única área de devoção, que, nos fundos, possui alguns pequenos degraus que conduzem à plataforma estreita e baixa, na qual perlongamos imagens santas até o *iconóstase*[15]. Os altares se sucedem a curtas distâncias, cada qual indicado por uma luzinha vermelha e ardente. As superfícies laterais são tomadas por grandes quadros de santos. As partes não cobertas por imagens estão guarnecidas por reluzentes folhas de ouro. Um lustre de cristal pende do teto pintado

13- *Okrana:* polícia secreta do czar. (N.T.)

14- *Pogrom:* massacre de judeus. (N.T.)

15- *Iconóstase:* retábulo de madeira que sustenta várias fileiras de ícones. (N.T.)

de forma *kitsch*. Porém, apenas velas iluminam sempre o espaço – um salão de paredes sacrossantas, em frente das quais o cerimonial se desenrola. As grandes imagens são saudadas com uma persignação seguida por uma genuflexão, na qual a testa deve tocar o chão, e após nova persignação o rezador ou penitente se dirige à seguinte. Em frente das pequenas imagens alinhadas ou isoladas sobre mesinhas, a genuflexão não tem lugar. Inclina-se sobre elas e beija-se o vidro. Nessas mesinhas, ao lado dos mais preciosos ícones antigos, estão expostas séries das mais berrantes oleografias. Muitas imagens sacras estão de guarda na fachada externa e, das cornijas superiores, olham para baixo por sobre alpendres metálicos, como pássaros fugidos. De suas cabeças inclinadas como retortas fala a melancolia. Bizâncio parece não conhecer nenhuma forma própria de janela de igreja. Uma impressão mágica que não é familiar: as janelas profanas, pouco vistosas, que, dos salões de reunião e das torres de igreja, dão para a rua como de aposentos. Atrás delas mora o sacerdote ortodoxo como um bonzo em seu pagode. As partes inferiores da Catedral de São Basílio poderiam ser o andar térreo de uma esplêndida casa de boiardos. Mas, quando se entra na Praça Vermelha, vindo do oeste, suas cúpulas se elevam gradualmente em direção ao céu como um bando de sóis fogosos. Essa construção se mantém sempre um pouco à parte, e o olhar só poderia tomá-la de surpresa do alto de um avião, detalhe contra o qual seus construtores se esqueceram de se precaver. Seu interior não foi apenas esvaziado, mas também estripado como o cadáver de um animal selvagem. (E não poderia ter outro fim, pois mesmo no ano de 1920 se rezou aqui com fervor fanático.) Com a remoção de todo esse inventário, o colorido arabesco vegetal que, como pintura mural, se alastra através de todas as passagens e abóbodas, está irremediavelmente desmascarado. Uma pintura sem dúvida muito mais antiga e que nos recintos internos parcimoniosamente mantinha viva a lembrança das espirais coloridas das cúpulas as deforma agora num triste jogo rococó. Os corredores abobodados são estreitos, alargam-se subitamente para formar nichos de altar ou capelas redondas; através das janelas elevadas tão pouca luz as penetra que os artigos religiosos isolados que ali se deixam quase não são identificáveis. Muitas igrejas estão igualmente descuidadas e vazias. Mas o lume que ainda se irradia sobre a neve, aqui e acolá, ficou bem conservado nos bairros de barracas de madeira. Há silêncio em suas passagens estreitas e cobertas de neve. Só se ouve o manso jargão dos judeus vendedores de roupa em suas barracas ao lado das bugigangas da vendedora de papéis. que reina oculta atrás de correntes de prata e que velou o rosto com pingentes e Papais Noéis de algodão, como uma oriental faz com o véu.

19

Mesmo o dia de trabalho árduo em Moscou tem duas coordenadas, que nele vão definir materialmente cada momento como expectativa e realização. É o eixo vertical das refeições cortado pelo eixo horizontal noturno dos espetáculos. Nunca se está muito afastado de ambos. Moscou está cheia de restaurantes e teatros. Sentinelas com guloseimas patrulham as ruas, muitas das lojas de gêneros alimentícios só fecham perto das onze da noite, e nas esquinas se abrem salões de chá e cervejaria. "Tschnaia" ou "pivnaia" – o mais das vezes, ambas – são as inscrições pinceladas num fundo, no qual, da borda superior para baixo, um verde desbotado se dispersa gradativa e tediosamente num amarelo sujo. Para a cerveja há um acompanhamento especial: minúsculos pedacinhos de pão branco seco, pão preto gratinado com uma crosta de sal e ervilhas secas em salmoura. Em certas tabernas se pode jantar assim e ainda se alegrar com uma rudimentar *instsenirovka*. Assim é chamada uma matéria épica ou lírica produzida para o teatro. Muitas vezes são cantos populares vilmente repartidos entre coros. Na orquestra dessa música folclórica, ao lado de acordeões e violinos, se ouvem às vezes ábacos como instrumentos. (Estes se encontram em todas as lojas e escritórios. Nem a conta mais simples é imaginável sem eles). A embriaguez do calor que toma conta do freguês ao entrar no recinto, com o chá quente e a degustação da picante *zakuska*[16], é a volúpia de inverno mais familiar de Moscou. Por isso, não conhecerá a cidade aquele que não a conhecer sob a neve.

16- *Zakuska:* iguarias que se servem antes do prato principal (N.T.)

Pois cada local pretende ser visitado na estação do ano que apresenta seu clima mais extremado. Ele está, antes de tudo, adaptado a ele, e só a partir daí é que se pode compreendê-lo. Em Moscou a vida no inverno se enriquece de uma dimensão a mais. O ambiente se modifica literalmente segundo faça calor ou frio. Vive-se na rua como numa sala de espelhos gelada; cada parada, cada reflexão custa incrivelmente. É preciso mesmo meio dia de determinação para colocar uma carta pronta e endereçada no coletor e, apesar do frio severo, é um esforço desmedido entrar numa loja para comprar alguma coisa. Porém, desde que se tenha por fim achado um lugar, então a mesa pode ser servida como se queira – com vodca, que aqui é misturada a ervas, com bolos ou com uma xícara de chá: o calor transforma o passar do tempo numa bebida embriagante. O tempo flui para dentro das pessoas fatigadas como se fosse mel.

20

No aniversário da morte de Lênin, muitas pessoas aparecem com o crepe no braço. Toda a cidade iça a bandeira a meio pau no mínimo durante três dias. Porém, como já estão penduradas, muitas das bandeirolas tarjadas de preto permanecem do lado de fora uma, duas semanas. Na Rússia, o luto pelo seu líder morto, por certo não é comparável com a atitude que, noutra parte, toma conta do povo em dias semelhantes. A geração que foi ativa na guerra civil está envelhecendo, se não pelos anos, ao menos em vigor. É como se a estabilização tivesse encharcado também sua própria vida com um sossego ou mesmo com uma apatia, que habitualmente só a velhice traz. O "basta" que, um dia, o Partido com a NEP contrapôs ao comunismo de guerra, produziu um terrível contragolpe que subjugou muitos lutadores do movimento. Naquela época milhares devolveram ao Partido a carteirinha de membro. Sabe-se de casos de derrocadas tão completas que, em poucas semanas, fiéis suportes do Partido se fizeram seus defraudadores. Para o bolchevique, o luto por Lênin é, ao mesmo tempo, o luto pelo comunismo heroico. Os poucos anos que agora o fazem coisa do passado representam muito tempo para a consciência russa. A atividade de Lênin acelerou de tal forma a evolução dos eventos em sua era que seu aparecimento logo se torna passado, sua imagem logo se distancia. Contudo, sob a ótica histórica – nisto o contrário da espacial –, distanciamento significa engrandecimento. Agora valem ordens diferentes das do tempo de Lênin, naturalmente lemas que ele mesmo criou. Agora se explica a cada comunista que o trabalho revolucionário destes tempos não é a luta, não é a guerra civil, mas a construção de canais, a eletrificação e a construção de fábricas. A essência revolucionária da técnica autêntica é cada vez mais claramente realçada. Como tudo, isso também (com razão) em nome de Lênin. Seu nome continua crescendo. É significativo que, para o informe sóbrio e parcimonioso em prognósticos da delegação sindical inglesa, parece digna de menção a possibilidade de "que quando a memória de Lênin tiver achado seu lugar na história, esse grande reformador revolucionário russo será mencionado até como santo". Hoje o culto de sua imagem já se expande imprevisivelmente. Há uma loja na qual se pode comprá-la como artigo especial em todos os tamanhos, atitudes e materiais. Aparece na forma de bustos nos cantos de Lênin, como bronze ou em relevo em clubes maiores, como meio-corpo em tamanho natural nos escritórios, como pequenos retratos nas cozinhas, nas lavanderias, nos depósitos. Está pendurado no vestíbulo do Palácio Oruchnaia, no Kremlin, como a cruz da qual pagãos convertidos provessem um lugar outrora ímpio. Também, aos poucos, ela estabelece sua forma canônica. O conhecido retrato do orador é o mais frequente. Porém, talvez outro seja ainda mais comovente e fale mais próximo: Lênin à mesa, inclinado sobre um exemplar do *Pravda*. Tão entregue a uma efêmera folha de jornal aparece na tensão dialética de sua existência: o olhar sem dúvida voltado para a distância, mas a incansável preocupação para o momento.

O caminho do sucesso em treze teses

1

Não existe nenhum grande sucesso ao qual não correspondam esforços reais. Seria um erro, no entanto, admitir que esses esforços sejam sua base. Os esforços são a consequência. Consequência da elevada autoestima e da elevada disposição para o trabalho daquele que se vê reconhecido. Por conseguinte, uma grande exigência, uma hábil réplica e uma feliz transação são os verdadeiros esforços subjacentes aos verdadeiros sucessos.

2
Satisfação dada por meio de remuneração paralisa o sucesso, satisfação dada por meio de esforço o aumenta. Salário e esforço mantêm uma relação de peso; estão nos pratos de uma balança. Todo o peso do amor-próprio deve cair no prato do esforço. Assim, o prato do pagamento vai sempre ascender rapidamente.

3
Só podem ter sucesso por muito tempo aqueles que, em sua conduta, parecem ou são realmente guiados por motivos simples, transparentes. A massa destroça qualquer sucesso tão logo este lhe pareça opaco, sem valor instrutivo ou exemplar. É evidente que esse sucesso não precisa ser transparente no sentido intelectual. Qualquer teocracia demonstra isso. Ele apenas deve se ajustar a uma ideia, ou melhor, a uma imagem, seja a imagem da hierarquia, do militarismo, da plutocracia, seja do que for. Por conseguinte, ao padre o confessionário, ao general a condecoração, ao financista o palácio. Quem não paga seu tributo ao tesouro de sim bolos da massa deve fracassar.

4
Não se tem ideia do anseio pelo inequívoco, que é o maior afeto de todo público. "Um" meio, "um" *führer*, "um" lema. Quanto mais claro, tanto maior é o raio de ação de uma manifestação intelectual, tanto mais público aflui para ela. Desperta-se "interesse" por um autor – isso quer dizer: começa-se a procurar sua fórmula e a expressão mais primitiva e inequívoca desta. A partir deste momento cada novo trabalho se transforma num material, no qual o leitor se empenha por examinar, precisar e confirmar aquela fórmula. No fundo, o público de todo autor tem só um ouvido para isto – para aquela mensagem que ele, em seu leito de

morte, com a respiração entrecortada, ainda tem tempo e energia suficientes para lhe transmitir.

5

Quem escreve de jeito algum pode imaginar quão moderna é a referência à "posteridade". Provém de uma época em que surgiu o escritor livre e se explica pela consolidação deficiente de sua posição na sociedade. A referência à fama póstuma foi uma forma de pressão contra ela. Ainda no século XVII nenhum autor teria tido a ideia de, frente a seus contemporâneos, se referir a uma posteridade. Todas as épocas anteriores são unânimes na convicção de que os contemporâneos guardam as chaves que abrem as portas da fama póstuma. E hoje isso é tanto mais válido – por ser menor a vontade e o tempo que cada geração emergente pode achar para processos de revisão – quanto mais a defesa contra a maciça amorfosidade da herança a lhe ser transmitida deve assumir formas desesperadas.

6

Fama, ou melhor, sucesso, tornou-se obrigatório e já não significa hoje de modo algum *superadditum*, como antes. É, numa época em que qualquer escrivinhação miserável se divulga em centenas de milhares de exemplares, um estado de agregação da literatura. Quanto menor o sucesso de um autor, de um trabalho, simplesmente tanto menos eles estarão à disposição.

7

Condição da vitória: a alegria pelo sucesso exterior como tal. Uma alegria pura, desinteressada, que melhor se manifesta no fato de que alguém tenha prazer no sucesso, mesmo se for o de um terceiro e precisamente se for "imerecido". Um senso de justiça farisaico é um dos maiores obstáculos para todo progresso.

8

Muita coisa é inata, mas muito é feito pelo treinamento. Por isso, ninguém será bem-sucedido se poupar, se só mergulhar fundo nos temas maiores e se não estiver em condições de, às vezes, se empenhar até o extremo por causas insignificantes. Pois não importa o que seja mais importante nos grandes debates, só se aprende deste modo: a alegria pela discussão que chega até o prazer lúdico no parceiro, a grande capacidade de, por momentos, perder de vista a meta (aos Seus o Senhor dá durante o sono) e, finalmente, e acima de tudo, amabilidade. Não a que cede, insípida, cômoda, mas a que surpreende, dialética, impulsiva, que tal um laço, de pronto, dociliza o parceiro. E por acaso não estará toda a sociedade impregnada de figuras com as quais devemos aprender a ter sucesso? Da mesma forma que na Galícia os batedores de carteira usam bonecos de palha, homenzinhos carregados de guizos por todo o corpo, na instrução de seus pupilos, do mesmo modo temos criados, porteiros, funcionários, chefes, para neles praticar como dar ordens com amabilidade. O "abre-te, Sésamo" do sucesso é a palavra que a língua do comando gerou com a da Fortuna.

9

Let's hear what you can do!, dizem na América a todo aquele que se candidata a uma função. Com isso, porém, pretende-se muito menos ouvir o que ele diz do que ficar observando como se comporta. Aqui ele vai ao encontro do segredo da prova. Quem examina, geralmente não exige nada além do que se deixar convencer pela aptidão de seu parceiro. Ora, todos nós já pudemos passar pela experiência de que, quanto mais frequentem ente nos apresentássemos com um fato, uma opinião, uma fórmula, tanto mais eles perdiam em sua força sugestiva. Dificilmente nossa convicção irá subjugar outros do mesmo modo como àquele que testemunhou como ela se formou em nós. Em toda prova, as maiores chances não estão, portanto, com o candidato bem preparado, mas com o improvisador. E, pela mesma razão, quase sempre são as questões secundárias, as coisas de menor importância que decidem. O inquiridor que temos à nossa frente exige, antes de tudo, que o enganemos acerca de sua função. Se conseguimos isso, então ele nos fica agradecido e pronto a perdoar muita coisa.

10

Na vida real, nos importamos com inteligência, conhecimento da natureza humana e dons similares muito menos do que se imagina. No entanto, um gênio qualquer mora dentro de todo bem-sucedido. Só que deveríamos procurá-lo *in abstracto* tão pouco quanto aspiramos a observar o gênio erótico de um *Don Juan* quando está sozinho. Também o sucesso é um encontro marcado: encontrar-se no lugar certo, na hora certa, nenhuma bagatela. Isso significa pois: compreender a língua na qual a sorte faz seu acordo conosco. Como é que alguém que, em vida, nunca ouviu essa língua pode julgar a genialidade do coroado de êxito? Dela não tem a menor ideia. Para ele tudo é por conta do acaso.[17] Mas não lhe ocorre que aquilo que assim denomina é, na gramática da sorte, o mesmo que, na nossa, o verbo irregular, ou seja, o rasto não apagado de uma força primitiva.

11

A estrutura de todo sucesso é, no fundo, a estrutura do acaso.[18] Repelir o próprio nome sempre foi o modo mais radical de se livrar de todas as inibições e sentimentos de inferioridade. E o jogo é tal qual uma *steeple-chase* sobre a pista de obstáculos do próprio eu. O jogador é anônimo, não tem nome próprio nem precisa de qualquer nome alheio. Pois o substitui a ficha de aposta que se encontra lá numa área bem definida do pano, que se diz verde como a dourada árvore da vida, mas é cinza como o asfalto. E que êxtase nesta cidade da sorte, nessa rede rodoviária da sorte, de poder se fazer duplo, onipresente e espreitar, de uma só vez, nos quatro cantos, a fortuna se aproximando.

12

Pode-se blefar quanto se queira. Mas nunca se deve sentir como um blefa-dor. Aqui o impostor dá o exemplo de indiferença produtiva. Seu nome hereditário é o sol anônimo, em torno do qual gira a coroa de

17- "Zufall", no original. (N.d.R.)
18- "Hasard", no original. (N.d.R.)

planetas dos nomes que obteve por si. Linhagens, dignidades, títulos – pequenos mundos que se irradiam da centrosfera daquele sol para entregar luz suave e calor brando aos mundos burgueses. Sim, são a sua obra para com a sociedade, e portanto, levam consigo aquela *bona fides* que nunca falta aos mais astutos impostores, mas quase sempre aos pobres-diabos.

13
O fato de que o segredo do sucesso não mora no espírito é revelado pela língua com a expressão "presença de espírito". Assim, não é o quê nem o como, mas só o *onde do espírita* que determina. Que ele esteja presente no momento e no espaço, isso só consegue penetrando o tom de voz, o sorriso, o emudecer, o olhar, o gesto. Pois, presença de espírito só o corpo é que cria. E precisamente porque este, nas grandes pessoas bem-sucedidas, detém ferreamente as reservas do espírito, apenas raramente o espírito joga seus jogos brilhantes do lado de fora. O sucesso com que gênios das finanças fizeram sua carreira é, portanto, da mesma qualidade que a presença de espírito com que um Abbé Galiani operava no salão. Mas diz Lênin: hoje não são mais as pessoas, e sim as coisas que devem ser dominadas. Daí, o embotamento que tão amiúde sela nos grandes magnatas da economia a suprema presença de espírito.

Weimar

I
Em cidadezinhas alemãs não se pode, de modo algum, imaginar o quarto sem peitoril. Mas raras vezes os vi tão largos como na Praça do Mercado em Weimar, no "Elefante", onde transformaram o quarto em camarote, a partir do qual a visão se tornava para mim um balé como nem ao próprio Luís II os palcos de Neuschwanstein e Herrenchiemsee podiam oferecer. Pois era um balé na manhã. Por volta das seis e meia começavam a se afinar: baixos em forma de trave, violinos-pantalhas sombrosos, flautas de flores e timbales de frutas. O palco

ainda quase vazio: mulheres feirantes, nenhum freguês. Tornei a dormir. Por volta das nove, quando acordei, era uma orgia: as feiras são a orgia das horas matinais, e a fome anuncia, assim teria dito Jean Paul, o dia assim como o amor o finaliza. Moedas transitavam lá sincopadamente, e devagar moças se empurravam e se cutucavam com redes que, intumescidas de todos os lados, intimavam ao prazer de suas curvaturas. Porém, mal me encontrei vestido no andar térreo, desejoso de penetrar o palco, o brilho e o frescor tinham se perdido. Compreendi que todos os dons da manhã querem ser recebidos como nascer do Sol nas alturas. E não fora um arrebol mercantil aquilo que ainda há pouco iluminava esse calçamento suavemente xadrezado? Agora ele jazia sepultado sob papel e detritos. Em vez de dança e música, apenas permuta e negócio. Nada pode ser tão irrecuperável como uma manhã que se foi.

II

No Arquivo Goethe-Schiller, caixa de escada, salas, vitrines, bibliotecas, são brancas. O olho não acha um cantinho onde possa descansar. Como doentes em hospitais, os manuscritos se encontram acamados. Porém, quanto mais longamente nos expomos a essa luz áspera, tanto mais cremos reconhecer uma de suas razões inconscientes na base dessas instituições. Se uma demora no leito por doença torna as expressões fisionômicas vastas e calmas e faz com que se tornem o reflexo de desejos que um corpo sadio expressa em resoluções de alongar o passo de mil modos, em suma, se o leito de enfermo reconverte em mímica a pessoa inteira, então essas folhas não jazem inutilmente como doentes em seus repositórios. Não pensamos com prazer que tudo aquilo que hoje se nos apresenta conhecida e volumosamente como obras de Goethe, em inúmeras formas de livro, consistiu uma vez nessa única, decrépita escrita, e que aquilo que dela emanava só pode ter sido a gravidade, a expurgação, que prevalece em torno de convalescentes ou moribundos para os poucos que lhe são próximos. Mas não estariam também essas folhas numa crise? Não correria sobre elas calafrios, e ninguém sabia dizer se pela proximidade do aniquilamento ou da glória póstuma? E não seriam elas a solidão da poesia?

E o leito onde ela se recolheu? Não haveria entre suas folhas algumas cujo texto indizível se eleve, apenas como olhar ou hálito, dos traços mudos e estremecidos?

III

É sabido quão rudimentar foi o gabinete de trabalho de Goethe. É baixo, não tem tapetes nem janelas duplas. Os móveis são insignificantes. Facilmente poderia ter sido de outra forma. Poltrona de couro e almofada existiam também naquela época. Este gabinete não está em nada à frente de seu tempo. Uma vontade manteve limitadas figuras e formas. Nenhuma deveria ter se envergonhado da luz das velas na qual, ao anoitecer, o velho de roupão, os braços estendidos sobre uma almofada de cores desbotadas, estudava sentado à mesa de centro. E pensar que, atualmente, a calma de tais horas só se reúne novamente nas noites. Mas, se nos fosse permitido espreita-la, entenderíamos a conduta de vida, definida e feita, a graça que nunca se repete de colher o bem mais maduro desses últimos decênios, nos quais mesmo os ricos tiveram de sentir no próprio corpo a dureza da vida. Aqui o ancião folgou as noites monstruosas com a preocupação, a culpa, a penúria, antes que a alvorada infernal do conforto burguês brilhasse janela adentro. Ainda estamos à espera de uma filologia que abre ante nós este meio ambiente mais próximo, mais determinante – a verdadeira Antiguidade do poeta. Este gabinete de trabalho era a cela da pequena construção que Goethe determinou exclusivamente para duas coisas: o sono e o trabalho. Não se pode de modo algum avaliar o que significou a vizinhança da ínfima alcova e deste gabinete apartado e semelhante a um quarto de dormir. Ao trabalhar, só a soleira, na forma de um degrau, o separava da cama imponente. E se ele dormia, seu trabalho aguardava a seu lado, noite após noite, para pedir que os mortos o poupassem. Aquele a quem uma feliz coincidência permite concentrar-se nesses recintos, experimenta, na disposição dos quatro cômodos, nos quais Goethe dormia, lia, ditava e escrevia, as forças que mandavam um mundo lhe responder quando ele tocava o cerne. Nós, porém, precisamos fazer soar um mundo para deixar ressoar o débil tom harmônico de seu interior.

Dois sonhos

No sonho – já faz agora três, quatro dias que o tenho, e ele não me deixa – tinha à minha frente, no crepúsculo mais escuro, uma estrada cercada de altas árvores em ambos os lados e, além disso, limitada à direita por um muro elevado. Enquanto eu estava no começo da estrada, acompanhado de um grupo de pessoas, cujo número e sexo já não me recordo (só sei que havia mais de uma pessoa), o disco solar, branco como névoa e sem toda a força de irradiação, emergiu entre as árvores, impreciso, quase coberto pelas folhagens, sem que tivesse ficado perceptivelmente mais claro. Rápido como relâmpago, precipitei-me – sozinho – ao longo da estrada para tomar parte desse espetáculo mais amplo; então o Sol se dissipou imediatamente, não submergindo nem se escondendo atrás de nuvens, mas foi como se alguém o tivesse apagado ou arrebatado. No mesmo instante se fez noite escura e, com força incrível, começou a cair uma chuva que amoleceu completamente a estrada sob meus pés. Enquanto isso eu corria às tontas. De repente, num ponto, o céu estremeceu esbranquiçado; não era a luz do Sol nem a de um raio – era a "luz sueca", conforme a conhecia – e a um passo de mim estava o mar, ao qual a estrada conduzia diretamente. Então, encantado pela claridade agora conquistada e pela oportuna advertência de perigo, corri – na mesma tempestade e na mesma escuridão de antes – de volta pela estrada, triunfante.

Sonhei com uma revolta de alunos. Nela Sternheim[19] desempenhou de algum modo um papel, e mais tarde fez um relatório a respeito. Em seu escrito apareceu textualmente a frase: Quando, pela primeira vez, se peneirou o pensamento jovem, nele se encontraram noivas nutridas e pistolas Browning.

19- Carl Sternheim (1878-1942), autor alemão de peças de teatro ligado ao expressionismo. (N.d.R.)

Paris, a cidade no espelho

Declaração de amor dos poetas e artistas à "capital do mundo"

De todas as cidades não há nenhuma que se ligue mais intimamente ao livro que Paris. Se Giraudoux tem razão e se a maior sensação de liberdade humana é flanar ao longo do curso de um rio, então aqui a mais completa ociosidade, e portanto a mais prazerosa liberdade, ainda conduz ao livro e livro adentro. Pois sobre os desnudos quais do Sena há séculos se deitou a hera de folhas eruditas: Paris é um grande salão de biblioteca atravessado pelo Sena.

Nenhum monumento nesta cidade no qual uma obra-prima da literatura não se tenha inspirado. Notre Dame – pensamos no romance de Vitor Hugo. Torre Eiffel – *Os Noivos da Torre Eiffel*, de Cocteau; com *Oração na Torre Eiffel*, de Giraudoux, já estamos nas vertiginosas alturas da nova literatura. A Ópera: com o famoso romance policial de Leroux, *O Fantasma da Ópera*, estamos nos subterrâneos dessa construção e da literatura ao mesmo tempo. O Arco do Triunfo se estende em volta da Terra com o *Túmulo do Soldado Desconhecido*, de Raynal. Esta cidade se inscreveu tão indelevelmente na literatura porque nela mesma atua um espírito aparentado aos livros. Não terá ela preparado os motivos mais interessantes de sua edificação, de longa data, com tanto cuidado quanto um novelista experiente? Aqui estão as grandes vias estratégicas que, outrora, da Porta Maillot, da Porta de Vincenes e da Porta de Versalhes, tinham de garantir às tropas a entrada de Paris. E uma bela manhã, de um dia para o outro, Paris possuía as melhores rodovias de todas as cidades da Europa. Aqui está a Torre Eiffel – um puro monumento da técnica no espírito esportivo –, da noite para o dia, uma estação de rádio europeia. E as imensas praças vazias: não serão elas páginas solenes, ilustrações de página inteira da história mundial? Em algarismos vermelhos cintila o ano 1789 na *Place des Grevès*. Cercado pelo perfil anguloso dos telhados, naquela *Place des Vosges*, onde encontrou a morte: Henrique II. Com traços apagados uma escrita indecifrável naquela *Place Maubert*, outrora entrada da

Paris sombria. No intercâmbio entre cidade e livro, uma dessas praças migrou para as bibliotecas: na famosa impressão Didot do século passado aparece como sinete a *Place du Panthéon*.

Se o espectro literário da cidade for desdobrado pela inteligência lapidada e prismática, então, quanto mais nos aproximarmos da periferia, a partir do centro, tanto mais estranhos parecerão os livros. Acerca desta cidade existe um conhecimento ultravioleta e um infravermelho que não se deixam mais pressionar na forma do livro: foto e mapa das ruas – o conhecimento mais preciso do detalhe e do todo. Dessas extremidades do campo visual, temos as mais belas amostras. Quem alguma vez teve de manusear numa cidade desconhecida, numa esquina, sob tempo ruim, um dos grandes mapas de papel que, a cada lufada de vento, intumescem como velas, se rasgam em todas as bordas e que em breve são apenas um monte de folhas sujas, com que o sujeito se atormenta, aprende com o estudo do mapa Taride[20] o que pode ser um mapa de cidade. E o que é a cidade. Pois bairros inteiros revelam seu segredo nos nomes de suas ruas. Na grande praça em frente à Estação St. Lazare tem-se ao redor de si metade da França e metade da Europa. Nomes como Havre, Anjou, Provença, Ruão, Londres, Amsterdã, Constantinopla, percorrem ruas cinzentas como fitas cambiantes através de seda cinza. Este é o bairro chamado Europa. Assim se pode atravessar no mapa as ruas passo a passo; obviamente se pode também atravessar a cidade "rua por rua, casa por casa" na gigantesca obra na qual, em meados do século XIX, Lefeuve, o historiador da corte de Napoleão III, reuniu tudo o que era digno de conhecer. Já no titulo a obra dá uma noção daquilo que pode esperar aquele que se aproxima dessa literatura e que também apenas tentasse examinar as cem páginas sob o verbete Paris que o catálogo da Biblioteca Imperial contém. Este, porém, foi concluído já no ano de 1867. Engana-se quem espera encontrar aqui apenas literatura científica, coisas de arquivo, de topografia ou de história. Não é pequena a porção dessa massa de livros, que consiste em declarações de amor

20- Alphonse Taride (1850-1930) foi um importante editor parisiense de mapas e de guias turísticos. (N.d.R.)

à "capital do mundo". E que, o mais das vezes, venham de forasteiros não é novidade. Quase sempre os apaixonados galanteadores desta cidade vieram de fora. E sua corrente se estende em volta de toda a Terra. Eis Nguyen-Trong-Hiêp que publicou em Hanói, em 1897, sua ode à capital francesa. Eis, apenas para citar a mais jovem, a princesa romena Bibesco, cuja encantadora "Catherine-Paris" foge dos castelos da Galícia, da alta aristocracia polonesa, de seu esposo, o conde Leopolski, para reconquistar a pátria de sua escolha. Parece que, na verdade, sob este Leopolski, se tratava do príncipe Adam Chartoryski. E na Polônia o livro não encontrou muita aceitação... Porém, nem todos os adoradores veneraram a cidade na forma de romance ou poesia: há apenas pouco tempo Mario von Bucovich deu na fotografia um expressão bela e sincera à sua afeição, e Morand, num prefácio a este álbum, confirmou-lhe o direito de seu amor.

A cidade se espelha em milhares de olhos, em milhares de objetivas. Pois não apenas o céu e a atmosfera, nem apenas os anúncios luminosos nos bulevares noturnos fizeram de Paris a *Ville Lumière*. – Paris é a cidade dos espelhos: o espelhado do asfalto de suas ruas. Diante de cada bistrô recantos envidraçados: aqui as mulheres se veem mais do que em qualquer outro lugar. Destes espelhos é que sai a beleza dos parisienses. Antes que o homem as aviste, elas já experimentaram dez espelhos. Uma profusão de espelhos também cerca o homem, sobretudo nos cafés (para clarear o interior destes e para dar uma extensão agradável a todos os diminutos cercados e estabulozinhos nos quais se subdividem os locais parisienses). Espelhos são o elemento intelectual desta cidade, seu brasão, no qual se inscreveram os emblemas de todas as escolas poéticas.

Como espelhos, que devolvem rapidamente todos os reflexos, apenas deslocados simetricamente, assim também faz a técnica de chavões das comédias de Marivaux: espelhos lançam no interior de um café o exterior agitado – a rua –, tal qual um Hugo, um Vigny gostavam de captar ambientes e situar suas narrações diante de um fundo histórico.

Os espelhos que, nos bistrôs, pendem turvos e desalinhados são o símbolo do naturalismo de Zola; como se refletem um ao outro numa sequência imensa, um equivalente da infinita lembrança da lembrança na qual se transformou a vida de Marcel Proust sob sua própria pena. Aquela novíssima coleção de fotografias intitulada "Paris" termina com a imagem do Sena. Ele é o grande e sempre desperto espelho de Paris. Diariamente a cidade lança neste rio suas sólidas construções e seus sonhos de nuvens como se fossem imagens. Magnânimo, ele aceita as oferendas e, em sinal de agradecimento, as fragmenta em mil pedaços.

Marselha

La rue... seul champ d' expérience valable.[21]

André Breton

MARSELHA

Amarela e infectada dentadura de foca, de onde a água salgada escorre por entre os dentes. Se esta goela abocanha os corpos proletários, pretos e pardos, com os quais a alimentam as companhias de navegação, conforme o itinerário, então dela se infiltra um fedor de óleo, urina e tinta de impressão. É do tártaro que adere às imponentes maxilas: bancas de jornais, latrinas e barracas de ostras. A população do porto é uma cultura de bacilos; carregadores e meretrizes, produtos antropomorfos de putrefação. No palato, contudo, parece cor-de-rosa. Aqui, esta é a cor da vergonha, da miséria. Os corcundas e as mendicantes se vestem assim. E às mulheres descoradas da Rue Bouterie a única peça de roupa dá a única cor: camisolas cor-de-rosa.

LES BRICKS

Assim é chamado o bairro das prostitutas devido às embarcações[22] que, a cem metros daí, estão amarradas ao molhe do velho porto. Um cabedal imenso de degraus, arcos, pontes, sacadas e porões. Parece ainda estar esperando seu uso correto, o emprego conveniente. Só ele o tem.

21- A rua... único campo de experiência legítimo. (N.T.)
22- *Brick*: pequena embarcação a vela, brigue. (N.T.)

Pois este depósito de vielas gastas é o bairro das prostitutas. Invisíveis correm as linhas que dividem o terreno, de forma precisa e retilínea como colônias africanas, entre seus beneficiários. As prostitutas estão colocadas estrategicamente, prontas para, com um aceno, sitiar indecisos, para jogar entre si os recalcitrantes, como bolas, de um lado para o outro da rua. Neste jogo ele nada perde a não ser o seu chapéu. Será que algum já penetrou tão profundamente essa imundície de casas para chegar à câmara no âmago do gineceu, onde os emblemas da masculinidade capturados: chapéus de palha, chapéus-coco, de tirolês, borsalinos, bonés de jóquei pendem alinhados sobre consoles ou empilhados em ancinhos? Atravessando bares, o olhar se depara com o mar. Assim se estende até lá a viela através de uma fileira de casas irrepreensíveis como que protegida contra o porto por mão pudica. Porém, nessa mão pudica e gotejante brilha, como um anel de sinete no dedo grosseiro de uma vendedora de peixe, o velho *Hôtel de Ville*.Aqui se erguiam, há duzentos anos, casas de aristocratas. Suas ninfas de busto erguido, suas cabeças de medusa cingidas por serpentes sobre os deteriorados caixilhos de portas só agora se tornaram nítidas, insígnias de corporações e guildas. A não ser que tenham pendurado por cima placas, como fez a parteira Bianchamori com a sua, na qual, encostada numa coluna, afronta todas as meretrizes do bairro, apontando displicentemente para um robusto garotinho prestes a se desembaraçar de uma casca de ovo.

RUÍDOS

Na parte de cima, nas ruas desertas do bairro portuário, assentam densos e móveis como borboletas em canteiros de climas quentes. Cada passo assusta uma canção, uma rixa, palmada em linho encharcado, estrepitar de tábuas, choradeira de crianças de peito, tilintar de baldes. Basta ter-se perdido nestas paragens para, com a rede de captura, segui-los quando, vacilantes, esvoaçam no silêncio. Pois nesses recantos desolados, cada som e cada coisa ainda tem seu próprio silenciar, como, ao meio-dia, nas alturas, há um silenciar do galo, um silenciar do machado, um silenciar dos grilos. Porém, a caçada é perigosa e, por fim, o perseguidor desaba quando, por trás, como um gigantesco vespão, o trespassa uma pedra de amolar com o ferrão sibilante.

NOTRE DAME DE LA GARDE

A colina, donde nos olha, é o manto de estrelas da Mãe de Deus, no qual se aninham as casas da *Cité Chabas*. À noite, lampiões formam em seu interior aveludado constelações que ainda não têm nome. Tem um fecho ecler: embaixo, na guia de aço da cremalheira, a cabine é a joia cujos vidros redondos coloridos refletem o mundo. Uma fortaleza desativada é seu escabelo sagrado, e seu pescoço é rodeado por uma oval de coroas votivas de cera e de vidro que parecem perfis em relevo de seus antepassados. Correntinhas de vapores e de veleiros compõem os brincos, e dos lábios sombreados da cripta avança um adorno de bolas rubis e douradas, no qual o enxame de peregrinos se pendura como moscas.

CATEDRAL

Na praça mais infrequentada e mais ensolarada, fica a catedral. Aqui é deserto, apesar de ter diretamente ao sul, a seus pés, *La Joliette* e o porto, e, ao norte, um bairro proletário. Como centro distribuidor de mercadorias impalpáveis, inescrutáveis, lá está a erma construção entre o molhe e o armazém. Estimaram quarenta anos. No entanto, quando, em 1893, tudo estava concluído, o tempo e o espaço já tinham conspirado contra arquitetos e mestres de obras, e dos abundantes recursos do clero resultara uma gigantesca estação ferroviária, que nunca pôde ser entregue ao tráfego. Na fachada se distinguem as salas de espera no interior, onde viajantes da primeira à quarta classe (embora perante Deus todos sejam iguais), comprimidos em seus pertences espirituais como que entre malas, ficam sentados a ler livros de cânticos, que com suas concordâncias[23] e correspondências se parecem muito com os horários dos trens internacionais. Extratos do regulamento do tráfego ferroviário estão pendurados na forma de cartas pastorais; tarifas para os descontos das viagens especiais no trem de luxo de Satã são examinadas, e toaletes, onde o viajante de longo percurso pode se purificar discretamente, são postas à

23- *Konkordanzen*, no original: obra ou índice que reúne ou menciona as passagens da Bíblia que se assemelham. (N.T.)

disposição na forma de confessionários. Eis a estação da religião em Marselha. Carros-leito para a eternidade são aqui despachados durante a missa.

A luz de mercearias, que está nos quadros de Monticelli, vem das ruas centrais de sua cidade, dos monótonos bairros residenciais dos nativos, onde se conhece alguma coisa da tristeza de Marselha. Pois a infância é a descobridora da melancolia, e para conhecer a tristeza de cidades tão gloriosamente cintilantes é preciso ter sido criança nelas. Nada vão revelar ao viajante as casas cinzentas do *Boulevard de Longchamps*, as grades das janelas do *Cours Puget* e as árvores da *Allée de Meilhan*, se um acaso não o conduzir à câmara de mortos da cidade, à *Passage de Lorette*, o pátio estreito onde, na presença de alguns homens e mulheres sonolentas, o mundo inteiro se encarquilha na forma de uma única tarde do domingo. Uma companhia imobiliária cinzelou seu nome no portal. Não corresponderá este espaço interno exatamente ao misterioso navio branco "Nautique" amarrado ao porto e que nunca zarpou afim de, em troca, diariamente alimentar, em mesas brancas, forasteiros com pratos que são muito limpos e que parecem lavados?

BARRACAS DE MARISCOS E OSTRAS

Líquido insondável que, como aguaceiro sujo, se derrama sobre vigas sujas, limpando-as, que jorra, dos suportes superiores, sobre a montanha verruguenta de mariscos rosados, entre coxas e ventres de Budas de vidro, por sobre cúpulas amarelas de limões, nos pantanais dos agriões e através da mata de bandeirolas francesas para finalmente irrigar nossa goela, como o melhor tempero do animal convulsivo. *Oursins de l' Estaque, portugaises, marennes, clovisses, moules marinières* – tudo isso é incessantemente selecionado, agrupado, contado, quebrado, rejeitado, preparado, degustado. E o indolente e estúpido mediador do comércio interno, o papel, nada tem a procurar no elemento desencadeado, na rebentação de lábios espumantes, a qual sempre sobe em direção aos degraus gotejantes. – Porém, do outro lado, no outro cais, se estende a cordilheira dos *souvenires*, o além-túmulo mineral dos mariscos. Forças sísmicas empilharam este maciço de vitrificação, de cal, de esmalte, no meio do qual se imiscuíram tinteiros, navios a vapor, âncoras, colunas de mercúrio e sereias. A pressão de mil atmosferas, sob a qual este mundo de imagens aqui se impõe, se erige, se empilha, é a mesma força que se testa em coxas e seios femininos por mãos rudes de marinheiros após longa viagem, e a volúpia que expele do mundo pétreo para as caixas de mariscos um coração de veludo vermelho ou azul para espetá-lo com alfinetes e broches é a mesma que, no dia de pagamento, abala essas vielas.

MUROS

De admirar a disciplina a que estão sujeitos nesta cidade. Os melhores no centro usam uniforme e estão a soldo da classe dominante. Estão cobertos de desenhos berrantes e se dedicaram, centenas de vezes, em toda a sua extensão ao mais novo anis, ao "Dames de France", ao "Chocolat Menier" ou a Dolores Del Rio. Nos bairros mais pobres estão mobilizados politicamente e dispõem suas espaçosas letras vermelhas como precursoras de guardas vermelhas em frente de estaleiros e arsenais.

O decadente que, ao anoitecer, vende seus livros na esquina da Rue de la Republique e do Vieux Port desperta nos passantes maus instintos. Dá-lhes comichão se aproveitar de miséria ainda tão recente. E lhes apetece saber mais a respeito deste infortúnio anônimo como a imagem da catástrofe que ele nos apresenta. Pois a que ponto chegou aquele que despeja à sua frente no asfalto o que lhe resta de livros e fica na esperança de que um anseio de leitura possa espreitar alguém que passe aqui tarde da noite? Ou será que se trata de algo totalmente distinto? E aqui monta guarda uma pobre alma que, muda, nos implora que, do monte de destroços, ergamos o tesouro? Passamos apressados. Porém, a cada esquina, tornamos a estacar de repente, pois o comerciante do Sul vestiu de tal modo a capa de mendigo que daí o destino nos encara com mil olhos. Quão distante estamos da triste dignidade de nossos pobres, dos mutilados da guerra da luta de concorrência, nos quais estão pendurados cordões de sapato e latas de graxa como se fossem galões[24] e medalhas.

24- No original '*Kordon*', tira usada em uniformes, como distintivo de patentes militares. (N.d.R.)

SUBÚRBIOS
Quanto mais nos afastamos do centro, tanto mais politizada se torna a atmosfera. Aparecem as docas, os portos fluviais, os armazéns, os alojamentos da pobreza, os esparsos asilos da miséria: os arredores. Os arredores são o estado de exceção da cidade, o terreno no qual brame ininterruptamente a grande batalha decisiva entre a cidade e o campo. Em parte alguma ela é mais renhida do que entre Marselha e a paisagem provençal. É o corpo a corpo de postes de telégrafo contra agaves, de arame farpado contra palmeiras espinhentas, do nevoeiro de corredores fétidos contra o sombreado úmido de plátanos de praças incubadas, de escadarias sufocantes contra as possantes colinas. A comprida *Rue de Lyon* é a carreira de pólvora que Marselha escavou na paisagem para mandá-la pelos ares em Saint-Lazare, Saintne, Arenc, Septèmes, e para fazer cobrir com estilhaços de granada todas as línguas dos povos e das firmas. *Alimentation Moderne, Rue de Jamaique, Comptoir de la Limite, Savon Abat-jour, Minoterie de la Campagne, Bar du Gaz, Bar Facultatif* – e sobre tudo isso a poeira que aqui se acumula a partir de sal marinho, cálcio e mica, e cujo amargor permanece mais tempo na boca daquele que o experimentou com a cidade que o reflexo do Sol e do mar nos olhos de seus adoradores.

San Gimignano

À memória de Hugo von Hofmannstahl

Achar palavras para aquilo que se tem diante dos olhos – quão difícil pode ser isso! Porém, quando elas chegam, batem contra o real com pequenos martelinhos até que, como de uma chapa de cobre, dele tenham extraído a imagem. "Ao cair da noite as mulheres se reúnem ao lado da fonte, à porta da cidade, para buscar água em grandes cântaros" – só depois de ter achado essas palavras é que surgiu, da vivência superdeslumbrante, a imagem com firmes mossas e profundas sombras. O que soubera eu de antemão acerca dos salgueiros de uma brancura chamejante que, à tarde, com suas pequenas chamas, montavam guarda diante da muralha da cidade? Com que estreiteza devem ter se arranjado outrora as treze torres, e com que prudência cada uma delas, desde então, ocupou seu lugar, e entre elas havia ainda muito espaço!

Para quem vem de longe, entra-se na cidade de modo subitamente tão silencioso como na paisagem através de uma porta. Não se tem essa impressão à medida que se aproxima. Mas quando isso acontece, cai-se em seu regaço e, frente ao zumbido dos grilos e dos gritos das crianças, não se pode recobrar.

Como suas muralhas se contraíram cada vez mais no decurso de muitos séculos... Praticamente nenhuma casa sem os vestígios de amplos arcos por cima das portas estreitas. As aberturas nas quais tremulam agora panos de linho sujos para proteção contra insetos foram portões de bronze. Restos dos velhos ornamentos de pedra deixaram-se abandonados na alvenaria que, com isso, assumiu uma aparência heráldica. Quando se atravessa a *Porta San Giovanni*, sente-se num pátio e não na rua. Mesmo as praças são pátios e em todas parecemos abrigados. Aquilo que com tanta frequência ocorre na cidade do Sul, aqui pode ser sentido como em nenhuma outra parte: que seu habitante não deve recordar senão com dificuldade aquilo de que carece para viver, tanto a linha desses arcos e ameias, a sombra e o voo das pombas e das gralhas o fazem esquecer da necessidade. Torna-se-lhe difícil escapar a essa presença exagerada, ter diante de si o anoitecer de manhã e o dia à noite.

Onde quer que se possa ficar de pé, também se pode sentar. Não apenas as crianças, mas também todas as mulheres têm o seu lugar na soleira, o corpo bem rente ao seu terreno, aos seus costumes e talvez aos seus deuses. A cadeira em frente da porta da casa já é símbolo de inovações urbanas. Só os homens fazem uso dos assentos grosseiros dos cafés.

Nascer do sol e da lua assim eu nunca tive antes em minha. À noite ou à tarde, quando estou deitado em minha cama, apenas o céu existe. Por hábito começo a acordar pouco antes do nascer do Sol. Então, fico esperando que o Sol suba por detrás da montanha. Aí se dá esse primeiro momento efêmero em que ele não é maior que uma pedra, uma pedrinha ardente acima dos cumes. O que Goethe disse sobre a Lua: "Brilha teu contorno como estrela" – ninguém ainda o compreendeu para o Sol. Seu contorno, porém, não é estrela, é pedra. Os primitivos devem ter possuído a arte de abrigar em si essa pedra como talismã e, com ele, de guiar as horas rumo à felicidade.

Fico a olhar da muralha da cidade. O campo não se ufana com construções e povoações. Lá existe muita coisa, mas protegida e ensombrada. Os pátios, nos quais nada foi construído senão por necessidade, não são apenas no traçado, mas também em cada tonalidade de tijolo e vidro de janela mais distintas que qualquer casa senhorial no meio de um parque. Porém, a muralha, à qual estou apoiado, divide o segredo da oliveira, cuja copa se abre para o céu com milhares de brechas, como uma coroa dura e quebradiça.

Karl Wolfskehl em seu sexagésimo aniversário
Uma lembrança

Muita coisa se encerra num poema. Não se pense que apenas isto seja o segredo: fazê-lo. Karl Wolfskehl fez muitas poesias. Não se pense que apenas isto seja o seu segredo: tê-las feitas. Trata-se aqui de outro segredo.

Por isso devo lhe pedir licença para recorrer a uma lembrança. Foi naquele quarto de fundos de meu amigo Hessel, que, sem ser nem um pouco inclinado, é, entre os quartos de poeta, o que mais tem a forma de mansarda. Lá, numa hora avançada, certa noite, estava Wolfskehl sentado na cadeira em frente da larga cama, que, com o verde esmaecido e poeirento de sua colcha, ilustra a todo aquele que entra o efeito sensorial e moral da cor melhor, talvez, do que as tabelas experimentais da casa de Goethe. E foi ainda mais tarde da noite que apareci. Já não me lembro em torno de que girava a conversa dos dois. No fundo, não será todo verdadeiro diálogo uma sequencia de enlevos na qual, como num sonho, subitamente paramos, sem pressentir como chegamos a esse ponto? Foi num momento como esse que

Wolfskehl tomou o *Jahrhundert Goethes* (*Século de Goethe*), que estava num lugar qualquer da prateleira, e começou a ler. Como não gostaria eu de dizer algo mais desse livro – e que fosse apenas em honra do grande conhecedor e amante de livros que é Wolfsskehl –, falar dessa antologia, que apareceu pela primeira vez em 1902 publicada pelas *Blätter für die Kunst* (*Folhas para a Arte*). Era uma época em que os livros ainda traziam uma encadernação em tela, este naturalmente uma de Lechter. Gavinhas azuis cercavam o texto (cheias e sempre as mesmas, daí o nome), e no título estava o sinete da editora, a urna suspensa por dedos eretos, de cuja boca jorram todos os cachos e dísticos dos pré-rafaelistas. Mas a descrição não leva a nada. Hessel pode ter possuído alguma vez essa edição, mas sua mão relaxada por desdém e magnanimidade certamente não se deteve diante dessa peça preciosa. Faz tempo que a edição simples tomou seu lugar. Dela Wolfskehl agora lia:

Schläfrig hangen die sonnenmüden blätter,
Alles schweigt im walde, nur eine biene
Summt dort an der blüte mit mattem eifer.[25]

Leu esses quarenta e três versos trocaicos. E ao ouvi-los agora pela primeira vez recitados por ele, em meu íntimo se juntaram os poucos poemas que lá moram há anos ou decênios para hospedar o último forasteiro retardatário. Em casa, a primeira coisa que fiz foi procurar a antologia da qual ele tinha lido. Não somente o poema que Wolfskehl nos lera, a coletânea inteira me fora aberta. Foi uma daquelas raras ocasiões em que nos tornamos conscientes de como, afinal, toda lírica só se reproduz e se constrói oralmente. Para mim só foi comparável com aquela tarde em que a voz de Hofmannstahl desceu de repente sobre um poema em *Die Fibel* (*A Cartilha*), e, da distância, o frescor dos primeiros versos de Stefan Georg soprou sobre mim, pela primeira e última vez. Aqui, pois, uma voz deveras hermética, de escolta, me conduzira,

25- Sonolentas pendem as folhas cansadas de sol,/ Tudo em silêncio na floresta, só uma abelha/ Zumbe na flor, com lânguido zelo. (N.T.)

contracorrente, no rio das palavras de Lenau, até as alturas intransitáveis, onde, por volta de 1900, à sombra de algumas cabeças proeminentes, de Hölderlin, de Jean Paul, de Bachofen, de Nietzsche, a poesia alemã fora renovada. Mas esta força hermética – a voz a teria em tal grau apenas porque, seguindo dessa forma seus caminhos, tínhamos a esperança de deparar seu próprio segredo. Muitos anos atrás, alguém que conseguira fazê-lo dera ao poeta um nome divino: Hermopã. E, por acaso, não estivera um Pã retardatário nessa voz, que sussurrara para si este poema de Lenau sobre o pavor do meio-dia?[26] Que Wolfskehl sabe do destino dos deuses que, há muito, se emanciparam da mitologia – isso foi demonstrado, exatamente nesse ponto, de modo impressionante, por algumas de suas últimas obras – *Lebensluft* (*Sopro de Vida*), *Die Neue Stoa* (*O Novo Estoicismo*). Além disso, também a rigor e no sentido mítico, Hermes é o deus que não se equipara a nenhum outro, associa-se a eles numa forma nova, talvez mais fugaz e mais flutuante. Mas, com todo o seu ímpeto, também atua a forma deste homem, flutuante e fugaz, seja apenas devido à inquietação que o mantém sempre em movimento ou aos milhares de estados atmosféricos e impulsos que, desde o primitivo mundo germânico até o judaico, preparam nele os lugares para tudo o que foi herdado e vivido. Que abundância de grandiosas abreviaturas isso implica! Na maioria das vezes, apenas sob o cunho admirável de sua espirituosidade, vieram ao encontro das pessoas; caracterizam, porém, seu mundo de ideias tão bem quanto a escrita, sobre a qual uma grafóloga disse que ela carecia "justamente da chave para enfim poder ser lida". E a escrita se assemelha ao seu autor em que é um esconderijo incomparável de imagens. Um refúgio da história universal. Pois no autor moram, se alojam imagens, sabedorias, palavras, que, sem ele, quem poderia dizer se depois de tudo e de que modo se teriam firmado em nossos dias?

Talvez fosse isso o inesquecível da hora, da qual quis falar aqui: ver dele alçar voo o poema como um pássaro de uma imensa árvore de sagas, na qual se aninha com milhares de semelhantes.

26- O deus Pã costumava dormir ao meio-dia, e as pessoas tinham medo de acordá-lo; daí o pavor (ou pânico) do meio-dia. (N.T.)

Sombras curtas (i)

AMOR PLATÔNICO

A essência e o tipo de um amor se delineiam com maior precisão no destino que ele prepara para o nome – e o prénome. O matrimônio, que toma à mulher seu sobrenome para pôr em seu lugar o do marido, contudo, também não deixa seu nome de batismo intacto – e isso é válido para quase toda aproximação sexual. Ele o envolve, o modifica com apelidos carinhosos, no meio dos quais o nome verdadeiro, com frequência, não se revela ao longo de anos e decênios. Contraposto ao matrimônio, nesse sentido amplo e apenas assim – no destino do nome, não no do corpo – verdadeiramente determinável, está o amor platônico em seu único genuíno e único relevante sentido: como o amor que não expia no nome seu desejo carnal, mas que ama a amada no nome, a possui no nome e no nome faz tudo por ela. Que ele guarde e proteja intocado o nome, o prenome da amada, apenas isso é a verdadeira expressão da tensão, da propensão ao distanciamento, a que chamamos amor platônico. Nesse amor, a existência da amada se desprende de seu nome como raios de um núcleo incandescente, e daí também a obra do amante. Portanto, a *Divina Commedia* não é nada mais que a aura em torno do nome Beatriz; a mais poderosa demonstração do fato de que todas as forças e formas do cosmos emanam do nome intacto emerso do amor.

UMA VEZ SÓ É NENHUMA VEZ

Isso possui, no erótico, as mais surpreendentes evidências. Enquanto um homem corteja uma mulher com a dúvida constante sobre seu assentimento, a satisfação só pode vir acompanhada dessa dúvida, isto é, como salvação, decisão. Contudo, mal ela se realiza nessa forma, num piscar de olhos pode tomar seu lugar um anseio novo e insuportável pela satisfação em si pura e simples. A primeira satisfação se consome na memória, mais ou menos na decisão, portanto, em sua função oposta à dúvida; ela se torna abstrata. Assim, esta única vez pode se tornar nenhuma, comparada com a realização pura e absoluta. Por outro lado, porém, pode se desvalorizar também eroticamente como pura e absoluta.

Por exemplo, quando uma aventura banal se nos afigura brutal e repentinamente na recordação movida bem próximo ao corpo, e anulamos essa primeira vez, chamando-a de vez nenhuma, porque buscamos as linhas de fuga da expectativa para saber como a mulher se anula diante de nós como seu ponto de interseção. No Don Juan, o felizardo do amor, o segredo é como ele, com a rapidez do relâmpago conduz, em todas as suas aventuras, a decisão e a corte mais gentil ao mesmo tempo, recupera, no êxtase, a expectativa e antecipa, na corte, a decisão. Esse "duma vez por todas" do prazer, esse entrelaçamento dos tempos só pode ser expresso musicalmente. Don Juan exige música como lente história do amor.

A POBREZA FICA SEMPRE A VER NAVIOS

Que nenhum camarote de gala é tão exorbitante quanto o ingresso à natureza criada por Deus; que ela mesma, da qual aprendemos, contudo, que se presenteia tão prazerosamente a vagabundos, mendigos, pobretões e vadios, guarda sua face mais consoladora, mais tranquila e mais pura para o rico, quando penetra, através das grandes janelas rebaixadas, os seus salões frescos e sombreados – eis a verdade inexorável que a *villa* italiana ensina a quem, pela primeira vez, atravessou seus portões para lançar um olhar sobre o mar e sobre a montanha, perante o qual aquilo que viu lá fora empalidece como a pequena foto Kodak diante do trabalho de um Leonardo. Sim, para o rico a paisagem pende na moldura da janela, assinada, só para ele, pela mão magistral de Deus.

PERTO DEMAIS

No sonho, na margem esquerda do Sena, em frente de Notre Dame. Lá estava eu, mas lá não havia nada que fosse igual à Notre Dame. Uma construção de tijolos projetava-se, apenas com os últimos degraus de seu maciço, por sobre uma elevada estrutura de madeira. Mas eu permanecia lá, arrebatado, justamente defronte de Notre Dame. E o que me arrebatava era a saudade. Saudade justamente da Paris na qual eu me encontrava aqui no sonho. Portanto, de onde essa saudade? E de onde esse objeto totalmente desfigurado para a cidade, irreconhecível? Em suma: no sonho eu me chegara bem perto dele. A saudade inaudita que aqui, no coração da coisa almejada, me atingiu, não era a que, da distância, impele à imagem. Era a saudade ditosa que já atravessou o limiar da imagem e da posse e só conhece ainda a força do nome, do qual a coisa amada vive, se transforma, envelhece, rejuvenesce e, sem imagem, é o refúgio de todas as imagens.

OCULTAR PLANOS

Poucos tipos da superstição são tão difundidos como aquele que impede as pessoas de conversarem entre si sobre suas intenções e seus planos mais importantes. Esse comportamento passa não apenas por todas as camadas da sociedade, mas também todas as espécies de motivação humana, desde a mais banal até a mais recôndita, parecem tomar parte dele. Claro que a primeira ideia que nos ocorre, a mais óbvia, parece tão trivial e sensata que muitos hão de pensar que não há razão de falar em superstição. Nada seria mais compreensível do que uma pessoa, que incorreu em algum fracasso, procurar guardar consigo o insucesso e, para se proteger contra essa possibilidade, calar seus propósitos. Porém, na verdade, essa é a camada superior de seus motivos determinantes, o verniz do banal, que encobre as mais profundas. Por baixo se esconde a segunda camada, na forma do vago conhecimento acerca do enfraquecimento da energia de ação através da descarga motora, a satisfação motora de compensação no discurso. Só raras vezes se tem levado a sério como mereceria esse caráter destrutivo da fala, que a experiência mais simples conhece. Se pensarmos que quase todos os planos decisivos estão unidos e mesmo atados a um nome, parecerá evidente o alto preço que termina custando o prazer de pronunciá-lo. Contudo, não há dúvida de que essa segunda camada é seguida por uma terceira. É a ideia de, sobre a ignorância dos outros, principalmente dos amigos, como subir às alturas pelos degraus de um trono. E, como se ainda não bastasse, aquela última camada, a mais amarga, em cuja profundeza Leopardi penetra com as palavras: "A confissão da própria dor provoca não compaixão mas prazer e desperta, não apenas nos inimigos mas em todos os homens que dela se inteiram, alegria e não tristeza, pois isso é de fato uma confirmação de que a vítima vale menos que nós mesmos". Mas quantas pessoas seriam capazes de acreditar em si próprias se já o intelecto lhes segredasse o juízo de Leopardi? Sentindo repugnância pela amargura desse conhecimento, quantas não o cuspiriam? Então sobrevém a superstição, a concentração farmacêutica dos ingredientes mais amargos, que ninguém por si só e separadamente seria capaz de provar. Em costumes populares e provérbios as pessoas preferem obedecer ao que é obscuro e enigmático a pregar na língua do sadio bom-senso toda a dureza e todo o sofrimento da vida.

ONDE ALGUÉM RECONHECE A PRÓPRIA FORÇA

Em suas derrotas. Onde fracassamos devido à nossa fraqueza, aí nos desdenhamos e nos envergonhamos dela. Mas onde somos fortes, aí desdenhamos nossas derrotas, aí nos envergonhamos de nossa má sorte. Reconhecemos nossa força através da vitória e da sorte?! Quem não sabe, pois, que nada nos revela tanto como elas mesmas nossas mais profundas fraquezas? Quem, depois de um triunfo no combate ou no amor, já não sentiu passar sobre si a pergunta, como um calafrio voluptuoso da fraqueza: Acontece comigo? A mim, o mais fraco? – Acontece de modo distinto com as sequências de derrotas, nas quais aprendemos todas as manhas do soerguer-se e nos banhamos em vergonha como em sangue de dragão. Seja a glória, o álcool, o dinheiro, o amor – onde alguém tem sua força, não conhece nenhuma honra, nenhum medo do ridículo e nenhuma postura. Nenhum judeu usurário pode se conduzir com seu cliente de modo mais impertinente do que Casanova com a Charpillon. Tais homens moram dentro de sua força. Um morar especial e terrível, sem dúvida; esse é o preço de toda força. Existência num tanque. Se morarmos nele, somos tolos e inacessíveis, caímos em todos os fossos, derrubamos todos os obstáculos, revolvemos sujeira e profanamos a Terra. Mas só onde estamos assim imundos, aí somos invencíveis.

DA CRENÇA NAS COISAS QUE NOS PROFETIZAM

Estudar a condição em que se encontra alguém que apelou às forças obscuras é um dos caminhos mais certos e rápidos para o conhecimento e para a crítica desses mesmos poderes. Pois cada prodígio tem dois lados, um para quem o faz, e outro para quem o recebe. E não raramente o segundo lado é mais informativo que o primeiro, pois já contém em si o segredo deste. Se alguém pede que lhe esbocem a imagem grafológica ou quiromântica de sua vida, que lhe tracem o horóscopo, então nos limitaremos por esta vez a perguntar: O que está sucedendo com ele? Poder-se-ia pensar que, antes de tudo, se trata de uma comparação e de um exame. Com maior ou menor ceticismo, examinará asserção após asserção. Na verdade, não é nada disso. Antes, o contrário. Acima de tudo, uma curiosidade tão ardente sobre o resultado como se aí devesse esperar informação sobre alguém que lhe é muito importante, mas totalmente desconhecido. O combustível desse fogo é a vaidade. Logo se torna um mar de chamas, pois agora ele se deparou com seu nome. Mas, se a exposição do nome já for em si uma das mais fortes influências que se pode pensar para seu portador (os americanos empregaram isso de modo prático, ao deixar que seus anúncios luminosos falassem a Smith e Brown), na adivinhação ela se liga obviamente ao conteúdo do que foi dito. Mas, com isso, a situação é a seguinte: a assim chamada imagem interior do próprio ser que trazemos em nós é, de minuto a minuto, pura improvisação. Ela se orienta, se assim podemos dizer, inteiramente de acordo com as máscaras que lhe são exibidas. O mundo é um arsenal de tais máscaras. Só a pessoa atrofiada e desolada o busca como fingimento em seu próprio interior. Pois nós mesmos somos em geral pobres nisso. Por isso nada nos faz tão felizes como alguém que se aproxima de nós com uma caixa de máscaras exóticas e então nos apresenta os exemplares mais raros, a máscara do assassino, do magnata das finanças, do circunavegador. Olhar através delas nos encanta. Vemos as constelações, os instantes, nos quais fomos verdadeiramente um ou outro, ou todos de uma vez. Todos nós almejamos este jogo de máscaras como êxtase, e disso vivem até hoje os cartomantes, os quiromantes e astrólogos. Sabem nos remontar para uma daquelas pausas silenciosas do destino que, só mais tarde, se observa que continham o gérmen para um traçado de destino totalmente diferente daquele que nos foi concedido. Que o destino pare assim como um coração isso percebemos com medo profundo e bem-aventurado, naquelas aparentemente tão mesquinhas, aparentemente tão errôneas imagens características de nós mesmos que o charlatão nos contrapõe. E tanto mais nos apressamos em lhe dar razão quanto mais sedenta sentimos subir em nós as sombras de vidas nunca vividas.

SOMBRAS CURTAS

Quando se aproxima o meio-dia, as sombras ainda são apenas as orlas negras e nítidas na base das coisas e estão prontas para, silenciosas, de improviso, se recolher à sua estrutura, ao seu segredo. Então, em sua plenitude densa e encolhida, é chegada a hora de Zaratustra, do pensador no "*Lebensmittag*" ("Meio-dia da Vida"), no "*Sommergarten*" ("Jardim de Verão"). Pois o conhecimento delineia, como o Sol no auge de sua órbita, as coisas com máximo rigor.

Comer

FIGOS FRESCOS

Jamais provou uma iguaria, jamais degustou uma iguaria quem sempre a comeu com moderação. Assim se conhece talvez o prazer da comida, mas nunca a avidez por ela, o desvio do caminho plano do apetite, que leva à mata virgem da lavagem[27]. É na comezaina, a saber, que estes dois se reúnem: a imoderação do desejo e a uniformidade com que ele se sacia. Devorar, isto significa antes de tudo: comer - de cabo a rabo. Não há dúvida de que isso alcança mais profundamente a coisa devorada que o prazer. Por exemplo, quando alguém dá uma mordida na mortadela como se fosse pão, se chafurda no melão como numa almofada, lambe caviar de papel farfalhante e sobre uma cuia de queijo Edam simplesmente se esquece de tudo o mais que existe comestível na Terra. – Como foi que eu soube disso pela primeira vez? Foi diante de uma decisão das mais difíceis. Uma carta devia ser despachada ou

27- No original, *Fraß*, a refeição de um animal. (N.d.R.)

despedaçada. Há dois dias a trazia comigo, porém, há algumas horas sem pensar naquilo. Eis que no barulhento ramal ferroviário eu subira até Secondigliano, atravessando a paisagem carcomida pelo sol. O povoado jazia solene na quietude cotidiana. Único vestígio do domingo que passara: as varas nas quais rodas luminosas haviam oscilado e rojões haviam sido estourados. Mas agora estavam lá, despidas. Algumas traziam a meia altura um escudo com a figura de um santo de Nápoles ou a de animal. Nos celeiros abertos, mulheres sentadas debulhavam milho. Eu perambulava anestesiado de meu caminho, quando vi, à sombra, uma carreta de figos. Foi por falta do que fazer que me dirigi até ela; foi por desperdício que, em troca de alguns *soldi*, pedi meio quilo. A mulher pesou generosamente. Mas, quando os frutos pretos, azuis, verde-claros, violetas e marrons estavam no prato da balança de mão, verificou-se que a mulher não tinha papel de embrulho. As donas de casa de Secondigliano traziam seus recipientes, e ela não estava preparada para atender a um *globetrotter*. Contudo, senti vergonha de renunciar às frutas. E fui-me embora, figos nos bolsos da calça e da jaqueta, figos em ambas as mãos estendidas à frente, figos na boca. Agora não podia parar de comer, precisava tentar me defender, o mais rápido possível, contra a massa de frutas robustas que me havia atacado. Mas aquilo já não era um comer, mas um banhar-se, pois o aroma resinoso penetrava minhas coisas, se grudava às minhas mãos, emprenhava o ar, através do qual eu levava minha carga diante de mim. E, então, sobreveio a culminância do sabor, na qual, quando o fastio e a náusea, as últimas curvas, estão dominadas, o panorama se abre numa imprevista paisagem do palato: uma maré de avidez, sem sabor, sem limite, verdoenga, que nada conhece a não ser a onda viscosa e fibrosa da polpa da fruta aberta, a total transmutação de prazer em hábito, de hábito em vício. Crescia em mim o ódio por aqueles figos; tinha pressa de me arrumar, de me livrar, de me desvencilhar daquela massa que regurgitava, que rebentava. Comia para exterminá-la. A mordida havia reencontrado sua mais antiga vontade. Quando arranquei o último figo do fundo de meu bolso, nele estava colada a carta. Seu destino estava selado: também ela devia ser sacrificada à grande limpeza. Tomei-a e rasguei-a em mil pedaços.

CAFÉ CRÈME

Quem faz com que lhe sirvam o café da manhã num quarto de hotel em Paris, em pequenas bandejas prateadas, guarnecidas com bolas de manteiga e geleia, nada sabe sobre ele. É no bistrô que se deve tomá--lo, onde, no meio de espelhos, o próprio *petit déjeuner* é um espelho côncavo onde surge a menor imagem desta cidade. Em nenhuma refeição as cadências são mais distintas, desde o manejar mecânico do empregado, que apoia no zinco seu copo de café com leite, até o prazer contemplativo, com que, na pausa entre dois goles, um viajante vagarosamente esvazia a xícara. E tu mesmo estás sentado, talvez ao lado dele, à mesma mesa, no mesmo banco, e, contudo, estás distante e sozinho. Sacrificas tua sobriedade matinal para tomar alguma coisa. E o que não tens por completo para ti com este café: a manhã inteira, a manhã deste dia e, às vezes também, a manhã perdida da vida. Se, quando criança, tivesses sentado a esta mesa, quantos navios não teriam deslizado sobre o mar de gelo do tampo de mármore? Terias sabido como se parece o Mar de Mármara. Ao avistar um iceberg ou um veleiro, terias tomado um gole para o pai e um para o tio e um para o irmão, até que o creme boiando vagarosamente tivesse chegado à borda espessa de tua xícara, amplo promontório, onde os lábios repousam. Como desvaneceu o teu fastio! Como tudo se passa rápida e higienicamente: bebes, não embebes, não ensopas. Sonolento, estendes a mão para apanhar a madeleine na cesta de pão, parte-la, nem sequer notas como te entristece não poder repartir-la.

FALERNO E BACALHAU

O jejum é uma iniciação em muitos mistérios e não menos no mistério de comer. E se a fome é o melhor cozinheiro, o jejum é o rei entre os melhores. Conheci-o certa tarde em Roma, quando vagava de fonte em fonte, quando subia de escada em escada. No caminho de volta, perto das quatro horas, estava no Trastevere, onde as ruas são largas e as casas miseráveis. Há bastante cantinas pelo caminho. Porém, tinha em mente um salão sombreado, o piso forrado de mármore, toalhas de mesa brancas como a neve e os talheres de prata, a sala de jantar de um grande hotel, no qual, a esta hora, eu teria tido a chance de ser o único hóspede. O leito do rio estava seco, nuvens de poeira passavam sobre a Ilha Tiberina, e, na outra margem, enveredei pela desolada Via Arenula. Não contei as tabernas por que passei. Porém, quanto mais faminto ficava, tanto menos me pareciam convidativas ou mesmo somente frequentáveis. Aqui fugia dos fregueses, cujas vozes irrompiam sobre mim; lá, da sujeira da cortina que balouçava no vão da porta. Por fim, distanciei-me furtivamente, perlongando os bares, tão certo estava de que cada olhada só faria aumentar minha repugnância. Além disso, surgiu-me – bem diverso da fome – um nervosismo crescente: nenhum lugar me parecia seguro, nenhuma comida suficientemente honesta. E até mesmo se agora tivessem surgido aqui, à minha frente, as fantasmagorias dos acepipes mais finos, caviar, lagostas, narcejas, não, ter-me-ia bastado a comida mais simples, mais despretensiosa. Aqui estava – assim o sentia – a chance que nunca retoma, de mandar meus sentidos, como cães que jaziam na matilha, às dobras e aos abismos dos alimentos crus mais simples, do melão, do vinho, de uma dezena de tipos de pão, das nozes, para neles colocar um aroma nunca sentido. Já eram cinco horas quando me encontrei num calçamento amplo e desigual, a Piazza Montanara. Uma dentre as estreitas vielas que ali desembocavam parecia mostrar-me exatamente o caminho a ser tomado. Pois, então, já se tornara claro para mim que o mais sensato era voltar para o meu quarto e comprar minha comida na porta da rua. Foi então que me atingiu o brilho de uma janela iluminada, a primeira naquele anoitecer. Era uma *osteria*, onde tinham acendido as luzes antes das casas e das lojas. Através da janela via-se apenas um freguês que justamente se levantava para sair. Subitamente me pareceu meu dever tomar seu lugar. Entrei e instalei-me num canto. Senti de pronto que me seria indiferente sentar aqui ou ali, quando, até bem pouco tempo, eu fora o mais seletivo, o mais indeciso. Um rapazote perguntou-me apenas quanto eu queria; o vinho que aqui se tomava parecia evidente. Comecei a sentir-me só e tirei a negra varinha mágica, que já tantas vezes produzira à minha volta a florescência de letras com aquele nome no meio, a qual misturava agora o aroma que ela lançava em minha solidão, com o do Falerno.

E perdi-me naquilo – na florescência, no nome, no aroma, no vinho – até que um rumor me fez levantar os olhos. O recinto se enchera: operários da vizinhança que se encontravam aqui com as mulheres, muitos até com os filhos, para comer fora de casa depois do dia de trabalho. Pois comiam também e, sem dúvida, do bacalhau seco, o único prato que havia aqui. Então vi que um prato cheio estava também à minha frente, e um calafrio de repulsa subiu-me pelas costas. Depois fiquei observando as pessoas mais próximas. Era uma gente precisamente definida, estreitamente relacionada entre si, moradora do bairro, e, porque era da pequena burguesia, não se via ninguém das camadas superiores e muito menos, estrangeiras. Uma vez que estava lá sentado, com razão deveria ter sobressaído devido à minha roupa e ao meu aspecto. Mas curioso – nem sequer um olhar roçou em mim. Será que ninguém me percebera ou será que lhes parecia que aquele sujeito totalmente perdido pela doçura do vinho – em quem eu cada vez mais me transformava – pertencia àquele meio? Com esse pensamento, o orgulho tomou conta de mim; uma grande felicidade me sobreveio. Nada mais deveria distinguir-me daquela multidão. Guardei a caneta. Ao fazer isso, senti um crepitar no meu bolso. Era o *Impero*, um jornal fascista que eu metera no bolso a caminho. Mandei vir outro quartel de Falerno, abri o jornal, encobri-me inteiramente atrás de sua capa suja, que estava forrada com os acontecimentos do dia tal qual a Madona com as estrelas da noite, e devagar meti na boca pedaço por pedaço do bacalhau seco até que a fome estivesse saciada.

BORSCHT

Primeiramente ele deposita em teus traços uma máscara de vapor. Muito antes de tua língua molhar a colher, teus olhos já lacrimejam tuas narinas já pingam *borscht*. Muito antes que tuas entranhas se ponham à escuta e teu sangue seja uma onda que inunda teu corpo com a espuma perfumada, teus olhos já beberam da abundância rubra desse prato. Agora eles estão cegos para tudo o que não seja *borscht* ou seu reflexo nos olhos da comensal. É o creme – pensas – que dá a essa sopa seu esmalte espesso. Pode ser. Mas tomei-a no inverno moscovita e de uma coisa sei: dentro dela existe neve, flocos avermelhados derretidos, comida feita de nuvens, da espécie do maná que, um dia, veio também lá de cima. E como é que o jato quente não amacia o pedaço de carne, que fica em ti como um campo lavrado, no qual facilmente arrancas, com a raiz, a ervinha chamada "tristeza"! Deixa a vodca ao lado intocada, não parta os *pierogi*[28]. Então vais descobrir o segredo da sopa que, dentre todos os pratos, é o único que tem o dom de saciar suavemente, de aos poucos penetrar-te, quando, com outros, um brusco e inamistoso "basta" abala de repente teu corpo inteiro.

PRANZO CAPRESE[29]

Ela tinha sido a famosa cocote de Capri, agora era a mãe sexagenária do pequeno Genaro, que surrava quando estava bêbeda. Morava numa casa ocre na encosta íngreme do morro, no meio de uma vinha. Vim procurar pela amiga a quem ela alugara um quarto. Lá em cima, em Capri, soavam as doze horas. Não havia ninguém à vista; a vinha estava deserta. Tornei a subir os degraus por onde acabara de chegar. Então ouvi a velha bem atrás de mim. Estava de pé na soleira da cozinha, de saia e blusa, peças de roupa de cores feias e nas quais, por certo, em vão se teriam procurado manchas, tão uniformemente, tão completamente sujas estavam. – *Voi cercate la signora. È partita colla piccola.*[30] – E deveria voltar logo, segundo ela. Aquilo, porém, foi apenas a fonte donde desaguou, em sua voz estridente e aguda, uma torrente de palavras convidativas, à medida que sua cabeça autoritária se movia em ritmos, que, há decênios, devem ter tido um significado excitante. Era preciso ser um perfeito *galantuomo*[31] para livrar-se dela, e eu nem sequer dominava o italiano. O tanto que eu entendia, era uma intimação para participar de seu almoço. Então vi também o marido franzino, ao lado do fogão, tirando colheradas de uma tigela. E logo em seguida ela reapareceu à minha frente, na

28- Espécie de pastel originário do Leste Europeu. (N.d.R.)
29- Refeição Caprese. (N.d.R.)
30- "Vou procurar a senhora. Ela saiu com a pequena." (N.d.R.)
31- Cavalheiro. (N.d.R.)

soleira, com um prato que me estendeu sob um palavreado ininterrupto. Porém, o resto de minha capacidade de compreender o italiano me abandonara. Naquele instante senti que era tarde demais para ir embora. No meio de um vapor de alho, feijões, gordura de carneiro, tomates, cebolas, azeite, apareceu-me a mão categórica, da qual recebi uma colher de estanho. Agora, os leitores hão de pensar que, ao engolir aquilo, a náusea deve ter me sufocado e que o estômago deve ter tido a maior pressa em devolver aquela papa. Quão poucos conhecem, então, a magia da comida, e quão pouco eu mesmo sabia dela até aquele instante de que falo aqui. Provar aquilo não foi absolutamente nada, era apenas a transição decisiva, insignificante entre estas duas coisas: primeiro cheirá-la e depois, contudo, tomado por ela, ser calcado totalmente, dos pés à cabeça, amassado por aquela comida, como que agarrado pelas mãos dessa velha meretriz, espremido e esfregado com seu sumo - o sumo da comida ou o da mulher, já não saberia dizer. A obrigação da polidez foi cumprida, bem como o desejo da bruxa, e subi a montanha, enriquecido com o conhecimento de Ulisses quando vira seus companheiros transformados em porcos.

OMELETE DE AMORAS

Esta velha história, conto-a àqueles que agora gostariam de experimentar figos ou Falerno, *borscht* ou uma comida camponesa de Capri. Era uma vez um rei que chamava de seu todo poder e todos os tesouros da Terra, mas, apesar disso, não se sentia feliz e se tornava mais melancólico de ano a ano. Então, um dia, mandou chamar seu cozinheiro particular e lhe disse: – Por muito tempo tens trabalhado para mim com fidelidade e me tens servido à mesa os pratos mais esplêndidos, e tenho por ti afeição. Porém, desejo agora uma última prova de sua habilidade. Deves me fazer uma omelete de amoras tal qual saboreei há cinquenta anos, em minha mais tenra infância. Naquela época meu pai travava guerra contra seu perverso vizinho a oriente. Este acabou vencendo e tivemos de fugir. E fugimos, pois, noite e dia, meu pai e eu, até chegarmos a uma floresta escura. Nela vagamos e estávamos quase a morrer de fome e fadiga, quando, por fim, topamos com uma choupana. Aí morava uma vovozinha, que amigavelmente nos convidou a descansar, tendo ela própria, porém, ido se ocupar do fogão, e não muito tempo depois estava à nossa frente a omelete de amoras. Mal tinha levado à boca o primeiro bocado, senti-me maravilhosamente consolado, e uma nova esperança entrou em meu coração. Naqueles dias eu era muito criança e por muito tempo não tornei a pensar no benefício daquela comida deliciosa. Quando mais tarde mandei procurá-la por todo o meu reino, não se achou nem a velha nem qualquer outra pessoa que soubesse preparar a omelete de amoras. Se cumprires agora este meu último desejo, farei de ti meu genro e herdeiro de meu reino. Mas, se não me contentares, então deverás morrer. – Então o cozinheiro disse: – Majestade, podeis chamar logo o carrasco. Pois, na verdade, conheço o segredo da omelete de amoras e todos os ingredientes, desde o trivial agrião até o nobre tomilho. Sem dúvida, conheço o verso que se deve recitar ao bater os ovos e sei que o batedor feito de madeira de buxo deve ser sempre girado para a direita de modo que não nos tire, por fim, a recompensa de todo o esforço. Contudo, ó rei, terei de morrer. Pois, apesar disso, minha omelete não vos agradará ao paladar. Pois como haveria eu de temperá-la com tudo aquilo que, naquela época, nela desfrutastes: o perigo da batalha e a vigilância do perseguido, o calor do fogo e a doçura do descanso, o presente exótico e o futuro obscuro. – Assim falou o cozinheiro. O rei, porém, calou um momento e não muito tempo depois deve tê-lo destituído de seu serviço, rico e carregado de presentes.

Romances policiais, nas viagens

São uma minoria os que, no trem, leem livros que possuem na estante, em casa. Preferem comprar o que lhes oferecem no último momento. O efeito de volumes postos à disposição de longa data os deixa desconfiados, e com razão. Além disso, talvez deem valor a fazer suas compras no chassi de bandeirolas coloridas na plataforma da estação. Qualquer um conhece o culto ao qual ele nos convida. Qualquer um já estendeu a mão uma vez para os volumes içados, oscilantes, menos pelo prazer de ler do que por fazer, numa sensação obscura, algo que agrade aos deuses da ferrovia. Ele sabe que as moedas que consagra a esta caixa de ofertas o recomendam à indulgência do deus-caldeira, que arde noite adentro, das Náiades de fumaça, que rolam por cima do trem, e do demônio do balanço, que é senhor de todas as canções de ninar. A todos eles conhece de sonhos; conhece também o efeito de provas e perigos míticos que, como "viagem de trem", estão às ordens do Espírito da Época, e a fuga imprevisível de dormentes[32] espaço-temporais, sobre os quais ela se move, começando com o famoso "tarde demais" do atrasado, o arquétipo de todas as negligências, até a solidão da cabine, o medo de perder a baldeação, o horror da estação desconhecida na qual entra. Desprevenido, sente-se enredado numa megalomania e se reconhece a si mesmo como a testemunha estupefata da luta entre os deuses da ferrovia e da estação.

SIMILIA SIMILIBUS

A anestesia de um medo por meio de outro é a sua salvação. Entre as folhas recém-separadas dos romances policiais, ele procura as angústias ociosas, de certo modo virginais, que poderiam ajudá-lo a superar as angústias arcaicas da viagem. Nesse caminho pode chegar até a frivolidade e fazer de Sven Elvestad com seu amigo Asbjörn Krag, de Frank Heller e do senhor Collins, seus companheiros de viagem. Porém, essa sagaz companhia não é do agrado de toda a gente. Talvez alguém queira para si, em honra do caderno de itinerário, um companheiro mais exato, como Leo Perutz, que escreveu os contos substancialmente ritmados e sincopados, cujas estações se atravessam voando, com o relógio na mão, como lugarejos provincianos ao longo da via férrea. Ou então outro, que reúne mais compreensão sobre a incerteza do futuro, ao encontro do qual nos dirigimos, sobre os enigmas que abandonamos; nesse caso viajará junto com Gaston Leroux, e com *O Fantasma da Ópera* e *O Perfume*

32- Barras que compõem o leito da estrada de ferro (em alemão, *Schwelle*, que também pode significar, dentre outras coisas, "limite", "fronteira", "umbral", termo-chave na obra de Benjamin). (N.d.R.)

da Dama de Negro logo vai se sentir passageiro do *Trem Fantasma*, que, no ano passado, fez parada nos palcos alemães. Ou então pensemos em Sherlock Holmes e seu amigo Watson e como saberiam pôr em relevo o estranho-familiar[33] de uma cabine empoeirada de segunda classe, ambos mergulhados em seu silêncio de passageiros, um atrás de um para-vento de jornal, o outro atrás de uma cortina de nuvens de fumo. Pode ser também que todas essas formas de fantasma se dissolvam no nada perante a imagem, que sobe à nossa frente, dos inesquecíveis livros de romances policiais da A. K. Green, como retrato de sua autora. Esta deve ser imaginada como uma velha dama de chapeuzinho, que sabe tão bem sobre os parentescos complicados de suas heroínas quanto sobre os enormes armários rangentes, num dos quais, segundo o provérbio inglês, cada família guarda um esqueleto. Suas histórias curtas têm exatamente o comprimento do túnel Gotthard, e seus grandes romances – *Atrás de Portas Fechadas, Na Casa Vizinha* – desabrocham na luz velada e violácea da cabine como goiveiros-das-damas[34].

Eis tudo o que se pode dizer que a leitura presta ao viajante. Mas o que é que a viagem não presta ao viajante? Em que outra ocasião estará ele tão mergulhado na leitura e poderá sentir a existência de seu herói tão seguramente mesclada à sua própria vida? Acaso não é o seu corpo a naveta do tear que, na cadência das rodas, incansavelmente atravessa a página, o livro do destino do seu herói? Nas diligências não se lia, e não se lê nos automóveis. As leituras de viagem estão tão ligadas ao viajar de trem quanto à parada em estações. Sabidamente, muitas estações se parecem com catedrais. Mas devemos agradecer aos pequenos altares móveis, vivamente coloridos, que um ministrante da curiosidade, da distração e da sensação toca, aos gritos, ao longo do trem, se, por algumas horas, envoltos na terra, que

---

33- Em alemão, '*das Unheimlich-Heimliche*'. *Heimlich* pode significar familiar, confiável, mas também oculto, secreto; *Unheimlich* significa não-familiar, estranho, inquietante, sinistro. Freud, em um ensaio de 1919 (*Das Unheimlich*), dissertou sobre a relação entre essas duas palavras, destacando que sua aparente antagonia guarda também um conceito em comum: aquilo que é ao mesmo tempo oculto e inquietante. (N.d.R.)

34- Também chamadas de hésperis, são plantas cujas flores desabrocham à noite exalando intenso perfume. (N.d.R.)

passa voando, como num xale flutuante, sentimos morrer em nossas costas o arrepio da tensão e os ritmos das rodas.

Mar do norte

"O tempo onde vive mesmo aquele que não tem moradia" se torna para o viajante, que não deixou nenhuma atrás de si, um palácio. Durante três semanas, enfileiraram-se, um após o outro, em direção ao Norte, os seus salões preenchidos pelo rumor das vagas. Gaivotas e cidades, flores, móveis e estátuas surgiam em suas paredes e, através de suas janelas, caía luz, noite e dia.

CIDADE

Se este mar é a Campânia, então Bergen fica nos Montes Sabinos. E assim é de fato, pois o mar descansa, permanentemente sereno, no fiorde profundo, e as montanhas têm as formas das romanas. A cidade, porém, é nórdica. Por toda a parte há vigamento e o crepitar dentro dele. As coisas são claras: madeira é madeira, latão é latão, tijolo é tijolo. A limpeza as reconduz a si próprias e as faz idênticas a si próprias até a medula. Por isso tornam-se orgulhosas, pouco querem vir do lado de fora. Assim como os habitantes de remotas aldeias montesas podem se relacionar intimamente na doença mais grave e na morte, também as casas se encheram de escadas e esquinas. E lá onde estivesse à vista ainda um bocadinho de céu estão exatamente dois mastros, de cada lado da rua, prontos a inclinar-se. "Pare quando a proximidade das nuvens se torna perceptível". Caso contrário, o céu está aprisionado em sacrários, pequenas células de madeira, góticas, vermelhas, onde está pendurada a corda do sino, por meio da qual se pode chamar o corpo de bombeiros. O ócio ao ar livre não está previsto em parte alguma; onde residências têm à frente um jardim, este se acha tão densamente arroteado que ninguém se sente tentado a se demorar nele. Talvez seja por isso que as garotas daqui sabem permanecer nas soleiras, apoiar-se às portas, como raramente acontece no Sul. A casa tem ainda limites rigorosos. Uma mulher pretendeu sentar bem em frente da porta, mas não colocou sua cadeira perpendicular e sim paralela à frente da casa, no nicho da porta, filha de uma estirpe que há duzentos anos ainda dormia em armários. Armários, ora com portas giratórias, ora com gavetas, com até quatro lugares na mesma arca. Com isso se cuidava mal do amor – ou seja, do amor feliz. Tanto melhor, às vezes, para o infeliz – se era, por exemplo, um amante frustrado, em cuja cama vi o lado interno da porta preenchido por um grande retrato de mulher. Uma mulher o separa do mundo: ninguém poderia dizer nada além sobre a sua melhor noite.

FLORES

Enquanto as árvores se acanham, já não se deixam ver em parte alguma sem cercas, pode-se encontrar nas flores uma firmeza inesperada. Não têm por certo cores mais intensas que as de clima temperado; antes, são mais pálidas. Mas quão mais decidida sua cor se destaca de tudo o que lhes rodeia! As pequenas, amores-perfeitos e resedás, são mais selvagens; as maiores, e sobretudo as rosas, são mais significativas. Com cuidado, mulheres as transportam através do grande ermo, de um porto a outro. Mas, se estão espremidas em vasos em frente das vidraças das casas de madeira, é menos uma saudação da natureza do que um muro contra o exterior. Quando o Sol rompe, cessa todo o aconchego. Provavelmente não se pode dizer em norueguês que ele tem boas intenções. Aproveita despoticamente os momentos de seu reinado sem nuvens. Dez meses do ano tudo aqui pertence à escuridão. Quando o Sol vem, domina todas as coisas, arrebata-as da noite, como se fossem propriedade sua, e no jardim dá o toque de reunir às cores – azul, vermelho, amarelo –, a luzidia guarda de flores, que não são ensombradas por nenhuma copa.

MÓVEIS

Para aprender muita coisa sobre os antigos habitantes a partir da contemplação de seus navios, dever-se-ia, no mínimo, saber remar. Em Oslo podem-se ver dois navios *vikings*; para quem, contudo, não rema, seria melhor deter-se na observação das cadeiras que encontra, não longe de um dos navios, no Museu de Arte Folclórica. Qualquer um sabe sentar, e muitos vão também assimilar, com aquelas cadeiras, o que há de especial no sentar. É um erro brutal imaginar que encostos traseiro e lateral aí estejam presentes originalmente para dar conforto. Eles são cercas, especificamente do lugar que ocupa aquele que está sentado. Entre essas armações de madeira de tempos primitivos, havia uma cujo assento inverossimilmente espaçoso estava de tal modo cercado por uma grade como se fosse a retaguarda de uma multidão pujante, que precisasse ser contida. Quem lá sentava, o fazia por muitos. Todas as superfícies dos assentos antigos estão mais próximas do chão que os nossos. No entanto, quanto mais essas cadeiras sustentam nessa distância inferior, enquanto, ao mesmo tempo, a superfície representa ainda a Mãe Terra. Em todos se vê o quanto elas determinavam, a todo momento, porte, erudição, prestígio e critério daquele que as ocupava. Da mesma forma com esta: numa cadeirinha pequena e baixa, a superfície de assento uma depressão, o encosto uma depressão, tudo impele, impulsiona para frente. Era como se, em cima de uma onda, o destino tivesse arremessado à sala aquele que aqui estava sentado. Ou aquela outra cadeira de braços com uma arca sob o assento. Não é um móvel bonito; antes, impertinente; assento de um pobre, talvez – mas, quem aqui sentou, soube o que mais tarde Pascal reconheceu: "Ninguém morre tão pobre que não deixe alguma coisa". E aquele trono: atrás da superfície circular, sem apoio para os braços, sobressai a abóbada polida e côncava do espaldar, como a abside de uma catedral românica, de cuja altura o entronado olha para baixo. Nesta terra, que, mais tarde que todas as outras, acolheram as "artes visuais" – escultura e pintura –, um espírito construtor definiu a mobília – armário, mesa e cama até o tamborete mais baixo. São todos inacessíveis; como *genius loci*[35], neles moram ainda hoje proprietários por quem foram, há séculos, de fato, possuídos.

LUZ

As ruas de Svolvaer estão vazias. E atrás das janelas as persianas de papel estão arriadas. Será que as pessoas estão dormindo? Passa da meia-

35- Espírito protetor de um lugar. (N.T.)

-noite; de uma casa vêm vozes, de outros barulhos de uma refeição. E todo som que ressoa na rua faz esta noite se transformar num dia que não está no calendário. Penetraste o depósito do tempo e olhas para as pilhas de dias inaproveitados que, há milênios, a Terra guardou para si sobre este gelo. O homem consome seu dia em vinte e quatro horas – esta terra consome o seu apenas durante meio ano. Por isso as coisas permaneceram tão ilesas. Nem o tempo nem mãos tocaram os arbustos no jardim sem vento e os barcos na água serena. Dois crepúsculos têm um encontro sobre eles, dividem sua posse como a das nuvens e te mandam para casa de mãos vazias.

GAIVOTAS

Noite, o coração pesado como chumbo, cheio de angústia, no convés. Por muito tempo sigo o movimento das gaivotas. Sempre há uma pousada no mastro mais alto e descreve com ele seu movimento pendular que desenha descontinuamente no céu. Porém, nunca é a mesma por muito tempo. Outra se chega; com dois bateres de asa, não sei se pediu que a primeira se fosse ou se a afugentou. Até que, subitamente, a ponta do mastro fica vazia. Mas as gaivotas não deixaram de seguir o navio. Como sempre, estão descrevendo seus círculos numa amplidão que nem a vista alcança. No entanto, é outra coisa que lhes traz um senso de ordem. O Sol já se pôs há muito tempo, a oriente está muito escuro. O navio ruma para o Sul. Alguma claridade permaneceu no ocidente. O que, pois, se processou com os pássaros – ou comigo? – aconteceu em virtude do lugar tão dominante, tão solitário, que, por melancolia, eu escolhera no meio da popa. Subitamente apareceram dois bandos de gaivotas, um, os orientais, outro, as ocidentais, esquerdas e direitas, tão diversas que o nome gaivota as abandonara. Os pássaros da esquerda conservavam contra o fundo do céu extinto algo de sua claridade, reluziam a cada curva em cima e embaixo, se ajuntavam ou se esquivavam e pareciam não cessar de tecer à minha frente uma sequência ininterrupta, interminável de sinais, um entrelaçamento total, indescritivelmente cambiante, fugaz e, contudo, legível. Só que eu deslizava a fim de continuamente me reencontrar de novo com as outras. Aqui nada mais me aguardava, nada me falava. Eu mal havia acompanhando aquelas no leste, quando elas, no voo rumo a um último brilho – algumas asas de um preto mais intenso, mais nítidas –, perdiam-se na distância e retornavam, então eu já não poderia mais descrever seu traço. Ele me comoveu tão completamente que retornei da distância, enegrecido pela experiência sofrida, um silencioso bando de asas. À esquerda tudo ainda estava por ser decifrado, e o meu destino pendia de cada sinal; à direita já havia sido outrora, e um único sinal tranquilo. Por muito tempo durou esse contraste até que eu me tornasse o umbral, por cima do qual os mensageiros inomináveis cambiavam, nos ares, pretos e brancos.

ESTÁTUAS

Uma câmara de paredes verde-musgo. Todas as quatro estão cobertas de estátuas. Entre elas, algumas vigas ornadas, que, sobre vestígios de cor com vestígios de ouro, deixam que se decifre "Jasão", "Bruxelas" ou "Malvina". À esquerda, quando se entra, um homenzinho de madeira, uma espécie de mestre, de sobrecasaca, um chapéu tricorne na cabeça. Tem o braço esquerdo erguido de modo didático, mas um pouco abaixo do cotovelo ele se quebra; faltam também a mão direita e o pé esquerdo. Um prego atravessa o homem que olha fixo para o alto. Caixas sólidas, insignificantes, comuns acompanham justapostas, as paredes. Algumas trazem escrito *Livbaelter*; a maioria, nada. Por meio delas se pode tirar as medidas da sala. Duas ou três caixas além e uma mulher altaneira em traje a rigor, branco e ricamente ornado, que deixa semi-descobertos os seios soberbos. Sobre uma junção forte, um pescoço todo de madeira. Lábios cheios, rachados. Abaixo do cinto, dois furos. Um através do osso pubiano, outro mais fundo, no vestido rodado, que não deixa entrever as pernas. Como ela, todas as figuras ao redor crescem a partir de formas vagas, com poucos membros. Não se dão bem com os pés no chão; seu apoio está nas costas. Entre os bustos e estátuas descorados e rachados encontra-se uma totalmente colorida, preservada de todas as intempéries: seu manto amarelo é forrado de verde, suas vestes vermelhas debruadas em azul, sua espada verde e cinza, seu chifre é amarelo, usa um barrete frígio[36] e, como se espreitasse, mantém a mão sobre os olhos – Heimdall[37]. E de novo uma figura feminina, mais adamada que a primeira. Uma peruca à Luís XIV deixa cair os cachos sobre um corpete azul. Em vez de braços, volutas. – Pensar no homem que as reuniu todas, que as reuniu ao seu redor, que por terras e mares teria indagado por elas, certo de que só junto dele elas achariam, só junto delas ele acharia paz. Não era um amante das artes visuais; não, era um viajante que buscava a sorte em terras distantes, quando ainda era possível achá-la na terra natal, e, então, mais tarde montou seu lar junto das mais castigadas pela distância e pela viagem. Todas elas com a face corroída por lágrimas salgadas, os olhares de cavidades de madeira trituradas dirigidos para o alto, os braços – se ainda os há – cruzados sobre o busto, suplicantes. Quem são? Tão indescritivelmente desamparadas e revoltosas – estes nióbidas do mar? Ou suas bacantes? Pois são tomadas de assalto sobre cristas mais brancas que as da Trácia e são espancadas por garras mais selvagens que as das feras, o séquito de Ártemis – eles, os galeões. São galeões. Estão na câmara dos galeões no Museu de Navegação em Oslo. Mas exatamente no meio da câmara se ergue sobre um estrado uma roda de leme. Mesmo aqui não encontrarão esses viajantes nenhuma paz, e há de se sair com eles de novo para a arrebentação das ondas, que é eterna como o fogo do inferno?

Desempacotando minha biblioteca

Um discurso sobre o colecionar

Estou desempacotando minha biblioteca. Sim, estou. Ela ainda não está, portanto, nas estantes; o suave tédio da ordem ainda não a envolve. Tampouco posso passar ao longo de suas fileiras para, na presença de ouvintes amigos, revistá-la. Nada disso vocês têm de temer. Ao contrário,

36- Espécie de touca com borla no alto. (N.d.R.)
37- Deus da mitologia nórdica. (N.T.)

devo pedir-lhes que se transfiram comigo para a desordem de caixotes abertos à força, para o ar cheio de pó de madeira, para o chão coberto de papéis rasgados, por entre as pilhas de volumes trazidos de novo à luz do dia após uma escuridão de dois anos justamente, a fim de, desde o início, compartilhar comigo um pouco da disposição de espírito – certamente não elegíaca, mas, antes, tensa – que ela desperta no autêntico colecionador. Pois quem lhes fala é um deles e, no fundo, está falando só de si. Não seria presunçoso enumerar-lhes, ostentando aqui uma aparente objetividade e neutralidade, as peças ou divisões mais importantes de uma coleção de livros, ou expor-lhes a história de sua formação ou mesmo sua utilidade para o escritor? Em todo caso, com as palavras seguintes, tive em vista algo menos oculto, algo mais palpável. Tenho a intenção de dar uma ideia sobre o relacionamento de um colecionador com os seus pertences, uma ideia sobre o ato de colecionar mais do que sobre a coleção em si. É inteiramente arbitrário que eu faça isso me baseando em uma observação das diversas maneiras de adquirir livros. Este processo ou qualquer outro é apenas um dique contra a maré de água viva de recordações que chega rolando na direção de todo colecionador ocupado com o que é seu. De fato, toda paixão faz fronteira com o caos, mas a de colecionar a faz com o das recordações. Contudo, direi mais ainda: o acaso e o destino, que tingem o passado diante de meus olhos, se evidenciam simultaneamente na confusão habitual desses livros. Pois o que é essa posse senão uma desordem na qual o hábito se acomodou de tal modo que ela pode até aparecer como se fosse ordem? Vocês já ouviram falar de pessoas que adoeceram com a perda de seus livros, de outras que na sua aquisição se tornaram criminosas. Nesse domínio, toda ordem é precisamente uma situação oscilante à beira do precipício. "O único conhecimento exato que existe" – disse Anatole France – "é o do ano de publicação e o do formato dos livros". Na prática, se há uma contrapartida ao desregramento de uma biblioteca, seria a ordenação de seu catálogo.

Assim, a existência do colecionador é uma tensão dialética entre os polos da ordem e da desordem.

Naturalmente, sua existência está sujeita a muitas outras coisas: a uma relação muito misteriosa com a propriedade, sobre a qual algumas palavras ainda devem ser ditas mais tarde; a seguir: a uma relação com as coisas que não põe em primeiro plano o seu valor funcional, portanto sua utilidade, a sua serventia, mas que as estuda e as ama como o cenário, como o teatro de seu destino. O maior fascínio do colecionador é encerrar cada peça num círculo mágico, onde ela se fixa quando passa por ela a última excitação – a excitação da aquisição. Tudo o que é recordado, pensado, conscientizado, torna-se alicerce, moldura, pedestal, fecho de seus pertences. A época, a região, a arte, o dono anterior – para o verdadeiro colecionador todos esses detalhes se somam para formar uma enciclopédia mágica, cuja quintessência é o destino de seu objeto. Aqui, portanto, neste campo restrito, pode-se presumir como os grandes fisiognomonistas – e os colecionadores são os fisiognomonistas do mundo dos objetos – se tornam intérpretes do destino. Basta observar um colecionador manuseando os objetos em seu mostruário de vidro. Mal os segura em suas mãos, parece inspirado a olhar através deles para os seus passados remotos. Isto é tudo o que poderia dizer sobre o lado mágico dos colecionadores, sobre sua imagem antiga. – *Habent sua fata libelli*[38] – talvez essas palavras tenham sido concebidas como uma declaração genérica sobre livros. Assim, livros como *A Divina Comédia* ou A *Ética*, de Spinoza, ou *A Origem das Espécies* têm seus destinos. O colecionador, porém, interpreta esse aforismo latino de outro modo. Para ele não só livros, mas também seus exemplares têm seu destino. E, neste sentido, o destino mais importante de todo exemplar é o encontro com ele mesmo, o colecionador, com sua própria coleção. E não estou exagerando: para o colecionador autêntico a aquisição de um livro velho representa o seu renascimento. E justamente neste ponto se acha o elemento pueril que, no colecionador, se interpenetra com o elemento senil. Crianças dispõem da renovação da existência através de uma centena de práticas diferentes, nenhuma complicada. Para elas colecionar é apenas *um* processo de renovação; outros seriam a pintura de objetos, o recorte de figuras e ainda o decalque e assim toda a gama de modos de apropriação infantil, desde o tocar até o dar nome às coisas. Renovar

38- Em latim, "Livros têm seus próprios destinos". (N.d.R.)

o mundo velho – eis o impulso mais enraizado no desejo do colecionador ao adquirir algo novo, e por isso o colecionador de livros velhos está mais próximo da fonte do colecionar que o interessado em novas edições luxuosas.

Algumas palavras sobre como livros atravessam o limiar de uma coleção, sobre como se tornam propriedade do colecionador, sobre a história de sua aquisição.

De todas as formas de obter livros, escrevê-los é considerada a mais louvável. Muitos de vocês hão de achar divertido pensar da grande coleção de livros que Wutz, o professorzinho pobre de Jean Paul, adquiriu com o tempo pelo expediente de escrever, ele próprio, todas as obras cujos títulos o interessavam em catálogos de feiras de livros, já que não tinha os meios de comprá-los. Na verdade, os escritores são pessoas que escrevem livros não porque são pobres, mas porque estão insatisfeitos com os livros que poderiam comprar e que não lhes agradam. Vocês, senhoras e senhores, acharão esquisita essa opinião sobre o escritor, mas tudo o que se diz do ponto de vista de um colecionador autêntico é esquisito. Dos modos costumeiros de adquirir livros, o mais conveniente seria tomar emprestado sem a subsequente devolução. O sujeito que se destaca pela quantidade de livros que tomou emprestados – que é a quem visamos aqui – mostra-se como um inveterado colecionador de livros não tanto pelo fervor com que protege o seu tesouro emprestado, nem pela surdez com que enfrenta qualquer advertência proveniente do mundo cotidiano da legalidade, mas principalmente pelo fato de que não lê os livros. Se quiserem acreditar na minha experiência, saibam que frequentemente me devolviam, em tempo oportuno, um livro emprestado antes que tivessem lido alguma coisa. Seria – vocês hão de perguntar – uma característica do colecionador não ler livros? Dir-se-ia que é a maior das novidades. Mas não, pois especialistas podem confirmar que é a coisa mais velha do mundo, e menciono aqui a resposta que Anatole France, novamente, tinha na ponta da língua para dar ao filisteu que, após ter admirado sua biblioteca, terminou com a pergunta obrigatória: – "E o senhor leu tudo isso, *Monsieur* France?" – "Nem sequer a décima parte. Ou, por acaso, o senhor usa diariamente sua porcelana de Sèvres?"

De resto, fiz a contraprova quanto ao direito a tal comportamento. Por anos a fio – pelo menos durante o primeiro terço de sua existência até hoje – minha biblioteca não consistiu de mais de duas ou três fileiras que cresciam anualmente cerca de um centímetro apenas. Foi a sua fase marcial, em que nenhum livro podia nela ingressar,sem que eu houvesse lido. E assim, talvez, jamais teria chegado a possuir algo que, pela extensão, pudesse ser denominado biblioteca sem a inflação que, subitamente, mudou a ênfase dos negócios, transformando livros em objetos de valor ou, pelo menos, tornando-os difíceis de obter. No mínimo, foi assim que me pareceu na Suíça. E, de fato, nos derradeiros momentos, fiz de lá minhas grandes encomendas de livros e pude ainda assegurar obras insubstituíveis como *Der blaue Reiter* (*O cavaleiro azul*) e *Sage von Tanaquil* (*Saga de Tanaquil*), de Bachofen, que naquela época ainda podiam ser adquiridas dos editores.

Agora, dirão vocês, depois de atravessar tantos cruzamentos e transversais, deveríamos finalmente chegar à larga estrada da aquisição de livros representada pela compra. Realmente, uma estrada larga, mas não muito cômoda. O ato de comprar do colecionador de livros tem muito pouco a ver com o que, numa livraria, efetua um estudante à cata de um livro-texto, ou um homem do mundo em busca de um presente para sua dama, ou um caixeiro-viajante a fim de passar o tempo em sua próxima viagem de trem. Minhas compras mais memoráveis ocorreram durante viagens, como transeunte. Propriedade e posse estão circunscritas a uma tática. Colecionadores são pessoas de instinto tático; quando conquistam uma cidade desconhecida, sua experiência lhes mostra que a menor loja de antiguidades pode significar uma fortaleza, a mais remota papelaria um ponto-chave. Quantas cidades não se revelaram para mim nas caminhadas que fiz à conquista de livros!

Por certo, apenas uma parcela das aquisições mais importantes se faz no estabelecimento comercial. Catálogos desempenham um papel muito mais relevante. E mesmo que o comprador conheça tão bem o livro encomendado pelo catálogo, o exemplar sempre permanece uma surpresa e a encomenda um pouco como jogo de azar. Ao lado das dolorosas decepções, há os achados felizes. Lembro-me, por exemplo, de um dia ter encomendado um livro com ilustrações coloridas para minha coleção de livros infantis só porque continha contos de Albert Ludwig Grimm e era publicado em Grimma, na Turíngia. De Grimma também procedia um livro de fábulas que o mesmo Albert Ludwig Grimm publicara; com suas dezesseis ilustrações era, no exemplar que eu possuía, o único testemunho preservado dos primeiros trabalhos do grande ilustrador alemão Lyser, que vivera em Hamburgo em meados do século passado. Ora, minha reação para com a consonância dos nomes fora precisa. Aqui também descobri trabalhos de Lyser, ou mais exatamente uma obra – *Linas Märchenbuch* (*Contos de Lina*), obra que permaneceu desconhecida de todos os seus bibliógrafos e que merece uma referência mais detalhada que esta, a primeira, que estou fazendo aqui.

De modo algum a aquisição de livros se resolve apenas com dinheiro ou apenas com o conhecimento de perito. Nem mesmo estes dois fatores juntos bastam para o estabelecimento de uma verdadeira biblioteca, que sempre contém, ao mesmo tempo, o inescrutável e o inconfundível. Quem compra a partir de catálogos deve possuir, além das qualidades mencionadas, um faro apurado. Datas, nomes de lugares, formatos, donos anteriores, encadernações, etc.: todas essas coisas devem ter um significado para ele, não só como fatos isolados e áridos, mas devem se harmonizar, e, pela qualidade e intensidade dessa harmonia, o comprador deve ser capaz de reconhecer se um livro lhe convém ou não. Um leilão de colecionadores requer capacidades totalmente distintas. Para o leitor de catálogos o que deve contar é o livro em si ou então seu proprietário anterior, se a procedência da cópia estiver determinada.

Quem pretende tomar parte de um leilão deve concentrar a atenção equitativamente no livro e nos concorrentes e, acima de tudo, manter a cabeça fria o bastante – o que, no entanto, raramente ocorre – para não ser arrastado pela disputa e assim não se ver, por fim, enforcado por um preço alto num ponto em que ofereceu mais, antes para fazer frente ao adversário do que para adquirir o livro em si. Entretanto, uma das recordações mais belas do colecionador é o momento em que veio em socorro de um livro, para o qual, em vida, talvez jamais tivesse tido um pensamento, e muito menos ainda o desejo de possuir, só porque estava tão indefeso e abandonado à venda no mercado, e, assim como o príncipe nos contos de *As Mil e Uma Noites* comprou uma bela escrava, comprou-o com o fim de lhe dar a liberdade. Pois para o colecionador a verdadeira liberdade de todo livro é estar nalguma parte de suas estantes.

Ainda hoje *Pele de Onagro*, de Balzac, se destaca das longas filas de volumes franceses de minha biblioteca como o monumento de minha experiência mais emocionante em leilões. Aconteceu em 1915, no leilão Rümann, organizado por Emil Hirsch, um dos maiores conhecedores de livros e, ao mesmo tempo, um dos mais distintos vendedores. A edição de que se trata apareceu em 1838 em Paris, *Place de la Bourse*. Agora, quando tomo nas mãos o exemplar, vejo não apenas seu número na coleção Rümann, mas também a etiqueta da livraria na qual, há noventa anos, o primeiro comprador o comprou por cerca de 1/80 do preço atual: "Papeterie I. Flanneau". Bela época aquela em que edições de luxo como essa – pois suas gravuras de aço foram idealizadas pelo mais notável desenhista francês e realizadas pelos maiores gravadores – podiam ser compradas numa papelaria. Mas quero é lhes contar como adquiri o livro. Eu fora à loja de Emil Hirsch fazer uma inspeção prévia e manuseara sem interesse uns 40 a 50 volumes; só este volume despertou em mim o desejo ardente de me apossar dele para sempre. Chegou o dia do leilão. Por um acaso, de acordo com a ordem de apresentação dos itens do leilão, esse exemplar de *Pele de Onagro* foi precedido por uma sequência completa de suas ilustrações impressas separadamente em papel da China. Os proponentes estavam sentados em torno de uma comprida mesa; quase à minha frente, o homem que, no primeiro lance, concentrou em si todos os olhares: o famoso colecionador de Munique, Barão von Simolin. Ele estava interessado naquela sequência, mas tinha concorrentes. Em suma, houve uma luta acirrada, cujo resultado foi o lance mais alto de todo o leilão, um lance muito acima de 3000 marcos. Ninguém parecia ter esperado quantia tão elevada e uma agitação passou por todos os presentes. Emil Hirsch permaneceu impávido e, fosse para não perder tempo ou por outros motivos, passou para o item seguinte sob a desatenção geral da assistência. Declarou o preço e, com o coração disparado e com a clara consciência de não poder competir com nenhum dos grandes colecionadores ali presentes, ofereci um pouco mais. Sem despertar a atenção de ninguém, o leiloeiro passou pela fórmula de praxe – "ninguém dá mais?" – e pelas três batidas – a mim me pareceram separadas por uma eternidade – e, por fim, adicionou a taxa correspondente. Para um estudante como eu, a soma era ainda bastante elevada. A manhã seguinte na casa de penhores já não faz parte dessa história, e em vez disso prefiro falar de outro evento que poderia chamar o lado negativo dos leilões. Ocorreu em Berlim, no ano passado. O que estava em oferta era, pela qualidade e pelo tema, uma miscelânea de livros, entre os quais eram dignas de nota apenas umas obras raras sobre ocultismo e filosofia natural. Fiz oferta para algumas delas, mas, toda vez que me manifestava, percebi que um senhor numa das alas frontais parecia apenas ter esperado minha oferta para cobri-la com a sua. Depois que o fato se repetiu algumas vezes, perdi a esperança de obter o livro que mais me interessava naquele dia. Eram os raros *Fragmente aus dem Nachlasse eines jungen Physikers* (*Fragmentos da Obra Póstuma de um Jovem Físico*), que Johann Wilhelm Ritter publicou em dois tomos em Heidelberg, no ano de 1810. A obra nunca foi reimpressa, mas considero o prefácio, no qual o autor-editor expõe a história da própria vida na forma de necrológio para seu amigo anônimo supostamente falecido – que não é ninguém senão ele mesmo –, como a mais importante amostra da prosa pessoal do Romantismo alemão. No momento em que o número foi dito, tive uma inspiração. Era bastante simples: já que minha oferta deveria infalivelmente dar o item ao outro sujeito, eu não deveria de modo algum me manifestar. Dominei-me e permaneci calado. O que tinha esperado aconteceu: nenhum interesse, nenhum lance, e o livro voltou ao seu lugar. Julguei sensato deixar passar mais alguns dias. De fato, quando apareci uma semana depois, encontrei o livro na seção de antiquários, e a falta de interesse que demonstraram para com ele me foi proveitosa na hora da aquisição.

Quantas coisas não retornam à recordação uma vez nos tenhamos aproximado das montanhas de caixas para delas extrair os livros para a luz do dia, ou melhor, da noite. Nada poderia realçar mais a operação de desempacotar do que a dificuldade de concluí-la. Eu começara ao meio-dia, e já era meia-noite antes que tivesse aberto caminho até as últimas caixas. Eis que agora, por fim, caíram em minhas mãos dois volumes encadernados com papelão desbotado: dois álbuns com figurinhas que minha mãe colou quando criança e que herdei. São as sementes de uma coleção de livros infantis que ainda hoje cresce constantemente ainda que não seja no meu jardim. – Não há nenhuma biblioteca viva que não abrigue, em forma de livro, um número de criaturas das regiões fronteiriças. Não precisam ser álbuns de colar figuras ou livros de família, nem cadernos de autógrafos ou ainda encadernações com sumários ou textos construtivos no interior: muitas pessoas se afeiçoam a folhetos e prospectos, outras a fac-símiles de manuscritos ou cópias datilografadas de livros impossíveis de achar; e, com certeza, revistas podem compor as orlas prismáticas de uma biblioteca. Mas voltando àqueles álbuns: a herança é a maneira mais pertinente de formar uma biblioteca. Pois a atitude do colecionador em relação aos seus pertences provém do sentimento de responsabilidade do dono em relação à sua posse. É, portanto, no sentido mais elevado, a atitude do herdeiro. Assim, a transmissibilidade de uma coleção é a qualidade que sempre constituirá seu traço mais distinto. Saibam que tenho plena consciência de quanto essa revelação que faço do mundo mental contido no ato de colecionar vai reforçar para muitos de vocês a convicção de que essa paixão é coisa do passado e a desconfiança contra o tipo humano do colecionador. Longe de mim a pretensão de abalá-los, tanto em sua respectiva opinião, quanto nesta desconfiança. Mas só haveria uma coisa a notar: o fenômeno do colecionar perde seu sentido à medida que perde seu agente. Mesmo que coleções públicas sejam menos censuráveis pelo seu lado social e mais útil pelo seu lado científico do que as particulares, os objetos só têm sua razão de ser nestas. Aliás, sei que está chegando ao fim o tipo de que falo aqui e que apresento um pouco *ex officio*. Mas como diz Hegel: só com a escuridão é que a coruja de Minerva inicia seu voo. Só quando extinto é que o colecionador será compreendido.

Agora, em frente da última caixa semiesvaziada, há muito já passou da meia-noite. Afloram em mim pensamentos diversos dos que acabei de relatar. Não são pensamentos; são imagens, recordações. Recordações das cidades nas quais achei tantas coisas: Riga, Nápoles, Munique, Danzig[39], Moscou, Florença, Basileia, Paris. Recordações das salas luxuosas de Rosenthal em Munique, da *Stockturm* em Danzig onde morou o falecido Hans Rhaue, do subsolo mofento e cheio de livros de Süssengut. Berlim Norte; recordações dos recintos onde esses livros ficavam, da minha toca de estudante em Munique, do meu quarto em Berna, da solidão de Isetwald à margem do lago de Brienz, e por fim do meu quarto de criança, donde se originaram apenas quatro ou cinco dos muitos milhares de livros que começam a se em pilhar a meu redor. Bem-aventurado o colecionador! Bem-aventurado o homem privado! De ninguém se esperou menos do que dele, e ninguém sentiu mais bem-estar do que aquele que pôde prosseguir sua existência desacreditada sob a máscara spitzweguiana[40]. Pois dentro dele se domiciliaram espíritos ou geniozinhos que fazem com que para o colecionador – e me refiro aqui ao colecionador autêntico, como deve ser – a posse seja a mais íntima relação que se pode ter com as coisas: não que elas estejam vivas dentro dele; é ele que mora dentro delas. E assim erigi diante de vocês uma de suas moradas, cujos tijolos são livros, e agora ele desaparece dentro dela, como convém.

O caráter destrutivo

Poderia acontecer a alguém que, ao fazer uma retrospectiva de sua vida, viesse a reconhecer que quase todos os vínculos mais profundos que nela padeceu partiram de pessoas sobre cujo "caráter destrutivo" todo

39- Atual Gdańsk, na Polônia. (N.d.R.)

40- Carl Spitzweg (1808-1885), pintor de motivos burgueses ingênuos; uma de suas telas se chamaria "O biblióíilo". (N.T.)

mundo estava de acordo. Um dia, talvez casualmente, ele viria de encontro a esse fato, e quanto mais violento for o choque que assim lhe for desferido, tanto maiores serão suas chances de uma apresentação do caráter destrutivo.

O caráter destrutivo só conhece um lema: criar espaço; só uma atividade: despejar. Sua necessidade de ar fresco e espaço livre é mais forte que qualquer ódio.

O caráter destrutivo é jovial e alegre. Pois destruir rejuvenesce, já que remove os vestígios de nossa própria idade; traz alegria, já que, para o destruidor, toda remoção significa uma perfeita subtração ou mesmo uma radiciação de seu próprio estado. O que nos conduz a essa imagem apolínea do destruidor, mais do que nunca, é o reconhecimento de como o mundo se simplifica enormemente quando posto à prova quanto ao merecimento de sua destruição. Este é um grande vínculo que enlaça em concordância tudo o que existe. Esta é uma visão que proporciona ao caráter destrutivo um espetáculo da mais profunda harmonia.

O caráter destrutivo está sempre trabalhando de ânimo novo. É a natureza que lhe prescreve o ritmo, ao menos indiretamente; pois ele deve se antecipar a ela, senão é ela mesma que vai se encarregar da destruição.

O caráter destrutivo não idealiza imagens. Ele tem poucas necessidades, e esta seria a mais insignificante: saber o que vai substituir a coisa destruída. Antes de qualquer coisa, no mínimo por um instante: o espaço vazio, o lugar onde se achava o objeto, onde vivia a vítima. Com certeza se encontrará alguém que precise dele sem ocupá-lo.

O caráter destrutivo faz seu trabalho, evitando apenas o criativo. Assim como o criador busca para si a solidão, o destruidor deve estar permanentemente rodeado de pessoas, de testemunhas de sua eficiência.

O caráter destrutivo é um sinal. Como um símbolo trigonométrico está exposto ao vento, por todos os lados, assim também ele está exposto ao palavrório. Protegê-lo contra isso não faz sentido.

O caráter destrutivo não está nem um pouco interessado em ser compreendido. Considera esforços nesse sentido superficiais. Ser mal compreendido não o afeta. Pelo contrário, desafia a má compreensão tal como os oráculos, essas destrutivas instituições estatais, a desafiavam. O mais pequeno-burguês de todos os fenômenos, a bisbilhotice, se realiza apenas porque as pessoas não querem ser mal compreendidas. O caráter destrutivo deixa que o interpretem mal. Ele não fomenta o mexerico.

O caráter destrutivo é o adversário do homem-estojo. O homem-estojo busca sua comodidade, e sua caixa é a essência desta. O interior da caixa é o rasto revestido de veludo que ele imprimiu no mundo. O caráter destrutivo elimina até mesmo os vestígios da destruição.

O caráter destrutivo está no *front* dos tradicionalistas. Alguns transmitem as coisas, tornando-as intocáveis e conservando-as; outros transmitem as situações, tornando-as manejáveis e liquidando-as. Estes são os chamados destrutivos.

O caráter destrutivo tem a consciência do homem histórico, cujo sentimento básico é uma desconfiança insuperável na marcha das coisas e a disposição com que, a todo momento, toma conhecimento de que tudo pode dar errado. Por isso, o caráter destrutivo é a confiabilidade em pessoa.

O caráter destrutivo não vê nada de duradouro. Mas eis precisamente por que vê caminhos por toda parte. Onde outros esbarram em muros ou montanhas, também aí ele vê um caminho. Já que o vê por toda parte, tem de desobstruí-lo também por toda parte. Nem sempre com violência brutal, às vezes com a mais refinada. Já que vê caminhos por toda parte, está sempre na encruzilhada. Nenhum momento é capaz de saber o que o próximo traz. O que existe ele converte em ruínas, não por causa das ruínas, mas por causa do caminho que passa através delas.

O caráter destrutivo não vive do sentimento de que a vida vale a pena ser vivida, mas de que o suicídio não vale o esforço.

O coelho da Páscoa descoberto ou Pequeno guia dos esconderijos

Esconder significa: deixar rastos. Porém, invisíveis. É a arte da mão rápida. Rastelli sabia esconder coisas no ar.

Quanto mais aéreo um esconderijo, tanto mais engenhoso. Quanto mais livremente estiver exposto a todos os olhares, tanto melhor.

Portanto, de modo algum colocar em gavetas, armários, debaixo da cama ou dentro do piano.

Jogo honesto na manhã de Páscoa: esconder tudo de modo que possa ser descoberto sem que nada tenha de ser removido do lugar.

Não precisa por isso estar a descoberto: uma dobra na toalha da mesa, um tufo na cortina pode já denunciar o lugar onde se deve procurar.

Vocês conhecem o conto de Poe "Carta furtada"? Então, por certo, se recordam da pergunta: – O senhor não notou que todo mundo, ao esconder uma carta, a coloca, se não num pé de cadeira oco, pelo menos em qualquer buraco ou canto oculto? – o senhor Dupin, o detetive de Poe, sabe disso. E por isso acha a carta lá onde seu rival muito esperto a guarda, ou seja, no porta-cartão na parede, ante a vista de todos.

Não permitam que se procure na sala de jantar. Ovos de Páscoa têm seu lugar adequado na sala de estar, e quanto mais desarrumada, tanto melhor.

No século XVIII escreveram-se tratados eruditos sobre as coisas mais estranhas: sobre crianças abandonadas e casas assombradas, sobre as modalidades de suicídio e sobre a ventriloquia. Eu poderia inventar um sobre como esconder ovos, que estaria à altura dos citados acima em termos de erudição.

Deveria ser dividido em três partes principais ou capítulos, onde o leitor seria familiarizado com os três princípios primordiais ou rudimentos de toda a arte de esconder.

Ad 1: O princípio do grampo. Seria a instrução sobre o aproveitamento de fendas e fissuras. O ensino na arte de manter suspensos ovos entre tranca e maçaneta, entre quadro e parede, entre porta e dobradiça, no buraco de uma chave assim como entre os canos do aquecimento central.

Ad 2: O princípio de recheio. Neste capítulo se aprenderia a usar ovos como rolhas nos gargalos de garrafas, como velas no candelabro, como estame num cálice de flor, como lâmpada numa luminária.

Ad 3: O princípio da altura e da profundidade. Sabidamente, as pessoas fitam em primeiro lugar o que está à altura dos olhos; depois olham para cima e só por último se preocupam com o que está a seus pés. Ovos pequenos podem ser equilibrados nas molduras de retratos, os maiores no lustre, se este ainda não tiver sido abolido. Mas o que significa tudo isso quando comparado com a profusão de capciosos refúgios que temos à disposição a cinco ou dez centímetros acima do soalho? Aí, sob forma de pés de mesa, de pedestais, de franjas de tapete, de cestas de papel, de pedais de piano, a grama, onde o legítimo coelho da Páscoa coloca ele mesmo seus ovos, por assim dizer, em homenagem, no domicílio da cidade grande.

E por falar em cidade grande, deve haver também uma palavra de conforto para os que moram entre paredes lisas como espelho, em móveis de aço, e que racionalizaram a existência absolutamente sem levar em conta o calendário de festas. Que olhem com atenção, apenas uma vez, para seu gramofone ou máquina de escrever e hão de ver que, em espaço reduzidíssimo, têm tantos buracos e esconderijos como se estivessem morando numa residência de sete cômodos no estilo Makart.

E agora seria bom que esta lista espirituosa não caísse em poder das crianças antes da segunda-feira de Páscoa.

Escavar e recordar

A língua tem indicado inequivocamente que a memória não é um instrumento para a prospecção do passado; é, antes, o meio[41]. É o meio onde se deu a vivência, assim como o solo é o meio no qual as antigas cidades estão soterradas. Quem pretende se aproximar do próprio passado soterrado deve agir como um homem que escava. Antes de tudo, não deve temer voltar sempre ao mesmo fato, espalhá-lo como se

41- Em alemão, "das Medium": meio, canal, substrato. (N.d.R.)

espalha a terra, revolvê-lo como se revolve o solo. Pois "fatos" nada são além de camadas que apenas à investigação mais cuidadosa entregam aquilo que recompensa a escavação. Especificamente as imagens que, desprendidas de todas as conexões mais antigas, ficam como preciosidades nos sóbrios aposentos de nosso entendimento posterior, igual a torsos na galeria do colecionador. E certamente é útil avançar em escavações de acordo com planos. Mas é igualmente indispensável a enxadada cautelosa e tateante na terra escura. E se ilude, privando-se do melhor, quem só faz o inventário dos achados e não consegue assinalar, no terreno de hoje, local e posição em que é conservado o velho. Assim, verdadeiras recordações devem muito menos proceder informativamente do que indicar o lugar exato onde delas se apoderou o investigador. A rigor, épica e rapsodicamente, uma verdadeira recordação deve, portanto, também, fornecer uma imagem daquele que se recorda, da mesma forma que um bom relatório arqueológico deve não apenas indicar as camadas das quais se originam seus achados, mas também, antes de tudo, aquelas outras que foram penetradas anteriormente.

Sonho

Estava voltando tarde da noite para casa. Não era, de fato, minha casa; ao contrário, um magnífico prédio de apartamentos, onde, sonhando, eu alojara S...l...n. Eis que, nas imediações do portão do prédio, saindo apressada de uma travessa, veio ao meu encontro uma mulher que, ao passar, tão rapidamente como se movia, sussurrou: – Vou tomar chá! Vou tomar chá! – Não cedi à tentação de segui-la; em vez disso entrei na casa de S...1...n, onde, imediatamente, se deu uma cena desagradável, no decorrer da qual o filho da casa me agarrou pelo nariz. Sob enérgicas palavras de protesto, bati a porta atrás de mim. Mal tinha regressado ao ar livre, quando, da mesma travessa, com as mesmas palavras, a mesma mulherzinha se aproximou de mim com passos rápidos, e desta vez a segui. Para minha grande decepção, não deixou que lhe dirigisse a palavra, mas continuou andando às pressas ao longo de uma viela íngreme até que, em frente de um gradil de ferro, se misturou mui intimamente a um bando de prostitutas que estavam ostensivamente postadas em frente de seu reduto. Não longe dali estava postado um guarda. No meio de tanto embaraço despertei. Então me ocorreu que a provocante blusa de seda listrada da garota brilhara em verde e violeta: as cores do pacote do *Fromms Act*[42]. A esse sonho podia se antepor um lema. Encontra-se no *Manuel des Boudoirs ou essais sur les demoiselles d'Athènes*, de 1789: "*Forcer les filles de profession de tenir leurs portes ouvertes; la sentinelle se promènerait dans les corridors*" (*Forçar as mulheres da vida a manter suas portas abertas; a sentinela passearia nos corredores*).

Sequência de Ibiza

Ibiza, abril/maio de 1932

CORTESIA

É sabido como as reconhecidas exigências da ética: a sinceridade, a humildade, o amor ao próximo, a compaixão e muitas outras perdem terreno na luta de interesses do dia a dia. É tanto mais surpreendente que tão raramente se tenha refletido sobre a mediação que os homens há milênios buscavam e achavam nesse conflito. A verdadeira mediana, a resultante entre os componentes antagônicos da moral e da luta pela existência é a cortesia. A cortesia não é nem uma nem outra: nem exigência moral nem arma na luta e, no entanto, é ambas. Em outras palavras: ela é um tudo ou um nada conforme seja observada de um ou de outro lado. É um nada, como bela aparência, como forma, solícita em disfarçar a crueldade da disputa que é decidida entre os participantes. E, como é nada menos que rigorosa prescrição moral (contudo, apenas representação da prescrição revogada), assim é fictício também o seu valor para a luta pela existência (representação de sua indecisão). Porém, essa mesma cortesia é tudo onde se livre da convenção e com isso também libere o processo. Se

42- *Fromms Act:* tipo de preservativo. (N.T.)

o recinto das negociações está cercado pelas barreiras da convenção como uma liça, então a verdadeira cortesia se torna efetiva derrubando essas barreiras, isto é, estendendo o combate ao ilimitado, ao mesmo tempo, porém, deixando entrar todas aquelas forças e instâncias que ele excluía, como ajudantes, mediadoras e apaziguadoras. Quem se deixa dominar pela imagem abstrata da situação em que se encontra com seu oponente, poderá empreender apenas experiências violentas para se apoderar da vitória nesse combate. Tem todas as chances de permanecer o descortês. A suprema escola da cortesia é, ao contrário, um senso alerta para o extremo, o cômico, o privado ou o surpreendente da situação. Este senso exerce, em quem o pratica, a regência da negociação, mas no final também a dos interesses; por fim, é ele que remove os seus elementos antagônicos ante os olhos pasmos do parceiro como as cartas de um jogo de paciência. Paciência, aliás, é a essência da cortesia e, de todas as virtudes, a única talvez que ela aceite imutada. Mas, no que concerne às restantes – a convenção totalmente abandonada supõe que seu direito possa lhes advir apenas num "conflito de deveres" –, a cortesia, como musa do meio-termo, há muito lhes deu o que lhes convêm, ou seja, ao derrotado a próxima chance.

NÃO DISSUADIR

Aquele, a quem se pedem conselhos, faz bem em averiguar primeiramente a própria opinião do consultante para em seguida confirmá-la a ele. Ninguém se convence tão facilmente da inteligência superior de outra pessoa e, portanto, poucos pediriam conselho se fosse com o propósito de seguir um estranho. Ao contrário, é a própria decisão já tomada em surdina que querem mais uma vez conhecer, por assim dizer pelo lado avesso, como "opinião" do outro. Esta visualização solicita dele e têm razão em fazê-lo. Pois é perigosíssimo realizar aquilo que se decidiu "por si próprio" sem deixar passar discurso e réplica como por um filtro. Portanto, já está ajudado pela metade quem busca conselho, e quando ele pretende fazer o oposto, é melhor encorajá-lo ceticamente a contradizê-lo convictamente.

ESPAÇO PARA O PRECIOSO

Através de portas abertas, em frente das quais estão recolhidas cortinas de pérolas, nas pequenas aldeias do Sul da Espanha, o olhar penetra os interiores, de cuja sombra o branco das paredes se destaca deslumbrantemente. Essas paredes são caiadas várias vezes ao ano. E em frente à parede dos fundos geralmente ficam rigidamente alinhadas e simétricas, três, quatro cadeiras. Mas em torno de seu eixo central atua o ponteiro de uma balança invisível, na qual o acolher e o repelir têm o mesmo peso. Assim como estão ali, despretensiosas na forma, mas com a entrançadura singularmente bela, muita coisa se pode ler nelas. Nenhum colecionador poderia expor tapetes de Isfahan ou pinturas de van Dyck com maior altivez nas paredes de seu vestíbulo como o faz o camponês com essas cadeiras em sua despojada antessala. Mas não são apenas cadeiras. Quando o *sombrero* está pendurado no espaldar, num piscar de olhos mudaram a sua função. E no novo grupo o chapéu de palha não aparece menos precioso que a simples cadeira. Assim podem se encontrar a rede de pesca e o tacho, remos e ânfora de barro, e cem vezes ao dia, por conta da necessidade, estarão prontos a mudar de lugar, a se reunir novamente. Todos eles são mais ou menos preciosos. E o segredo de seu valor é a sobriedade – aquela austeridade do espaço vital no qual elas tem não apenas os lugares visíveis, que elas tem agora, mas também espaço para ocupar os lugares sempre novos, aos quais são chamadas. Na casa sem cama existe o tapete com o qual o morador se cobre à noite; na carroça sem coxim, a preciosa almofada, que é colocada em seu piso duro. Mas em nossas casas bem providas não há espaço para o precioso porque não há margem para os seus serviços.

PRIMEIRO SONHO

Eu estava caminhando ao lado de Jula; o que tínhamos empreendido era qualquer coisa entre uma caminhada pela montanha e um passeio, e agora nos aproximávamos do cume. Curiosamente quis reconhecê-lo numa estaca muito alta e que apontava obliquamente para o céu e que, sobressaindo na imponente escarpa, a interseccionava. Quando estávamos então lá em cima, não era de modo algum o cume, mas, ao contrário, um planalto por sobre o qual passava um caminho largo, cujos lados eram formados por casas antiquadas e bastante altas. Agora, de repente, já não estávamos a pé, mas sentados num veículo que transitava por aquele caminho, um ao lado do outro, no banco traseiro, conforme me parece. Enquanto estávamos ali sentados, talvez o veículo também tenha mudado de rumo. Foi então que me inclinei na direção de Jula para beijá-la. Ela não me ofereceu a boca, mas a face. E, enquanto a beijava, notei que aquela face de marfim, em todo o seu comprimento, fora atravessada por estrias artísticas e negras, feitas por espátula, que me sensibilizaram por sua beleza.

ROSA DOS VENTOS DO SUCESSO

É um preconceito enraizado que a vontade seja a chave para o sucesso. Sim, caso o sucesso se encontrasse exclusivamente na linha da existência individual, ele não seria também a expressão de como esta existência intervém no arranjo do mundo. Uma expressão, sem dúvida, cheia de reservas. Entretanto, seriam mesmo reservas um tanto menos admissíveis em comparação à existência individual e o próprio arranjo do mundo? Por isso, o sucesso, que os homens tanto gostam de pôr de lado como jogo cego do acaso, é a mais profunda expressão para as contingências deste mundo. O sucesso é o capricho dos acontecimentos do mundo. E, por conseguinte, o que menos tem a ver com a vontade que o persegue. Não são, absolutamente, as bases, nas quais sua verdadeira natureza se evidencia, que o produzem, mas as figuras humanas que ele determina. São suas favoritas, nas quais ele se deixa revelar. Suas crianças de colo – e seus enteados. Ao capricho dos acontecimentos mundiais corresponde a idiossincrasia na existência individual. Prestar conta disso a si mesmo foi desde sempre a prerrogativa do cômico, cuja equidade não é nenhuma obra do céu, mas de incontáveis equívocos, que, por fim, em virtude de um último pequeno erro, ainda assim produzem o resultado exato. Mas onde reside a idiossincrasia do sujeito? Na convicção. O sóbrio, que não tem idiossincrasias, vive sem conhecer convicções; o viver e o pensar trituraram-nas para ele em sabedoria, assim como as mós trituram o grão em farinha. A figura cômica, no entanto, nunca é sábia. É um malandro, um pateta, um tolo, um pobre-diabo, mas o que quer que seja: esse mundo lhe cai como uma luva. Para esta figura, o sucesso não é fortuna, e o insucesso não é infortúnio[43]. De modo algum indaga por destino, mito e fatalidade. Sua chave é uma figura matemática construída em torno do eixo do sucesso e da convicção. A rosa dos ventos do sucesso:

Sucesso no abandono de qualquer convicção. Caso normal do sucesso: Chlestakoff[44] ou o impostor. – O impostor se deixa guiar pela situação como um médium. *Mundus vult decipi*[45]. Escolhe até o seus nomes para o agrado do mundo.

Sucesso na aceitação de qualquer convicção. Caso genial do sucesso: Schweyk[46] ou o felizardo. – O felizardo é uma pessoa honrada que quer agradar a todos. João Sortudo[47] permuta com todos os que têm desejo de fazê-lo.

Falta de sucesso na aceitação de qualquer convicção. Caso normal da falta de sucesso: Bouvard e Pécuchet[48] ou o pequeno-burguês. – O pequeno-burguês é o mártir de qualquer convicção, desde Lao-Tse até Rudolf Steiner[49]. Mas para cada uma "apenas um minutinho".

Falta de sucesso no abandono de toda convicção. Caso genial da falta de sucesso: Chaplin ou Schlemihl[50]. Schlemihl não se choca com nada; tropeça apenas sobre os próprios pés. É o único anjo da paz que convém à Terra.

Eis a rosa dos ventos para a determinação de todos os ventos, favoráveis e adversos, que brincam com a existência humana. Nada resta a não ser determinar o seu meio, o ponto de intersecção do eixo, o local da

---

43- No original, '*Erfolg ist kein Stern und Mißerfog kein Unstern*'. *Stern* significa estrela, da qual deriva *Glückstern*, estrela da sorte; *Unstern*, construído com o prefixo de negação *un-*, (ou seja, a não estrela), significa um destino de azar, e em português tem proximidade com o conceito de "desastre" (sem astro), apesar dos significados não se confundirem inteiramente. (N.d.R.)

44- Personagem de Nikolai Gogol na peça *Revizor* (*O inspetor geral*). (N.d.R.)

45- Em latim, "o mundo quer ser enganado". (N.d.R.)

46- Personagem de peça *Schweyk im Zweiten Weltkrieg* (*Schweyk na Segunda Guerra Mundial*). (N.d.R.)

47- No original, *Hans im Glück*, personagem de um conto homônimo dos irmãos Grimm. (N.d.R.)

48- Personagens da obra homônima de Gustave Flaubert. (N.d.R.)

49- Filósofo e esotérico austríaco, fundador da filosofia Waldorf e da Antroposofia, que viveu na virada do século XIX para XX. (N.d.R.)

50- Personagem-título do conto *Peter Schlemihls wundersame Geschichte* (*A maravilhosa história de Peter Schlemihl*), de Adelbert von Chamisso. (N.d.R.)

total indiferença ao sucesso e ao fracasso. Neste meio está o Dom Quixote como que em casa, *o homem de uma única convicção*, cuja história ensina que, neste mundo melhor ou pior de todos os concebíveis – só que ele mesmo não é concebível –, a convicção de que é verdade o que se lê nos romances de cavalaria torna feliz um tolo surrado, se esta for a sua única convicção.

EXERCÍCIO

Que o aluno saiba de cor pela manhã o conteúdo do livro que pôs sob o travesseiro, que o Senhor dá aos Seus durante o sono e que a pausa é criativa – dar espaço a isso é o alfa e o ômega, a essência de toda maestria e sua marca característica. Esta é precisamente a recompensa antes da qual os deuses puseram o suor. Pois é brincadeira de criança trabalho que promete sucesso modesto, comparado com o que a sorte chama para si. Do mesmo modo chamava para si o pequeno dedo estendido de Rastelli a bola, que, como um pássaro, quicava sobre ele. O exercício de décadas, que precedeu este número, na verdade, não se "apoderou" nem do corpo nem da bola, mas levou ao seguinte fato: que ambos se entendiam por trás de suas costas. Cansar o mestre pela diligência e pelo esforço até as raias do esgotamento de modo que, por fim, o corpo e cada um de seus membros possam agir segundo o próprio juízo – isso se chama exercitar. O sucesso consiste em que a vontade, no interior do corpo, abdica de uma vez por todas em favor dos órgãos – por exemplo, a mão. Desse modo ocorre que alguém, após longa procura, tire da cabeça a coisa desaparecida e então, um belo dia, ao procurar outra coisa, aquela lhe cai na mão. A mão assumiu a coisa e, num estalar de dedos, entrou em acordo com ela.

NÃO TE ESQUEÇAS DO MELHOR

Uma pessoa conhecida minha atingiu o máximo de sua organização no período de sua vida em que esteve mais infeliz. De nada se esquecia. Seus negócios correntes eram registrados até nos mínimos detalhes, e quando se tratava de um compromisso – dos quais nunca se esquecia – era a pontualidade em pessoa. O caminho de sua vida era como que pavimentado, não havendo nele a menor rachadura de onde o tempo pudesse brotar de repente. Assim continuou por um bom tempo. Então sobrevieram circunstâncias que tiveram como consequência uma mudança na existência da pessoa em questão. Começou que ele aboliu o relógio. Exercitou-se em chegar atrasado, e, quando o outro já tinha ido, sentava-se para esperar. Se tivesse de pegar alguma coisa, então raramente a encontrava, e se tivesse de arrumar algum canto, então a desordem cresceria em outro na mesma proporção. Quando se achegava à sua escrivaninha, era como se alguém ali tivesse arruinado tudo. Mas era ele mesmo que vivia em destroços como num ninho de ratos, e não importava do que estivesse tratando, logo se instalava dentro da coisa, tais como o fazem as crianças ao brincar. E tal como as crianças, que em toda parte se deparam com o objeto esquecido – em bolsos, na areia, na gaveta, onde o mantivessem escondido –, assim também lhe acontecia, não apenas no pensar, mas também no viver. Amigos o visitavam quando menos pensava neles e quando tinha deles maior precisão, e seus presentes, que não eram valiosos, vinham assim no momento oportuno como se ele tivesse nas mãos os caminhos do céu. Naquela época, gostava, sobretudo de se recordar da lenda do filho do pastorzinho que, num domingo, recebeu permissão de entrar na montanha com os seus tesouros e, ao mesmo tempo, a enigmática instrução: – Não te esqueças do melhor. – Nesse tempo se achava razoavelmente bem. Executava pouca coisa e não dava nada por executado.

HÁBITOS E ATENÇÃO

A primeira de todas as qualidades é a atenção – afirma Goethe. No entanto, ela divide a primazia com o hábito, que disputa com ela o território desde o primeiro momento. Toda atenção deve desembocar no hábito se não pretende desmantelar o homem; todo hábito deve ser estorvado pela atenção se não pretende paralisar o homem. Prestar atenção e habituar-se, ofender-se e tolerar são cristas e depressões de ondas no mar da alma. Mas este mar tem suas calmarias. Sem dúvida, uma pessoa que se concentre totalmente num pensamento aflitivo, numa dor e seus abalos, pode se tornar presa do ruído mais tênue, de um murmúrio, do voo de um inseto, os quais um ouvido mais atento e mais aguçado não teria talvez percebido de modo algum. A alma – assim se pensa – se deixa desviar tanto mais facilmente quanto mais concentrada está. Porém, não será esse escutar atento menos o fim do que o desdobramento mais externo da atenção – o instante em que ela deixa emergir de seu próprio âmago o hábito? Este zunido ou sussurro é o limiar, e despercebidamente a alma o ultrapassou. É como se não nunca mais quisesse retornar ao mundo em que vivia; vive agora num mundo novo onde a dor é o seu oficial de quartel. Atenção e dor são complementos. Mas também o hábito tem um complemento, e atravessamos o seu limiar no sono. Pois o que se realiza em nós durante o sonho é um perceber novo e inaudito que, no âmago do hábito, luta para se soltar. Acontecimentos do cotidiano, conversas triviais, o resíduo que ficou em nosso olhar, o pulsar do próprio sangue – isso, antes despercebido, forma, de modo dissimulado e supernítido, a matéria dos sonhos. No sonho – nenhuma surpresa; na dor – nenhum esquecimento, pois ambos já trazem em si o seu oposto, como as cristas e as depressões das ondas que, na calmaria, estão acomodadas umas sobre as outras.

MONTANHA ABAIXO

A palavra abalo[51] tem sido ouvida à exaustão. Com relação a isso, alguma coisa bem poderia ser dita em sua honra. Em momento algum ela vai se afastar do mundo físico e, acima de tudo, vai se ater a um ponto, ou seja: o abalo conduz ao desmoronamento. Querem, pois, dizer – aqueles que nos asseguram de seu abalo a cada *première* ou a cada novidade – que algo neles desmoronou? Ah, a frase que estava estabelecida antes, continua estabelecida depois. Como poderiam também conceder a si próprios a pausa à qual só o desmoronamento pode suceder? Ninguém nunca a sentiu com maior nitidez que Marcel Proust na morte da avó, que lhe pareceu abaladora, mas de modo algum real – até que, à noite, ao tirar os sapatos, lhe vêm lágrimas. Por quê? Porque ele se curvou. Assim, o corpo é o que desperta então a dor profunda e não pode fazer

51- No original, *Erschütterung*, 'abalo', mas também 'agitação', 'comoção', 'vibração', 'choque', 'tremor'. (N.d.R.)

menos ao pensamento profundo. Ambos precisam de solidão. Quem alguma vez escalou sozinho uma montanha e chegou esgotado ao topo para em seguida dirigir-se montanha abaixo com passos que abalam todo o seu esqueleto sabe que, para ele, o tempo se afrouxa, as paredes divisórias em seu interior desabam e, através dos cascalhos dos instantes, ele sai caminhando lentamente como num sonho. Por vezes tenta parar e não consegue. Quem sabe se são pensamentos que o abalam ou o áspero caminho? Seu corpo se tornou um caleidoscópio que, a cada passo, lhe apresenta figuras cambiantes da verdade.

Haxixe em Marselha

Nota preliminar: Um dos primeiros indícios de que o haxixe começa a fazer efeito "é um obscuro sentimento de apreensão e angústia; algo de estranho, de inevitável se aproxima... Surgem imagens e sequências de imagens, recordações submersas há tempos; tornam-se atuais cenas e situações inteiras, suscitando em primeiro lugar interesse, às vezes prazer e, finalmente – se não há meios de abandoná-los–, cansaço e sofrimento. O sujeito é surpreendido e dominado por tudo o que acontece e também por tudo o que diz e faz. O seu riso e todas as suas manifestações o atingem como eventos externos. Alcança também experiências que se aproximam da inspiração, da iluminação... O espaço pode se expandir, o chão ficar inclinado, ocorrem sensações atmosféricas: nevoeiro, opacidade, peso do ar; as cores se tornam mais claras, mais luminosas; os objetos mais belos ou também mais toscos ou ameaçadores... Tudo isso não se processa numa evolução contínua; ao contrário, o comum é uma mudança ininterrupta de estados de sonho e de vigília, um constante e por fim exaustivo vaivém entre mundos de consciências totalmente distintos; esse mergulhar ou esse emergir pode se dar no meio de uma frase... O ser inebriado nos relata tudo isso numa forma que, na maioria das vezes, se desvia consideravelmente do normal. Devido ao corte frequente entre cada recordação e a precedente, as correlações se tornam difíceis, o pensamento não se transforma em palavra, a situação pode se tornar de uma hilariedade tão irresistível que o comedor de haxixe é, por minutos a fio, incapaz de qualquer outra coisa a não ser rir... A recordação do estado de êxtase é surpreendentemente nítida". – "É estranho que a intoxicação pelo haxixe até agora não tenha sido trabalhada experimentalmente. A mais primorosa descrição do estado de êxtase provocado pelo haxixe provém de Baudelaire: *Les Paradis Artificiels*". (De Joël e Fränkel, "Der Haschisch-Rausch", *Klinische Wochenschrift,* 1926, V, nº 37).

Marselha, 29 de julho. Às sete da noite, depois de longa hesitação, usei haxixe. Durante o dia estivera em Aix. Com a certeza absoluta de, nesta cidade de centenas de milhares de habitantes, onde ninguém me conhece, não poder ser perturbado, deito-me na cama. E, no entanto, me incomoda um recém-nascido que chora. Acho que já se passaram três quartos de hora. Mas, na verdade, apenas vinte minutos... Fico assim deitado na cama; lia e fumava[52]. À minha frente, sempre aquele panorama no ventre de Marselha. A rua, que eu via com tanta frequência, é como um corte que uma faca abriu.

Por fim, deixei o hotel, o efeito parecia não se produzir ou então destinado a ser tão fraco, que podia dispensar o cuidado de permanecer entre quatro paredes. Primeira parada, o café na esquina de Cannebière e Cours Belsunce. Visto do porto, o da direita, ou seja, não é o meu ponto habitual. E daí? Contar apenas com aquela benevolência, a expectativa de encontrar pessoas cordiais. A sensação de solidão se desfaz rapidamente. A minha bengala começa a me dar uma alegria especial. Torna-se tão sensível: teme-se que uma sombra, que cai sobre o papel, possa danificá-lo. A repulsa desaparece. Leio as placas sobre os *pissoirs* (mictórios). Não me surpreenderia se fulano ou sicrano viesse ao meu encontro. Mas já que não vêm, tampouco me importo. No entanto, o barulho aqui é demais para mim.

Agora passam a valer as reivindicações espaciais e temporais típicas do comedor de haxixe. Como se sabe, são absolutamente próprias de um rei. Para quem comeu haxixe, Versalhes não é tão grande, nem a eternidade dura para tanto assim. E ao fundo dessas dimensões imensas da experiência interior, da duração absoluta e do mundo

52- Nesta espécie de relatório experimental informal, sem preocupações estilísticas, Benjamin não mantém a coerência dos tempos verbais, variando entre presente e pretérito sem um padrão determinado. (N.d.R.)

espacial incomensurável, se detém um humor maravilhoso e feliz, sobre as contingências do mundo espacial e temporal. Eu sinto esse humor como infinito quando, no Restaurante Basso, me informam que a cozinha está prestes a fechar, mal acabara de me sentar à mesa para cear por uma eternidade. Não obstante, a seguir vem a sensação de que tudo aquilo está luminoso, frequentado, animado e que assim ficará. Devo tomar nota de como encontrei o meu lugar. O que importava era ter uma visão do *Vieux Port*, que se obtém dos pisos superiores. Ao passar na rua, embaixo, avistei uma mesa desocupada na sacada do segundo piso. Mas, por fim, não passei do primeiro andar. A maior parte das mesas em frente da janela estavam tomadas. Dirigi-me, então, a uma bem grande que acabava de ser liberada. Mas, no momento de sentar, percebi a desproporção: me colocar em mesa tão grande me pareceu tão vergonhoso que cruzei o andar inteiro até a extremidade oposta para sentar num canto menor que só então se tornara visível para mim.

Mas a comida era para mais tarde. Primeiro, o pequeno bar no porto. De novo estava a ponto de dar meia-volta, desorientado, pois de lá parecia vir o som de um concerto, sem dúvida de um conjunto de sopro. Justamente então pude perceber que se tratava apenas do ulular das buzinas dos automóveis. No caminho para o *Vieux Port*, essa maravilhosa leveza e decisão no passo, que transformava o chão pedregoso e inarticulado da grande praça, que estava atravessando, na superfície de uma estrada de rodagem que eu, robusto andarilho, percorria à noite. Pois naquela fase, ainda não totalmente seguro de minhas funções reguladoras, evitava a Cannebière. Naquele pequeno bar do porto, o haxixe começou pois a deixar que atuasse sua magia canônica com um furor primitivo, com o qual jamais a havia experimentado antes. Ou seja, transformou-me num fisiognomonista ou, no mínimo, num observador de fisiognomias, e na minha experiência vivenciei algo absolutamente único: fixei-me cerimoniosamente nos rostos que eu tinha lá ao meu redor e que, em parte, eram de extraordinária rudeza ou feiura. Rostos que normalmente teria evitado por duas razões: não teria querido atrair sobre mim seus olhares nem teria suportado sua brutalidade.

Era um posto avançado consideravelmente distante, aquela taverna do porto. (Creio que o mais extremo que me era ainda acessível sem perigo e que aqui, em estado de êxtase, havia escolhido com a mesma segurança com que alguém, profundamente cansado, consegue encher um copo com água até a borda e sem que uma gota sequer transborde, coisa que, com a posse das faculdades normais, jamais se consegue.) Ainda bastante distanciado da Rue Bouterie; contudo, aqui não estava sentado nenhum burguês; no máximo, ao lado do proletariado do porto propriamente dito, uma ou outra família da pequena burguesia da vizinhança. Compreendi de súbito como a um pintor – não terá acontecido a Rembrandt e a vários outros? – que a feiura pode aparecer como o legítimo reservatório da beleza, ou melhor, como seu porta-tesouros, como uma montanha rasgada que encerra todo o ouro interior da beleza que lampeja nas rugas, nos olhares, nos traços. Em especial recordo-me da face de um homem, infinitamente animalesca e vulgar, da qual, de repente, me atingiu a "ruga da renúncia", deixando me perturbado. Eram, sobretudo, os rostos masculinos que me faziam isso. Então começou o jogo, adiado por muito tempo, que, para mim, fazia surgir de cada rosto um conhecido; às vezes sabia o seu nome; às vezes, não; a ilusão se esvaeceu como, em sonhos, se esvaecem as ilusões, ou seja, não com vergonha e com compromissos, mas pacífica e amistosamente, como um ser que tivesse saldado sua dívida. Nessas circunstâncias, não se podia mais falar de solidão. Seria eu a minha própria companhia? Podia ser, mas de uma forma distorcida. De fato, não sei se a coisa então poderia ter-me feito tão feliz. Ao contrário, provavelmente ocorreu o seguinte: tornei-me o mais esperto, o mais terno, o mais desavergonhado alcoviteiro de mim mesmo e conduzia minhas coisas com a segurança ambígua daquele que conhece e estudou a fundo os desejos de seu cliente. Então transcorreu uma meia eternidade até que o garçom reaparecesse. Ou melhor, já não podia esperá-lo chegar. Entrei no recinto do bar e paguei à mesa. Não sei se em tavernas semelhantes é usual deixar gorjeta. Se soubesse, teria dado alguma coisa. Ontem, sob efeito do haxixe, mostrei-me mais avaro; com o medo de ser notado por alguma extravagância é que justamente me fiz notado.

O mesmo no Basso. Primeiro pedi uma dúzia de ostras. O garçom queria que eu pedisse logo o segundo prato também. Indiquei qualquer coisa regional. Voltou para me comunicar que tinha acabado. Nesse ponto fiz o dedo girar em torno daquele prato no cardápio; parecia querer pedir uma coisa após a outra; então, saltou-me aos olhos o prato que estava acima e assim por diante, até que cheguei ao prato que encabeçava o cardápio. Mas não era apenas gula; era antes uma acentuada cortesia para com os pratos que não queria ofender com uma recusa. Em suma, fiquei com um *paté de Lyon*. Pastel de leão – pensei rindo espirituosamente, quando a comida se apresentou corretamente num prato à minha frente, e depois com descaso: essa delicada carne de lebre ou de frango ou coisa que o valha. À minha fome de leão, não teria parecido impróprio se saciar com um leão. De resto, já estava decidido que, assim que terminasse no Basso (eram cerca de dez e meia), iria a outro lugar jantar pela segunda vez.

Mas queria antes falar ainda de minha caminhada em direção ao Basso. Bordei ao longo do cais, lendo consecutivamente os nomes dos barcos ali ancorados. Nisso me sobreveio uma euforia incompreensível, e eu sorria ostensivamente a todos os nomes da França. O amor que fora prometido a esses barcos com seus nomes me parecia maravilhosamente bonito e comovente. Passei incomodado apenas em frente de um chamado "Aero II", que me fez recordar a guerra aérea, exatamente como no bar, donde estava vindo, tivera de me afastar com os olhos de fisionomias excessivamente deformadas.

De cima do Basso começaram, pois, quando olhei para baixo, os velhos jogos. A praça em frente ao porto era minha paleta, sobre a qual a fantasia mesclava os dados do lugar, experimentando-os de um modo ou de outro, sem pedir a si explicações, tal como um pintor que sonha sobre a paleta. Hesitei fazer honra ao vinho. Era meia garrafa de cassis. Um pedaço de gelo boiava no copo. O vinho, sem dúvida, se deu otimamente com a minha droga. Tinha escolhido o meu lugar por causa da vidraça aberta, através da qual podia olhar a praça escura. E, quando vez por outra o fazia, percebia que ela tinha a tendência a se modificar com cada ser que a penetrava, como se formasse para ela uma figura que, bem entendido, nada tinha a ver com o modo como a via, mas antes com o olhar que os grandes retratistas do século XVII, segundo o caráter da pessoa de gabarito que colocam defronte a uma colunata ou janela, fazem realçar nesta colunata, nesta janela. Mais tarde, olhando para baixo, anotei: "De um século para o outro, as coisas se tornam mais estranhas".

Aqui devo fazer um comentário de ordem geral: a solidão de um êxtase semelhante tem seus lados de sombras. Para falar apenas do físico: houve um momento, nessa taberna do porto, em que uma forte pressão no diafragma buscou alívio no cantarolar. E não há dúvida de que coisas realmente belas e convincentes permanecem adormecidas. Mas, por outro lado, a solidão atua como filtro. O que no dia seguinte se anota é mais do que uma enumeração de impressões; durante a noite, o êxtase se distingue do cotidiano com belas bordas prismáticas; forma uma espécie de figura e é mais fácil de lembrar. Diria que se contrai e assume uma forma de flor.

Para se aproximar dos mistérios da felicidade no êxtase seria preciso refletir sobre o fio de Ariadne. Que prazer no simples ato de desenrolar um novelo! E este prazer tem uma afinidade profunda tanto com o prazer do êxtase quanto com o da criação. Prosseguimos, mas com isso descobrimos não só as sinuosidades da caverna na qual nos aventuramos, mas também desfrutamos essa felicidade de descobrir apenas devido àquela outra felicidade rítmica, que consiste no desenrolar de um novelo. Esta certeza do novelo engenhosamente enrolado que desfiamos – não será esta a felicidade de toda a produtividade, ou pelo menos daquela que tem a forma da prosa? E no haxixe somos, com grande potencial, prosadores que disfrutam.

É para mim mais difícil entender uma sensação de felicidade muito profunda que se manifestou numa praça lateral à Cannebière, onde a Rue Paradis desemboca num jardim, do que tudo o que acontecera até então. Por sorte encontro em meu jornal a frase: "Com a colher se deve haurir da realidade o igual". Várias semanas antes, anotara outra de Johannes V. Jensen que aparentemente dizia algo semelhante: "Richard era um homem jovem, sensível a tudo o que no mundo era similar". Esta frase me agradara muito. Agora me possibilita confrontar o sentido político-racional que tinha para mim com o sentido individual-mágico de minha experiência de ontem. Enquanto a frase de Jensem para mim se resolvia em que as coisas estão, como sabemos, completamente tecnificadas e racionalizadas e que o especial se encontra hoje apenas nas nuances, a nova compreensão era totalmente diversa. Via, de fato, apenas nuances que, todavia, eram iguais. Concentrei-me no calçamento à minha frente que, devido a uma espécie de unguento com o qual, por assim dizer, me havia pincelado, podia tanto ser este mesmo como o de Paris. Muitas vezes se diz: pedra por pão. Aqui, estas pedras eram o pão de minha fantasia que, de repente, se tornara ávida de provar tudo o que é igual em todos os lugares. E, contudo, foi com profundo orgulho que pensei estar aqui em Marselha sob o efeito do haxixe. Quem sabe quantos dividiriam comigo o meu êxtase desta noite? Certamente poucos. E como não era capaz de temer a futura desventura, a futura solidão! De qualquer modo, teria sempre sobrado o haxixe. Neste estágio me pareceu relevante a música de um local noturno ao lado, a qual tinha seguido. G. passou por mim num coche. Foi uma aparição fugaz, exatamente como antes, da sombra dos barcos, U. se destacara sob a forma de vagabundo do porto e cafetão. Mas não havia só conhecidos. Aqui, no estágio da profunda concentração, vi passarem por mim duas figuras – filisteus, vagabundos, sei lá o quê – como "Dante e Petrarca". "Todos os homens são irmãos". Começou assim uma concatenação de ideias que já não sei reconstruir. Mas seu último elo tinha, com certeza, uma forma muito menos banal que a do primeiro e talvez levasse a imagens de animais.

"Barnabé" era a inscrição do bonde que parou por um instante em frente da praça onde me sentara. E a triste e desolada história de Barnabé não me pareceu uma destinação ruim para um bonde dos subúrbios de Marselha. Muito belo foi o que ocorreu próximo à porta do salão de baile. De tanto em tanto, surgia um chinês de calças de seda azul e casaco de seda rosa brilhante. Era o segurança da portaria. Garotas deixavam-se ver pelo vão da porta. Mas eu perdera praticamente todo o desejo. Engraçado foi ver chegar um jovem com uma garota vestida de branco e imediatamente ter de pensar: "Ela acabou de escapar dele lá de dentro, vestida em camisola, e ele já agarra ela de volta. Pois bem". Lisonjeava-me o pensamento de estar sentado aqui, no centro de toda libertinagem, e o "aqui" não se referia de fato à cidade, mas ao pequeno canto, não muito agitado, no qual me encontrava. Os acontecimentos, porém, se produziam como se a visão me tocasse com uma varinha mágica e eu mergulhasse num sonho sobre ela. Em tais horas, as pessoas e coisas se comportam como as figuras feitas com a medula do sabugueiro, fechadas em caixas de folhas de estanho vitrificadas e carregadas de eletricidade através da fricção do vidro e, a cada movimento, forçadas a entrar nas mais extraordinárias relações recíprocas.

A música que entrementes aumentava e diminuía de tom, foi por mim chamada de "vergas de palha do *jazz*". Esqueci-me da motivação com que tomei a liberdade de acompanhar o ritmo com os pés. Isso vai de encontro à minha educação e não ocorre sem conflito interno. Havia momentos em que a intensidade das impressões acústicas desalojava todas as outras. Sobretudo no pequeno bar, tudo, de repente, foi abafado por um barulho de vozes, não de ruas. O mais peculiar era que esse barulho de vozes soava inteiramente como dialetal. Subitamente os marselheses falavam, em minha opinião, um francês que deixava a desejar. Haviam permanecido no nível de dialeto. O fenômeno de alienação[53] que talvez haja nisso, e que Kraus expressou com a feliz frase – "Quanto mais de perto se observa uma palavra, tanto mais de longe ela nos retoma o olhar" –, parece também se estender aos fenômenos óticos. Seja como for, encontro entre as minhas anotações a frase surpreendente: "Como as coisas resistem aos olhares!".

Tudo se esvaeceu quando atravessei a Cannebière e por fim entrei num pequeno café do Cours Belsunce para tomar ainda um pouco de sorvete. Não ficava longe do outro, do primeiro café daquela noitada, no qual subitamente a felicidade advinda do amor, a mim presenteada pela visão de algumas franjas ondulantes ao vento, me convencera de que o haxixe teria começado o seu efeito. E, ao recordar aquele estado

---

53- No original, *Entfremdungsphänomenen*, também traduzido por fenômenos de distanciamento ou alheamento. (N.d.R.)

de ânimo, gostaria de acreditar que o haxixe sabe convencer a natureza a nos conceder – menos egoisticamente – aquele desperdício da própria existência, que caracteriza o amor. Se, de fato, nos períodos em que amamos, nossa existência escorre por entre os dedos da natureza como moedas de ouro, as quais ela não sabe reter e deixa escapulir para assim adquirir o que acaba de nascer, então, sem poder esperar ou aguardar qualquer coisa, ela nos lança à vida com mãos cheias.

Ao sol

Dizem que há dezessete espécies de figos na ilha. Seus nomes – diz para si o homem que caminha ao sol – deveriam ser sabidos. Aliás, não se deveria apenas ter visto os capins e os animais que dão à ilha rosto, som e cheiro, as camadas de relevo e os tipos de solo, que vai desde o amarelo poeirento até o marrom violeta, com amplas superfícies de cinabre no meio, mas, sobretudo, deveria se saber os seus nomes. Não será cada região a lei de um encontro único de plantas e animais, e a denominação de cada lugar, portanto, um código sob o qual flora e fauna se encontram pela primeira e última vez? Só que o camponês possui a chave dessa escrita cifrada. Sabe os nomes. Todavia, não é capaz de declarar qualquer coisa sobre o seu lugar. Não teriam os nomes o transformado num homem de poucas palavras? Então a opulência da palavra cabe somente àquele que possui o saber sem os nomes, enquanto a opulência do silêncio àquele que nada tem a não ser os nomes?

Por certo, não é nativo daqui aquele que caminha assim ensimesmado e, em casa, se lhe ocorriam ideias a céu aberto, era então de noite. Somente com estranheza se recorda de que povos inteiros – judeus, hindus, mouros – fundaram suas doutrinas sob um sol que parecia lhes obstruir o pensamento. Este sol está lhe queimando as costas. Resina e tomilho impregnam a atmosfera, na qual, buscando ar, crê que vai sufocar. Um zangão martela em seu ouvido. Mal tinha percebido sua aproximação e o remoinho do silêncio já o tinha afastado. A mensagem de muitos verões abandonada ao acaso – pela primeira vez, seu ouvido estava aberto a ela, e então ela se interrompeu. O caminho quase apagado vai se tornando mais larga; pegadas levam até uma carvoaria. Atrás da névoa se esconde a montanha que o homem que sobe procura com os olhos.

Em sua face alguma coisa fria se faz sentir. Pensa que é uma mosca e bate no rosto. Mas é apenas a primeira gota de suor. Logo vem a sede. Não vem do palato, mas do ventre. Daí vai se espalhar, de tão grande que é, instruindo o corpo a ser apto a absorver e beber o hálito mais miserável de todos os poros. Há muito a camisa escorregou de seu ombro e, quando ele a puxa para si, para se proteger contra a ardência do sol, é como se tivesse nas mãos uma capa molhada. Numa depressão do terreno, amendoeiras lançam sua sombra aos pés do tronco. Amêndoas são a riqueza da terra. O camponês não consegue com nenhuma outra fruta ser mais bem remunerado. Nesta época é a única fruta madura, e é agradável, ao caminhar, alongar-se em direção aos galhos. Custa à mão separar-se até mesmo das cascas descaroçadas. Leva-as durante algum tempo, deixa-as flutuar numa corrente que as arrasta. Os caroços estão maduros, mas não totalmente; neles o óleo tem sabor mais fresco do que quando, posteriormente, sua pele fica marrom e já não se pode tirar. Agora têm a cor do marfim como o queijo de cabra e o espartilho. De marfim é o seu gosto. Quem os tem entre os dentes escuta impassíveis fontes rumorejantes na folhagem das figueiras. Os figos, contudo, verdes e duros, quase invisíveis, se prendem ao eixo das folhas. Chega o momento em que apenas as árvores parecem ter vida. Nos pinheiros tinem cigarras; seu zumbido ressoa dos campos poeirentos. Jazem, já ceifados, com a tosca expressão daqueles que se desfizeram de tudo. Sua derradeira posse – a sombra – se encolhe e se concentra aos pés das altas medas. Pois está na hora da colheita.

Os próprios bosques se dispõem em torno dos cumes como se o ancinho do verão os tivesse recolhido. Apenas vimeiros aparecem isolados nos restolhos, e sua folhagem resplandece em preto e branco como a prata de Tula. Nenhuma é mais embandeirada e, contudo, mais quebradiça; mais rica em sinais que, no entanto, mal se deixam ver. Um deles, porém, atinge o passante. Chega-lhe à memória o dia em que o seu sentir se uniu ao de uma árvore. Naquele tempo, bastavam aquela que ele amava – a que estava no relvado e era totalmente indiferente a ele – e sua tristeza ou fadiga. Aí se se encostava ao tronco que lhe ensinava a sentir. Aprendeu a tomar ar quando o tronco começava a oscilar e a expirar quando voltava à posição inicial. Naturalmente, tratava-se apenas do tronco bem cuidado de uma árvore ornamental; já aqui seria inimaginável a vida daquele que fosse capaz de aprender com esta árvore rachada que, ainda mais fendida, se descarrega no solo triplamente, fundando um mundo inexplorado que se divide em três pontos cardeais. Nenhum caminho a torna acessível. Porém, enquanto ele segue irresoluto algum, que a todo o momento ameaça traí-lo, ora aparenta se perder como se fosse uma estrada rural, ora se interromper frente a uma touceira de espinhos, reassume o autocontrole como homem quando os blocos de pedra se superpõem em terraços e as marcas de veículos aí impressos indicam uma fazenda nas proximidades.

Nenhum som dá a conhecer a vizinhança dessas povoações. No seu âmbito a quietude do meio-dia parece duplicada. Mas agora os campos rareiam, se separam uns dos outros para liberar a região para um segundo, um terceiro caminho, e, enquanto há muito os muros e as eiras se esconderam atrás de cumes ou de folhagens, abre-se no abandono dos roçados a encruzilhada que estabelece o meio. Não são estradas nem caminhos postais que levam para cima, tampouco veredas ou trilhas selvagens, mas é o lugar, em campo aberto, onde os caminhos se encontram, sobre os quais camponeses e suas mulheres, filhos e rebanhos vêm andando há séculos de um campo a outro, de uma casa a outra, de uma pastagem a outra, e raramente acontecia de não voltarem a casa para dormir no mesmo dia. O chão aqui soa como se fosse oco; o ruído com que responde aos passos faz bem àquele que está em trânsito. Com esse som, a terra coloca a solidão aos seus pés. Quando chega a lugares que lhe são agradáveis, sabe que foi a solidão que os indicou; indicou-lhe esta pedra como assento, esta depressão como ninho para o repouso de seus membros. Mas já está cansado demais para se deter e, enquanto perde o controle dos pés, que o transportam a toda velocidade, percebe como a sua fantasia se desligou dele e, apoiada contra aquela larga encosta que acompanha seu caminho ao longe, começa a dispor dele a bel-prazer. Remove rochedos e cumes? Ou será que os toca apenas como se fosse com um bafejo? Não deixa pedra sobre pedra ou será que deixa tudo como antes?

Os adeptos do chassidismo têm uma sentença sobre o mundo vindouro que afirma: nele tudo estará disposto como está entre nós. A nossa sala de agora também será assim no mundo vindouro; onde hoje dormem nossas crianças, aí também dormirão no mundo vindouro. O que neste mundo trazemos sobre o corpo, também vestiremos no mundo vindouro. Tudo será como é aqui – só um pouquinho diferente. Assim pensa a fantasia. É apenas um véu que ela estende até a distância. Tudo podia ficar como estava, mas o véu flutua, e imperceptivelmente sob ele tudo se desloca.

É uma mudança e uma troca; nada fica e nada some. Mas subitamente se soltam dessa tessitura nomes que, em silêncio, penetram o caminhante e, enquanto seus lábios os formam, os reconhece. Eles emergem, e de que mais precisa essa paisagem? Por todas as lonjuras anônimas passam sem deixar rastos. Nomes das ilhas que, ao primeiro olhar, se ergueram do mar como grupos de mármore, das escarpas que tornaram o horizonte saliente, das estrelas que o surpreenderam no barco quando, ao cair da noite, se puseram de guarda. O zunir das cigarras cessou, a sede passou, o dia se dissipou. Das profundezas sobem ruídos. Latido de cães, uma pedra que cai ou um chamado longínquo? Enquanto, escutando, procura ainda distingui-los, dentro dele se reúne som após som, um cacho de campânulas. Então amadurece e brota em seu sangue. Lírios florescem no canto da sebe de cactos. À distância, nos campos entre oliveiras e amendoeiras, passa uma carroça, mas silenciosamente, e, quando as rodas desaparecem atrás da folhagem, mulheres gigantescas com o rosto voltado para ele parecem ondear inertes através da terra inerte.

Autorretratos do sonhador

O NETO

Tínhamos decidido ir até a casa da avó. O percurso se fez numa charrete. Era noite. Através do vidro da portinhola do coche vi luz em algumas casas do antigo bairro Oeste. Disse comigo mesmo: – esta é a luz *daquele* tempo; a mesma. – Mas não por muito tempo, pois então a fachada esbranquiçada e rachada de um prédio velho, ainda não concluído, recordou o presente. A charrete cruzou a rua de Potsdam na esquina com a de Steglitz. Quando avançava pelo outro lado da rua, de repente perguntei a mim mesmo: – Como teria sido antes aqui? Quando a avó ainda estava viva? não haveria sinetes na canga dos cavalos? – Contudo, preciso escutar para saber se não existem mais. Imediatamente agucei os ouvidos e, com efeito, percebi o som de sinetes. Ao mesmo tempo o veículo parecia não mais rodar, mas deslizar sobre a neve. Agora havia neve na rua. Com seus telhados esquisitos na forma, as casas se apertavam umas contra as outras de modo que entre elas só se podia ver uma pequena faixa do céu. Viam-se nuvens sendo descobertas por telhados, nuvens que tinham a forma de anéis circulares. Pensei em apontar para essas nuvens e me surpreendi ao ouvir a mim mesmo chamando-as de Lua. No apartamento da avó sucedeu que tudo o que era necessário para nos prover foi trazido por nós. Numa bandeja erguida, café e bolos foram trazidos pelo corredor. Entrementes, ficou claro para mim que a levavam ao quarto da avó, e me senti frustrado por ela não estar provavelmente de pé. Mesmo assim fiquei logo inclinado a me resignar. Na verdade, já se passara tanto tempo desde então. Quando então entrei no quarto, estava deitada na cama uma garotinha prematura em seu vestidinho azul, o qual já não estava limpo. Não estava coberta, mas parecia bem à vontade na larga cama. Saí e eis que vi no corredor seis ou mais berços um ao lado do outro. Em cada um desses berços estava sentado um bebê vestido como adulto. Não me restou senão acrescentar, no íntimo, essas criaturas à família. Isso me deixou perplexo, e então acordei.

O VIDENTE

No alto de uma cidade grande. Arena romana. À noite. Realiza-se uma corrida de bigas, trata-se – conforme me disse uma consciência obscura – de Cristo. A meta está no ponto médio da visão onírica. A partir da praça da arena a colina cai íngreme em direção da cidade abaixo.

No seu sopé me deparo com um bonde em movimento, em cuja plataforma traseira avisto uma conhecida íntima, usando as vestes crestadas e vermelhas da maldita. O bonde passa em grande velocidade e, de repente, defronte de mim está o seu amigo, cujas feições satânicas no rosto de indescritível beleza emergem num sorriso contido. Nas mãos, que mantém erguidas, segura uma varinha e com as palavras: – Sei que és o profeta Daniel –, quebra-a sobre minha cabeça. Nesse momento tornei-me cego. Continuamos então a caminhar juntos cidade abaixo; logo chegamos a uma rua em cujo lado direito havia casas, à esquerda um campo baldio e no seu fim um portão. Andamos até lá. Um fantasma assomou à janela do andar térreo de uma casa à nossa direita. E, à medida que prosseguíamos, nos acompanhou do interior de todas as casas. Atravessava as paredes, permanecendo sempre à mesma altura nossa. Eu enxergava isso apesar de estar cego. Senti que meu amigo sofria com os olhares do fantasma. Então, mudamos de posição: quis estar próximo do alinhamento das casas e protegê-lo. Ao chegarmos ao portão, acordei.

O AMANTE[54]

Estava caminhando com a amiga; o que tínhamos empreendido era qualquer coisa entre uma caminhada pela montanha e um passeio, e agora nos aproximávamos do cume. Curiosamente quis reconhecê-lo numa estaca muito alta e que apontava obliquamente para o céu e que, sobressaindo na imponente escarpa, a interseccionava. Quando estávamos, então, lá em cima, não era de modo algum o cume, mas, ao contrário, um planalto por sobre o qual passava um caminho largo, cujos lados eram formados por casas antiquadas e bastante altas. Agora, de repente, já não estávamos a pé, mas sentados num veículo que transitava por aquele caminho, um ao lado do outro, no banco traseiro, conforme me parece. Enquanto estávamos ali sentados, talvez o veículo também tenha mudado de rumo. Foi então que me inclinei na direção da amada para beijá-la, que não me ofereceu a boca, mas a face. E, enquanto a beijava, notei que aquela face de marfim, em todo o seu comprimento,

54- Este trecho é quase idêntico ao *Primeiro Sonho*, só se troca 'Jula' por 'die Freundin', 'a amiga'. (N.d.R.)

fora atravessada por estrias artísticas e negras, feitas por espátula, que me sensibilizaram por sua beleza.

O SABEDOR

Vejo-me na loja Wertheim, em frente de uma caixinha baixa com figuras de madeira – por exemplo, um cordeirinho –, construídas exatamente como os bichos da arca de Noé. Só que este cordeirinho era muito menos espesso e feito de madeira tosca e não pintada. Esse brinquedo me atraiu. Quando peço à vendedora que me mostre, descubro que é construí do à maneira das plaquinhas mágicas, que se encontra em muitas caixinhas de mágica: pequenas plaquinhas ligadas por fitas coloridas que, frouxas, se despegam umas das outras, ora totalmente azuis, ora totalmente vermelhas, conforme se tenham manejado as fitas. Meu prazer pela magia daquele objeto de madeira fina só fez aumentar depois dessa observação. Pergunto à vendedora o preço e me surpreendo muito que custe mais de sete marcos. Então quero desistir da compra por mais que isso me doa. Quando, porém, me volto, meu último olhar recai sobre algo inesperado. A construção se modificou. A placa fina se ergue abruptamente como plano inclinado; no fim dela há, contudo, um portão. Um espelho o preenche. Nesse espelho vejo o que se passa no plano inclinado, que, afinal, é uma rua: duas crianças brincam no lado esquerdo. Fora isso está vazia. Tudo isso sob o vidro. Mas as casas e as crianças nesta rua são coloridas. Agora já não posso resistir por mais tempo; pago o preço e guardo comigo a aquisição. À noite quero mostrá-la aos amigos. Mas há agitação em Berlim. A multidão ameaça tomar de assalto o café aonde chegamos juntos; após febril deliberação, todos os outros cafés são passados em revista; nenhum parece oferecer proteção. Assim, saímos em expedição até o deserto. Lá é noite; as tendas estão armadas; há leões por perto. Não me esqueci de minha preciosidade que quero exibir por tudo nesse mundo. Mas a oportunidade não chega. A África cativa por demais a todos. E acordo antes de poder revelar o segredo que, entrementes, se revelou para mim completamente: os três tempos em que o brinquedo se desfaz. A primeira placa: aquela rua multicor com as duas crianças. A segunda: uma engenhoca de finíssimas rodinhas, êmbolos e cilindros, rolos e transmissões, todos de madeira, se acoplando *numa* única superfície, sem humanos nem barulho. E por fim a terceira placa: a visão da nova ordem na Rússia soviética.

O CIRCUNSPECTO

Como soube, no sonho, que, em breve, deveria deixar a Itália, atravessei de Capri para Positano. Dominava-me a opinião de que uma parcela dessa região fosse alcançável apenas para quem aportasse num sítio abandonado, impróprio para tal, à direita do verdadeiro ponto de desembarque. No sonho, o lugar nada tinha em comum com o real. Subi por uma encosta íngreme e intransitável e dei com uma estrada abandonada-, que atravessava larga uma floresta de abetos, nordicamente sombria e podre. Cruzei a estrada e olhei para trás. Uma corça, uma lebre ou algo parecido se moveu ao longo da estrada, correndo da esquerda para a direita. Continuei, porém, em linha reta e conhecia o lugar chamado Positano, distante dessa solidão, à esquerda, talvez debaixo dessa área florestal. Então, depois de alguns passos, surgiu, como uma parte velha e há muito abandonada, uma praça grande, onde o capim se alastrava, em cujo lado maior, à esquerda, ficava uma igreja alta e antiquada e em cujo lado menor, à direita, se erguia, como um nicho gigantesco, uma espécie de capela grande ou batistério. Talvez algumas árvores demarcassem o lugar. Seja como for, havia um alto gradil de ferro que rodeava a espaçosa praça, na qual aquelas duas construções guardavam entre si uma distância maior. Aproximei-me do gradil e vi um leão se mover em saltos mortais por sobre a praça. Lançava-se a pequena altura do chão. Espantado, avistei logo após um touro gigantesco com dois chifres poderosos. E mal tinha percebido a presença dos dois animais, quando saíram através de uma abertura na grade, que não notara. Num piscar de olhos apareceu no local uma quantidade de religiosos e também outras pessoas, que, sob as ordens dos primeiros, se colocaram em fila para receberem instruções de como estavam visadas pelos animais, cujo perigo agora parecia banido. Não me recordo de mais nada a não ser que um irmão se apresentou a mim, e à sua pergunta, se eu era discreto, repliquei, com voz sonora, cuja serenidade no sonho me impressionou: “sim!”

O CRONISTA

O *kaiser* estava em julgamento. Só havia, porém, um pódio, sobre o qual havia uma mesa, e à frente desta mesa eram convocadas as testemunhas. A testemunha era naquele momento uma mulher com uma criança, sua filha. Deveria testemunhar como o *kaiser*, com sua guerra, a reduzira à miséria com a guerra. E, a fim de embasar o depoimento, apresentou dois objetos. Era tudo o que lhe havia restado. O primeiro desses objetos era uma vassoura de cabo muito longo. Com ela mantinha ainda a casa limpa. O segundo era uma caveira. – Pois o *kaiser* me fez tão pobre – disse a mulher – que não posso dar de beber à minha filha em nenhuma outra vasilha.

Sombras curtas (ii)

SINAL SECRETO

Transmite-se oralmente uma frase de Schuler. Em todo conhecimento, disse ele, deve estar contido um mínimo de contrassenso, como os antigos modelos de tapete ou de frisos ornamentais, onde sempre se pode descobrir, nalgum ponto, um desvio insignificante de seu curso regular. Em outras palavras: o decisivo não é a progressão de conhecimento em conhecimento, mas o salto em cada conhecimento isolado em si. É a marca imperceptível da autenticidade que os distingue de todos os objetos em série fabricados segundo um padrão.

UMA SENTENÇA DE CASANOVA

– Ela sabia – disse Casanova a respeito de uma alcoviteira – que eu não teria força para ir embora sem lhe dar alguma coisa. – Estranha sentença. Que força seria necessária para burlar o pagamento da alcoviteira? Ou, mais exatamente, que fraqueza é essa, com a qual ela pode sempre contar? É a vergonha. A alcoviteira é venal; não a vergonha do cliente que a requisita. Repleto por ela, ele procura para si um esconderijo e encontra o mais recôndito: no dinheiro. O descaramento lança à mesa a primeira moeda; a vergonha paga mais cem para encobri-la.

A ÁRVORE E A LINGUAGEM

Subi um talude e deitei-me sob uma árvore. Era um choupo ou um amieiro. Por que não retive sua espécie? Porque, de súbito, enquanto olhava a folhagem e seguia seu movimento, a linguagem em mim foi de tal modo arrebatada pela árvore que as duas, ainda mais uma vez, consumaram em minha presença o antiquíssimo enlace. Os ramos, e com eles a copa, balançavam-se pensativos ou dobravam-se renunciantes; os galhos mostravam-se complacentes ou arrogantes; a folhagem eriçava-se contra uma rude corrente de ar, estremecendo diante dela ou lhe fazendo frente; o tronco dispunha de um bom pedaço de solo sobre o qual se assentar; e uma folha lançava sua sombra à outra. Uma brisa tocava música de bodas, e logo a seguir, como um discurso de imagens, levou por todo o mundo os rebentos que haviam rapidamente brotado desse leito.

O JOGO

O jogo, como qualquer outra paixão, dá a conhecer seu rosto como a faísca que salta, no âmbito do corpo, de um centro a outro, mobilizando ora este, ora aquele órgão, e reunindo e confinando nele a existência inteira. Este é o prazo concedido à mão direita até que a bolinha caia em seu compartimento. Como um aeroplano, sobrevoa as divisões da roleta, espalhando em seus sulcos as sementes das fichas. Este prazo é anunciado pelo instante, unicamente reservado ao ouvido, em que a bola penetra o redemoinho e o jogador fica à escuta de como a fortuna afina seus contrabaixos. No jogo, que se dirige a todos os sentidos, sem excluir o sentido atávico da clarividência, chega também a vez dos olhos. Todos os números lhes dão piscadelas. Como, porém, os olhos desaprenderam a linguagem dos gestos, no que ela tem de mais decisivo, na maioria das vezes conduzem ao erro os que neles confiam. Naturalmente são aqueles que dedicam ao jogo a mais profunda devoção. Ainda um instante a aposta perdida permanece diante deles. O regulamento os detém. Não é de outro modo que retém ao amante a inclemência daquela por ele venerada. Sua mão, ele a vê ao alcance das dele; nada faz, entretanto, para pegá-la. O jogo tem devotos apaixonados, que o amam por ele mesmo e de modo algum pelo que ele dá. E mesmo que o jogo lhes tire tudo, procuram a culpa em si mesmos. Dizem então: – Joguei mal. – E esse amor traz em si a recompensa pelo seu zelo de tal modo que as perdas são suaves só porque, com elas, provam sua coragem para o sacrifício. Um irrepreensível cavalheiro da sorte foi o príncipe de Ligne, que, nos anos após a queda de Napoleão, era visto nos clubes de Paris e se tornou famoso pela postura com que aceitava as perdas mais extraordinárias. A postura era invariavelmente a mesma. A mão direita, que continuamente lançara à mesa as grandes apostas, pendia languidamente. A esquerda, contudo, permanecia imóvel, horizontal, enfiada no colete, do lado direito do peito. Mais tarde, por intermédio de seu camareiro, soube-se que seu peito apresentava três cicatrizes – a marca exata das unhas dos três dedos que, imóveis, ali haviam se fincado.

A DISTÂNCIA E AS IMAGENS

Será que o gosto pelo mundo de imagens não se alimenta de uma sombria resistência contra o saber? Corro os olhos pela paisagem: o mar está em sua baía, liso como um espelho; bosques sobem até o cume da montanha como massas imóveis e mudas; em cima, ruínas de castelo decaídas, como se encontram há séculos; o céu irradia sem nuvens, em eterno azul. É assim que deseja o sonhador. Que esse mar se ergue e se afunda em bilhões, mas bilhões, de ondas; que os bosques estremecem a cada novo instante desde as raízes até a última folha; que, nas pedras das ruínas dos castelos, reinam um desmoronar e um esfarelar contínuos; que, no céu, antes que se formem nuvens, gases fervem entre si em lutas invisíveis – de tudo isso tem de se esquecer para se entregar às imagens. Nelas tem repouso, eternidade. Cada bater de asas de pássaro que o roça, cada rajada de vento que o faz estremecer, cada proximidade que o toca, lhe pune as mentiras. Porém, cada distância reconstrói seu sonho, que fica apoiado em paredes de nuvens, que torna a se inflamar em cada janela iluminada. E o sonho aparece como o mais perfeito, se consegue tomar do movimento o seu ferrão e transformar a rajada de vento num sussurro e a passagem casual dos pássaros na migração dos pássaros. Assim, pôr termo à natureza na moldura de imagens esvanecidas é o prazer do sonhador. Conjurá-la sob uma nova chamada, o dom do poeta.

HABITAR SEM VESTÍGIOS

Quando se entra num aposento burguês dos anos 80[55], a impressão mais forte, em meio de todo o "aconchego" que talvez irradie, é: – Aqui nada tens a procurar. – E isto porque não há canto no qual o morador já não tenha deixado seu vestígio: nas cornijas com os bibelôs, nas poltronas com forros monografados, nas vidraças das janelas com transparências e em frente da lareira com o guarda-fogo. Uma frase primorosa de Brecht nos ajuda a nos safar, a nos safar daqui para bem longe: – Apague os vestígios! – Aqui, no aposento burguês, o comportamento oposto se tornou costume. E vice-versa, o interior obriga seus moradores a adquirir a quantidade maior possível de hábitos. Eles estão reunidos na imagem do "senhor mobiliado" tal como o têm presente as donas de casa. Habitar esses aposentos forrados de pelúcia não era mais que seguir um vestígio estabelecido pelos hábitos. E até mesmo a irritação que, ao menor dano, tomava conta dos lesados, era talvez apenas a reação do homem ao qual apagavam "o vestígio de seus dias na Terra". O vestígio que deixara em almofadas e em poltronas, que seus parentes deixaram nas fotografias, que seus bens deixaram em estojos e bainhas e que às vezes parecem tornar esses aposentos tão super povoados como os columbários. Pois os novos arquitetos obtiveram isso com o seu aço e vidro: criaram espaços onde não é fácil deixar vestígios. "Depois do que foi dito" – escreveu Scheerbart já há vinte anos – "pode-se muito bem falar de uma 'cultura de vidro'. O novo ambiente de vidro transformará completamente o ser humano. E agora só resta desejar que a nova cultura de vidro não encontre oponentes em demasia".

PEQUENAS SOMBRAS

Quando se aproxima o meio-dia, as sombras ainda são apenas as orlas negras e nítidas na base das coisas e estão prontas para, silenciosamente,

---

55- Referem-se ao século XIX. (N.T.)

de improviso, se recolher à sua estrutura, ao seu segredo. Então, em sua plenitude densa e encolhida, é chegada a hora de Zaratustra, do pensador no "*Lebensmittag*" ("Meio-dia da vida"), no "*Sommergarten*" ("Jardim de verão"). Pois o conhecimento, como o Sol no auge de sua órbita, delineia as coisas com máximo rigor.

Imagens do pensamento

DA MORTE DE UM VELHO

A perda com que esta morte possa afetar alguém muito mais jovem dirige seu olhar, talvez pela primeira vez, para aquilo que pode reinar entre duas pessoas separadas por uma diferença de idade muito grande e, apesar disso, ligadas por afeição. O morto fazia as vezes de um interlocutor com quem, certamente, não se podia tocar na maior parte dos assuntos, nas coisas mais importantes que dissessem respeito à pessoa. Em compensação, a conversa com ele era cheia de um frescor e de uma paz que nunca seriam possíveis com um coetâneo. Isso, porém, tinha duas razões distintas. Primeiramente, todas as confirmações, mesmo as mais insignificantes, aproximaram-nos por sobre o abismo entre gerações de modo mais categórico do que se fosse entre iguais. Em seguida, contudo, o mais jovem encontrou aquilo que depois – quando os velhos o terão abandonado – desaparece totalmente, até que ele mesmo se torne velho: o diálogo que se mantém completamente afastado de todo e qualquer cálculo e de toda consideração exterior, porque um nada tem a esperar do outro, ninguém se depara com outros sentimentos senão aquela rara benevolência sem qualquer mistura.

O BOM ESCRITOR

O bom escritor não diz mais do que pensa. E isso é muito importante. É sabido que o dizer não é apenas a expressão do pensamento, mas também a sua realização. Do mesmo modo, o caminhar não é apenas a expressão do desejo de alcançar uma meta, mas também sua realização. De que natureza, entretanto, é a realização – se ela faz, com precisão, justiça à meta ou se se perde, lasciva e imprecisa, no desejo –

depende do treinamento de quem está no caminho. Quanto mais mantiver a disciplina e evitar os movimentos supérfluos, desgastantes e oscilantes, tanto mais cada postura do corpo satisfará a si própria e tanto mais apropriada será sua atuação. Ao mau escritor ocorrem muitas coisas, e nisso se gasta tanto quanto o mau corredor não treinado nos movimentos frouxos e impetuosos dos membros. Mas exatamente por isso nunca pode dizer sobriamente o que pensa. É dom do bom escritor, com seu estilo, conceder ao pensamento o espetáculo oferecido por um corpo espirituosamente bem treinado. Nunca diz mais do que pensou. Por isso, o seu escrito não favorece a si mesmo, mas somente aquilo que ele quer dizer.

SONHO

A família O... mostrava-me sua casa nas Índias Holandesas. A sala na qual me encontrava era revestida de madeira escura e despertava a sensação de abastança. Os meus guias, porém, disseram que aquilo seria ainda pouco. O que precisava era admirar a vista no andar superior. Imaginei a vista sobre o amplo mar, que estava próximo, e assim subi a escada. Lá chegando, fiquei em frente a uma janela. Olhei para baixo. Diante de meus olhos estava precisamente a sala morna, revestida e aconchegante, da qual eu acabara de sair.

CONTO E CURA

A criança está doente. A mãe a leva para cama e se senta ao lado. E então começa a lhe contar histórias. Como se deve entender isso? Eu suspeitava da coisa até que N. me falou do poder de cura singular que existiria nas mãos de sua mulher. Porém, dessas mãos ele disse o seguinte: – Seus movimentos eram altamente expressivos. Contudo, não se poderia descrever sua expressão... Era como se contassem uma história. – A cura através da narrativa, já a conhecemos das fórmulas mágicas de Merseburg. Não é só que repitam a fórmula de Odin, mas também relatam o contexto no qual ele as utilizou pela primeira vez. Também já se sabe como o relato que o paciente faz ao médico no início do tratamento pode se tornar o começo de um processo curativo. Daí vem a pergunta se a narração não formaria o clima propício e a condição mais favorável de muitas curas, e mesmo se não seriam todas as doenças curáveis se apenas se deixassem flutuar para bem longe – até a foz – na correnteza da narração. Se imaginarmos que a dor é uma barragem que bloqueia a corrente da narrativa, então vemos claramente que é rompida onde sua inclinação se torna acentuada o bastante para largar tudo o que encontra em seu caminho em direção ao mar do ditoso esquecimento. É o carinho que delineia um leito para essa corrente.

SONHO

Berlim; estava sentado num coche em companhia extremamente ambígua de raparigas. De repente, o céu escureceu. – Sodoma! – disse uma senhora de idade, de chapeuzinho, que de repente também estava no veículo. Foi assim que alcançamos os arredores de uma estação onde as vias divergiam. Em primeiro lugar se realizou uma sessão de tribunal, onde as duas partes se sentavam opostas uma à outra, em duas esquinas, diretamente sobre o calçamento. Referi-me à Lua extremamente grande e descorada, que se distinguia baixa no céu, como um símbolo da justiça. A seguir, fiz parte de uma pequena expedição que se deslocava sobre uma rampa como as que possuem as estações de carga (e estava e permaneci nos arredores da estação). Em frente a um córrego bastante estreito, detivemo-nos. O córrego corria entre duas faixas de placas de porcelana convexas, que, porém, nadavam mais do que formavam terra firme e que cediam como boias sob os pés. Contudo, não estou certo se as segundas, as do outro lado, eram realmente de porcelana. Penso que seriam, isto sim, de vidro. Seja como for, estavam completamente arroteadas de flores que se projetavam como cebolas de vasilhas de vidro, só que esféricas e multicores, e que, na água, aqui também como boias, tocavam suavemente umas nas outras. Por um momento penetrei o piso de flores da fileira ulterior. Ao mesmo tempo escutava os esclarecimentos de um pequeno funcionário subalterno que nos guiava. Nesse regato, segundo sua exposição, se matam os suicidas, os pobres que nada possuem além de uma flor que seguram entre os dentes. A luz caía então sobre as flores. Era, portanto, um Aqueronte[56], assim se

56- Aqueronte; rio do Inferno, na mitologia grega. (N.T.)

podia pensar; mas no sonho isso estava fora de cogitação. Disseram-me em que ponto da primeira placa eu deveria colocar o pé ao voltar. Nesse local a porcelana era branca e estriada. Conversando, percorremos o caminho que saía dos fundos da estação de cargas. Chamei a atenção para o desenho singular dos ladrilhos que ainda tínhamos sob os pés e sobre sua utilidade para um filme. Não queriam, porém, que se falasse tão abertamente de tais projetos. Subitamente, naquele caminho descendente, veio ao nosso encontro um rapaz esfarrapado. Os outros, ao que pareceu, deixaram-no passar em paz; só eu procurei febrilmente todos os bolsos, pois queria achar uma moeda de cinco marcos. Ela não apareceu. Quando passou por mim sem se deter, enfiei-lhe às escondidas uma moeda menor e acordei.

A "NEUE GEMEINSCHAFT"

Estava lendo *Friedensfest* (*Festa de paz*) e *Einsame Menschen* (*Pessoas solitárias*). Incivilizadamente era como se comportavam as pessoas nesse ambiente de Friedrichshagen[57]. Mas as pessoas parecem ter se comportado de modo tão pueril nesta "*Neue Gemeinschaft*" ("Nova Comunidade"), de Bruno Wille e de Bölsche, que deu o que falar na época da juventude de Gerhart Hauptmann. O leitor de hoje pergunta a si mesmo se ele pertencia à estirpe dos espartanos, tamanha era a disciplina que possuía. Que rude patrono não será este Johannes Vockerath, apresentado por Hauptmann com visível simpatia. A grosseria e a indiscrição parecem o pressuposto deste heroísmo dramática. Mas, na verdade, esse pressuposto nada é mais do que: a doença. Aqui, como em Ibsen, suas muitas variedades parecem ser o pseudônimo da doença da virada do século, o *mal de siècle*. Naqueles boêmios meio arruinados como Braun e Pastor Scholz, a nostalgia pela liberdade alcança seu clímax. Mas, por outro lado, parece que foi exatamente a ocupação intensa com a arte e com a questão social que os fez adoecer. Em outras palavras: doença aqui é um emblema social, assim como para os antigos foi a loucura. Os doentes têm um conhecimento bem particular sobre a condição da sociedade. Neles

57- Círculo de escritores naturalistas. (N.T.)

o descomedimento se reverte numa condição meteorológica infalível da atmosfera na qual respiram os contemporâneos. A "nervosidade" é a zona dessa mudança. Os nervos são fios inspirados iguais àquelas fibras que se estendiam com rejuvenescimento insatisfeito, com meandros nostálgicos, por volta de 1900, nos móveis e fachadas dos prédios. A figura do boêmio era vista pelo *Jugendstil*[58] de preferência na forma de uma Dafne que se metamorfoseia, à vizinhança da realidade perseguidora, num feixe de fibras nervosas horripilantes no ar do tempo presente.

PRETZEL, PENA, PAUSA, QUEIXA, FUTILIDADE

Palavras como essas, sem ligação ou conexão entre si, são o ponto de partida de um jogo que, durante a época Biedermeier[59], tinha grande prestígio. A tarefa de cada jogador era colocá-las num texto conciso de tal modo que a sua ordem não fosse alterada. Quanto mais curto o texto, quanto menos elementos medianos contivessem, tanto mais notável seria a solução. Esse jogo fomenta os mais belos achados, sobretudo junto às crianças. Para elas, no caso, palavras ainda são como cavernas, entre as quais conhecem curiosas linhas de comunicação. Imagine-se agora, porém, o jogo inverso; olhe se para uma dada frase como se fosse construída segundo a regra do jogo. De golpe ela deveria nos brindar com uma visão estranha e excitante. Contudo, uma parcela desta visão está de fato encerrada em todo ato de ler. Não apenas o povo lê romances assim – precisamente devido aos nomes e às fórmulas que ressaltam do texto; também o leitor culto, ao ler, está à espreita de locuções e palavras, e o significado é apenas o pano de fundo do qual descansa a sombra que elas lançam como se fossem figuras em relevo. Isso se torna palpável, sobretudo, nos textos denominados religiosos. O comentário que lhes serve, escolhe palavras de tal texto como se elas tivessem sido fixadas a ele mediante a regra daquele jogo e destinadas à sua dominação. E, de fato, frases que no jogo uma criança forma com as palavras têm mais afinidade com as dos textos sagrados que com as da linguagem corrente

58- Literalmente "estilo da juventude"; *Art Nouveau* alemão. (N.T.)

59- Biedermeier – época do romantismo burguês, no século XIX. (N.T.)

dos adultos. Eis um exemplo que uma criança (no seu décimo segundo ano de vida) forma ligando as palavras citadas acima: "O tempo se lança através da natureza feito um *pretzel*. A pena colore a paisagem, e se forma uma pausa que é preenchida pela chuva. Não se ouve nenhuma queixa, pois não há nenhuma futilidade".

Uma vez só é nenhuma vez

Ao escrever, interrompemo-nos aqui e ali, num trecho mais bonito, mais bem-sucedido que os demais e, depois dele, subitamente não sabemos como prosseguir. Algo estranho está ocorrendo. É como se existisse um sucesso maligno ou infrutífero, e talvez se deva ter noção desse sucesso para entender o que há de fato com o verdadeiro. No fundo, há duas senhas que se confrontam: o "uma vez por todas" e o "uma vez só é nenhuma vez". Obviamente, há casos em que tudo se resolve com a primeira – no jogo, no exame, no duelo. Mas nunca no trabalho. O trabalho julga de seu direito o "uma vez só é nada". Só que não é qualquer um que se empenha em insistir na base da prática e da execução, base esta na qual essa sabedoria lança raízes. Trotski o fez nas poucas frases com que erige um monumento ao trabalho de seu pai na seara. Escreve: "Olho-o comovido. Meu pai faz movimentos simples e completamente usuais; não se poderia pensar que estivesse trabalhando; seus passos são iguais, são passos tateantes como se procurasse o lugar onde pudesse enfim começar corretamente. Sua foice abre caminho despretensiosamente sem qualquer desembaraço artificial; antes, poder-se-ia pensar que não estivesse totalmente firme; e, no entanto, seu corte é afiado e rente ao chão, e lança em feixes regulares para a esquerda o que já cortou". Aí temos o estilo da pessoa com prática, que aprendeu a começar de novo a cada dia, a cada golpe da gadanha. Ela não se detém sobre o realizado, a verdade é que, entre as suas mãos, se volatiliza o já realizado, tornando-se imperceptível. Só mãos como essas dão cabo, brincando, do mais difícil, porque são cuidadosas com o mais fácil. "*Ne jamais profiter de l' élan acquis*" ("Jamais tirar proveito do elã adquirido"), diz Gide. Entre os escritores, faz parte do grupo daqueles cujos "trechos belos" são mais raros.

Belo horror

14 de julho. Desde o Sacré-Coeur fogos de artifício se derramam sobre Montmartre. O horizonte atrás do Sena brilha. Os rojões sobem e se apagam sobre a planície. Na encosta íngreme se apinham dezenas de milhares de pessoas a fim de acompanhar o espetáculo. E essa multidão encrespa sem cessar um murmúrio igual às pregas de uma capa quando o vento brinca com ela. Se apurarmos o ouvido, o que ressoa é algo diferente da espera dos foguetes e rojões luminosos. Não estaria essa surda multidão à espera de uma desgraça bastante grande para que, de sua tensão, salte a faísca, de incêndio ou fim do mundo – qualquer coisa que transformasse esse murmúrio aveludado de mil vozes num único grito, como quando um golpe de vento põe a descoberto o forro escarlate da capa? Pois o claro grito de horror, o terror pânico, é o reverso de todas as genuínas festas populares. O leve estremecer que aos poucos percorre os inumeráveis ombros anseia por ele. Para a multidão, em sua existência mais profunda e inconsciente, festejos e incêndios são apenas jogos, nos quais se prepara para o momento da emancipação, para a hora em que pânico e festa, irmãos separados por longo tempo, ao se reconhecerem, se abracem na insurreição revolucionária. Com todo direito celebra-se na França a noite de 14 de julho com fogos de artifício.

Mais uma vez

No sonho estava no internato rural em Haubinda, onde cresci. O prédio da escola estava às minhas costas, e caminhava na floresta, que estava solitária, em direção de Streufdorf. Mas agora já não era o lugar em que a floresta se interrompe frente à planície, onde a paisagem – vilarejo e cume do Straufhaim – surgia, mas, quando subi um monte por uma ladeira suave, no outro lado ele caía quase verticalmente, e, da altura, que diminuía com a descida, vi a paisagem através de uma oval de copas de árvore como numa antiga moldura, negra como o ébano. Em nada se parecia com a que imaginara. Às margens de um rio grande e azul estava situada Schleusingen, que, aliás, fica muito longe, e não sabia responder:

seria Schleusingen ou Gleicherwiesen? Tudo parecia como que banhado numa umidade cromática, e, entretanto, predominava uma cor preta pesada e úmida como se a imagem fosse o campo, que mal acabara de ser arado de novo no sonho, dolorosamente, campo este no qual foram então semeadas as sementes de minha vida futura.

Pequenos trechos sobre arte

ESCREVER BEM

O bom escritor não diz mais do que pensa. E isso é muito importante. É sabido que o dizer não é apenas a expressão do pensamento, mas também a sua realização. Do mesmo modo, o caminhar não é apenas a expressão do desejo de alcançar uma meta, mas também sua realização. De que natureza, entretanto, é a realização – se ela faz, com precisão, justiça à meta ou se se perde, lasciva e imprecisa, no desejo– depende do treinamento de quem está no caminho. Quanto mais mantiver a disciplina e evitar os movimentos supérfluos, desgastantes e oscilantes, tanto mais cada postura do corpo satisfará a si própria e tanto mais apropriada será sua atuação. Ao mau escritor ocorrem muitas coisas, e nisso se gasta tanto quanto o mau corredor não treinado nos movimentos frouxos e impetuosos dos membros. Mas exatamente por isso nunca pode dizer sobriamente o que pensa. É dom do bom escritor, com seu estilo, conceder ao pensamento o espetáculo oferecido por um corpo espirituosamente bem treinado. Nunca diz mais do que pensou. Por isso, o seu escrito não favorece a si mesmo, mas somente aquilo que ele quer dizer.

LER ROMANCES

Nem todos os livros se leem da mesma maneira. Romances, por exemplo, existem para serem devorados. Lê-los é uma volúpia da incorporação. Não é empatia. O leitor não se coloca na posição do herói, mas se incorpora ao que sucede a este. Mas a clara descrição disto é a guarnição apetitosa, na qual vem à mesa o prato nutritivo. Ora, sem dúvida existe um alimento cru da experiência – exatamente como existe um alimento cru do estômago –, ou seja: experiências no próprio corpo. Mas a arte do romance como a arte culinária só começa além do produto cru. E quantas substâncias nutritivas existem que, no estado cru, são indigestas! Sobre quantas vivências é aconselhável ler para tê-las, hein? Golpeiam de modo a fazer sucumbir aquele que as encontrasse *in natura*. Em suma, se há uma musa do romance – a décima –, ela traz os emblemas que pertencem à fada da cozinha. Eleva o mundo de seu estado cru para produzir seu algo comestível, para fazê-lo adquirir seu paladar. Ao comer, se for preciso, leia-se o jornal. Mas jamais um romance. São obrigações que se excluem.

ARTE DE CONTAR[60]

Cada manhã nos ensina sobre as atualidades do globo terrestre. E, no entanto, somos pobres em histórias notáveis. Como se dá isso? Isso se dá porque mais nenhum evento nos chega sem estar impregnado de explicações. Em outras palavras: quase nada mais do que acontece beneficia o relato; quase tudo beneficia a informação. Ou seja, já é metade da arte da narrativa manter livre de explicações uma história enquanto é transmitida. Nisto se destacaram os mestres antigos, com Heródoto à frente. No capítulo XIV do terceiro livro de suas "Histórias", acha-se o relato de Psamético. Quando o rei do Egito, Psamético, foi derrotado e aprisionado pelo rei dos persas, Cambises, este pretendeu humilhar o prisioneiro. Ordenou que colocassem Psamético na estrada por onde deveria passar o cortejo triunfal dos persas. E ainda preparou tudo de modo que o prisioneiro visse passar a filha como serva a caminho da fonte com o cântaro. Enquanto todos os egípcios protestavam e lamentavam esse espetáculo, apenas Psamético permaneceu calado e imóvel, os olhos fitando o chão. E quando, a seguir, viu o filho sendo conduzido na comitiva para a execução, continuou imóvel do mesmo jeito. Mas, quando, depois disso, reconheceu um dos seus servos, um velho homem empobrecido, na fileira dos prisioneiros, golpeou a cabeça com os punhos, dando sinais da mais profunda tristeza. Essa história permite concluir a condição da verdadeira narrativa. A informação recebe sua

60- Essa passagem, com algumas variantes, corresponde ao final do item 6 e ao item 7 do ensaio "O Narrador, considerações sobre a obra de Nikolai Leskov", de Benjamin – presente no volume 1 destas *Obras Escolhidas*. (N.d.E.)

recompensa no momento em que é nova; vive apenas nesse momento; deve se entregar totalmente a ele e, sem perder tempo, a ele se explicar. Com a narrativa é diferente: ela não se esgota. Conserva a força reunida em seu âmago e é capaz de, após muito tempo, se desdobrar. Assim, acontece que Montaigne retoma a história do rei egípcio e pergunta a si mesmo: – Por que só se queixou ao avistar o criado e não antes? – E ele mesmo responde: – Como já estava repleto de tristeza, era preciso apenas o menor acréscimo para pôr seu dique abaixo. – destarte a história pode ser compreendida. Mas oferece também espaço para outras explicações. Qualquer um que tenha lançado a questão de Montaigne no círculo de seus amigos pode travar conhecimento com essas explicações. Um dos meus amigos, por exemplo, disse: – O destino do que é régio não afeta o rei, pois é o seu próprio destino. – Outro disse: – No palco muita coisa que nos toca não o faz na vida real; para o rei, o criado não passa de um ator. – Ou um terceiro: – Uma grande dor vai se acumulando e só irrompe com a distensão. A visão do criado foi a distensão. – Se esta história tivesse acontecido hoje – opinou um quarto –, então sairia em todos os jornais que Psamético amava mais ao criado que aos filhos. – É certo que qualquer repórter a explicaria num piscar de olhos. Heródoto a explica sem uma palavra. Seu relato é o mais lacônico. Por isso, essa história do velho Egito, após séculos, ainda está em condições de despertar admiração e reflexão. É parecida aos grãos que, há séculos, estão hermeticamente armazenados nas câmaras das pirâmides e que, até o dia de hoje, conservaram seu poder de germinação.

APÓS A CONCLUSÃO

Com frequência se tem imaginado a gênese das grandes obras na imagem do nascimento. Esta imagem é dialética; abrange o processo por dois aspectos. Um tem a ver com a concepção criativa e se refere, no temperamento, ao feminino. Este fator feminino se esgota com a conclusão. Dá vida à obra e então se extingue. O que morre no mestre com a criação concluída é aquela parte nele em que a obra foi concebida. Mas eis que a conclusão da obra não é uma coisa morta – e isto nos leva ao outro aspecto do processo. Ele não é alcançável pelo exterior; o polimento e o aprimoramento não podem extraí-lo à força. Ele se consome no interior da própria obra. Aqui também se pode falar de um nascimento. Ou seja, em sua conclusão, a criação torna a parir o criador. Não segundo a sua feminilidade, na qual ela foi concebida, mas no seu elemento masculino. Bem-aventurado, o criador ultrapassa a natureza: pois esta existência que ele recebeu, pela primeira vez, das profundezas escuras do útero materno, terá de agradecê-la agora a um reino mais claro. A sua terra natal não é o lugar onde nasceu, mas, sim, ele vem ao mundo onde é a sua terra natal. É o primogênito masculino da obra, que foi por ele concebida.

WALTER BENJAMIN

OBRAS ESCOLHIDAS
VOLUME II

impresso em São Paulo pela

COLOR system